厚黑學全本

喜怒哀樂皆不發謂之厚，發而無顧忌，謂之黑。
厚也者，天下之大本也；黑也者，天下之達道也。
致厚黑，天地畏焉，鬼神懼焉。

李宗吾 著

老狐狸經
厚黑學全本

CONTENTS

目錄

代序一：南懷瑾與李宗吾 ▶ 5
代序二：柏楊評《厚黑學》 ▶ 10
代序三：林語堂評《厚黑學》 ▶ 18

厚黑學 ▶ 21
　　一　緒論 ▶ 23
　　二　厚黑學 ▶ 25
　　三　厚黑經 ▶ 30
　　四　厚黑傳習錄 ▶ 35
　　五　結論 ▶ 42

我對於聖人之懷疑 ▶ 95
　　自序 ▶ 97
　　我對於聖人之懷疑 ▶ 99

目錄 CONTENTS 厚黑學全本

厚黑叢話 ▶61
- 自序 ▶63
- 致讀者諸君 ▶65
- 厚黑叢話卷一 ▶68
- 厚黑叢話卷二 ▶89
- 厚黑叢話卷三 ▶118
- 厚黑叢話卷四 ▶140
- 厚黑叢話卷五 ▶179
- 厚黑叢話卷六 ▶203

厚黑原理（心理與力學）▶233
- 自序 一 ▶235
- 自序 二 ▶237
- 一 性靈與磁電 ▶239
- 二 孟荀言性爭點 ▶247
- 三 宋儒言性誤點 ▶254
- 四 告子言性正確 ▶262
- 五 心理依力學規律而變化 ▶275
- 六 人事變化之軌道 ▶282
- 七 世界進化之軌道 ▶291
- 八 達爾文學說之修正 ▶298
- 九 克魯泡特金學說之修正 ▶305
- 十 我國古哲學說含有力學原理 ▶313
- 十一 經濟、政治、外交三者應採用合力主義 ▶329

怕老婆的哲學 ▶331
宗吾家世 ▶341

代序一

南懷瑾與李宗吾

　　李宗吾的厚黑學，聽說現在還很暢銷，台灣、香港、大陸，很多人都喜歡看。但是，現在的讀者可能不大了解書的歷史背景，了解李宗吾的人恐怕就更少了。李宗吾是四川人，自稱厚黑教主。所謂厚黑，臉厚心黑也。我同李宗吾還有一段因緣，在我的印象裏，李宗吾一點也不厚黑，可以說還很厚道。

　　我同李宗吾認識大約在抗戰前期，具體日子記不起來了。那時，我在成都。成都是四川的首府，不像香港這樣的大城市，生活節奏那麼快。在我的印象裏，大家都很悠閒，到現在，我對成都還很懷念。

　　我從浙江輾轉來到成都，才二十出頭。我們這些外省人被稱為下江人或足底人。那時我一心想求仙學道，一心想學得飛劍功夫去打日本人。所以，我經常拜訪有名的、有學問的、有武功的人。

　　那時成都有一個少成公園，裏面有茶座、有棋室。泡上一壺茶，坐半天一天都可以，走的時候再付錢。中間有事離開一下，只要把茶杯蓋反過來放，茶博士就不會把它收掉。沒有錢的不喝

茶也可以，茶博士問你喝什麼，你說喝玻璃，就會送來一玻璃杯的開水。這種農業社會風氣，現在大概不會再有了。

少成公園是成都公園名人賢士、遺老遺少聚會的地方，經常可以看到穿長袍、著布鞋的，各種各樣古怪的人。這些正是我要找的人，所以，我就成了少成公園的常客。在這些人面前，我還是個孩子。我穿一身中山裝，又是浙江人，蔣介石的同鄉，開始時，他們當中有的人對我有點懷疑，這個傢伙可能是蔣老頭子派來的。慢慢地，他們了解了，我只是想求學問道，也就不懷疑了，好幾個人還成了我的忘年交。

有一天，我正在少成公園裏同幾個前輩朋友喝茶下棋。這時，進來一個人，高高的個子，背稍稍有點駝，戴一頂氈帽，面相很特別，像一個古代人。別人見他進來，都向他點頭，或打招呼。我就問梁老先生這位是誰，梁老先生就說，這個人你都不知道？他就是厚黑教主李宗吾，在四川很有名的。梁先生就向我講起李宗吾的故事。我說我很想結識，請先生引薦。梁先生就把我帶過去，向李宗吾介紹，這位南某人是足底人，是我的忘年交。我趕緊說：久仰先生大名。其實我是剛剛聽到他的名字，這種江湖上的客套總是要的。

於是，厚黑教主請我們一起坐下喝茶聊天。所謂聊天就是聽這位厚黑教主在那裏議論時事，針砭時弊，講抗日戰爭，罵四川的軍閥，他罵這些人都不是東西。這是我第一次結識厚黑教主，後來，在少成公園的茶館裏常常能見到他。

有一次，厚黑教主對我說：我看你這個人有英雄主義，將來是會有所作為的。不過，我想教你一個辦法，可以更快地當上英雄。要想成功、成名，就要罵人，我就是罵人罵出名的。你不用

罵別人，你就罵我，罵我李宗吾混蛋該死，你就會成功。不過，你的額頭上要貼一張大成至聖先師孔子之位的紙條，你的心裏要供奉我厚黑教主李宗吾的牌位。我沒有照他這個辦法辦，所以沒有成名。

有一次，我就對他講，老師，你就不要再講厚黑學了，不要再罵人了，他說，不是我隨便罵人，每個人都是臉厚皮黑，我只不過是把假面具揭下來。我說，聽說中央都注意你了，有人要抓你呢。他說，兄弟，這個你就不懂了，愛因斯坦與我同庚，他發明了相對論，現在是世界聞名的科學家，而我在四川、在成都都還沒有成大名，我希望他們抓我，我一坐牢，就世界聞名了。

李宗吾後來沒有被抓，也沒有世界聞名，他曾經對我說：我的運氣不好，不像蔡元培、梁啓超那樣。不過，他的厚黑學流傳了半個多世紀，還有那麼多的人喜歡讀，恐怕是他自己沒有預料到的。他那個厚黑教主完全是自封的，他也沒有一個教會組織，也沒有一個教徒，孤家寡人一個，當年，他的書很多人喜歡讀，但許多人不敢和他來往，怕沾上邊，我不怕，一直同他來往。

過了一兩年，我的一個朋友，在杭州認識的和尚去世了，他死在自流井，就是現在的自貢。我欠他的情，自流井一定要去一趟，我的好朋友錢吉，也是個和尚，陪我去。我們走了八天，從成都到自流井，找到了那個朋友的墓，燒了香，磕了頭。從自流井到成都，還要八天，我們身上的盤纏快沒有了，正在發愁，我突然想起：厚黑教主李宗吾的老家就在這裏，李宗吾是個名人，他家的地址一打聽就打聽到了。

他家的房子挺大，大門洞開。過去農村都是這樣，大門從早上打開，一直到晚上才關門，不像現在的香港，門都要關得嚴

嚴的。我們在門口一喊他，裏面迎出來的正是厚黑教主，他一看見我，很高興，問：你怎麼來了，我說我來看一個死人朋友。他誤解了，以爲我在打趣他，說：我還沒有死啊！我趕緊解釋。他看我們那個狼狼相，馬上安排做飯招待我們。現殺的雞、從魚塘撈出來的活魚、現成的蔬菜，吃了一頓正宗的川菜。酒足飯飽之後，我就開口向他借錢，我說：我是無事不登三寶殿，回成都沒有盤纏了，他說：缺多少？我說：十塊錢。他站起來就到裏屋拿出一包現大洋遞給我，我一掂，不止十塊，問他多少，他說二十塊。我說他多了，他說拿去吧，我說不知什麼時候能還，他說先用了再說。從我借錢這件小事來看，厚黑教主的爲人道德，一點兒也不厚黑，甚至是很誠懇、很厚道的。

飯後聊天的時候，他突然提出來叫我不要回成都了，留下來。我說留下來幹什麼，他說：你不是喜歡武功嗎？你就在這裏學，這裏有一個趙家坳，趙家坳有一個趙四太爺，武功很是了不起。

他接著向我介紹趙四太爺的情況，趙四太爺從小就是個瘸子，但是功夫很好，尤其是輕功，他穿一雙新的布底鞋，在雪地裏走上一里多路的來回，鞋底上不會沾上一點污泥。他教了一個徒弟，功夫也很好，但這個徒弟學了功夫不做好事，而幹起採花的勾當，就是夜裏翻牆入室，強姦民女。趙四太爺一氣之下，把這個徒弟的功夫廢了，從此不再授徒傳藝。

厚黑教主覺得趙四太爺的功夫傳不下來，太可惜了，就竭力鼓勵我留下來跟他學。我說他都停止收徒了，我怎麼能拜他爲師，他說你不一樣，因爲你是浙江人，趙四太爺的功夫就是跟一對浙江來的夫婦學的，我推薦你去，他一定會接受。他說：跟趙

四太爺學三年，學一身武功，將來當個俠客也不錯。他還提出，這三年的學費由他承擔。我看他一片誠意，不好當面拒絕。學武功挺有吸引力，只是三年的時間太長了，我說容我再考慮考慮。當晚，我和錢吉回客棧過夜。第二天一早，李宗吾來到客棧，還是勸我留下來學武功，我最後還是拒絕了，他直覺得遺憾，說「可惜，可惜。」我又回到了成都。

　　不久，我到峨嵋閉關三年，同外界斷絕了聯繫，對外面的世事滄桑都不了解。只有從山下挑米回來的小和尚，偶爾帶來一點新聞。和尚是方外之人，對抗戰不是太關心，所以聽不到這些方面的消息。有一天，小和尚回來說：厚黑教主李宗吾去世了，我聽了心裏很難過，我借他的二十塊現大洋也沒法還了，我就每天給他念金剛經，超度他……

　　後來聽說他死的時候很安詳，也算壽終正寢了。

代序二

柏楊評《厚黑學》

　　天下有很多奇緣的事,使人無法解釋,柏楊先生之得來《厚黑教主傳》和《厚黑學》合訂本,便屬其中之一。此乃絕版之書,曾托許多朋友代覓一讀,以便豁然貫通,結果全歸失望。不料前天忽然接寒爵先生電話,曰:「你下午在家等我,我有一本好書借你。」屆時駕至,原來是他以五百元巨金代價,在書攤購得之也。大喜過度,留吃晚飯,以示謝意。

　　這本書之好,在於告訴國人,一個蓋世奇才,對日非的世局,其內心的悲憤和痛苦,是如何沈重。李宗吾先生一生為人作事,比柏楊先生不知高級多少,真可驚天地而泣鬼神,而他鼓吹「厚黑」,硬揭大人先生和魚鱉蝦蚓的瘡疤,其被圍剿,自在意中。

　　在全部《厚黑學》和傳記之中,有兩點值得大書特書,讀者先生不可不知。

　　其一,他曰:「大凡行使厚黑之時,表面上一定要糊一層仁義道德,不能赤裸裸地表現出來。凡是我的學生,一定要懂得這個法子,假如有人問你:『認識李宗吾否?』你就要板出最莊

嚴的面孔,說道:『這個人壞極了,他是講厚黑學的,我不認識他。』……」

其二,有一個道貌岸然之官,聞李宗吾先生提倡厚黑學而義憤填膺,寫了一本《薄白學》,在成都報上發表,痛斥李宗吾先生狼心狗肺,貽害蒼生,結果,該官因貪汙瀆職,姦淫擾民,被處死刑,其尊頭懸掛少成公園,以觀其薄白學之風行於世焉。

這兩件事,給我們很多啓示,現在且介紹一二。此中學問甚大,不可等閒視之也。

在全部《厚黑學》中,李宗吾先生以談三國英雄開始,接著他更追溯而上,舉楚漢爭霸的事來證明。

蓋項羽先生不厚不黑,所以失敗。劉邦先生既厚且黑,故能成功。劉邦先生的心腸之黑,是與生俱來,可謂「天縱之聖」;至於臉皮之厚,還需要加點學力。他的業師,就是三傑中的張良先生。張良先生的業師,就是那位圯上老人,衣缽真傳,彰彰可考。圯上受書一事,老人的種種作用,無非是教張良先生臉皮厚也。張良先生拿來傳授劉邦先生,一指點即明。試問不厚不黑的項羽先生,怎能是他的敵手乎?韓信先生能受胯下之辱,可說是臉皮很厚,無奈他心不黑,偏偏繫念著劉邦先生「解衣推食」之恩,下不得毒手。後來長樂宮內,身首異處,夷及九族,都是咎由自取!范增先生千方百計想教項羽先生殺死劉邦先生,可以說心腸很黑,無奈他臉皮不厚,一受離間,便大怒求去,結果把自己的老命和項羽先生的江山,一齊送掉,活該活該。

李宗吾先生結論曰,他把這些人的故事,反覆研究,才將千古不傳的成功秘訣,發現出來。一部二十四史,必須持此觀點,才讀得通。這種學問,原則上很簡單,運用起來卻很神妙,小用

小效,大用大效。故他以「厚黑教主」自居,努力說法,普渡眾生。

有「學」便有「經」。經在中國人眼中的地位,萬分尊嚴。李宗吾先生仍奉天承運,發明了「厚黑經」,以闡揚「厚黑學」的奧秘。

除了《厚黑學》、《厚黑經》。李宗吾先生還有《厚黑傳習錄》問世。共包括三大項目,一曰「求官六字真言」,二曰「做官六字真言」,三曰「辦事二妙法」。他嚴肅地指出,發揚「厚黑學」有其必要。並舉出幾個偉大的例證,然後假託一位想求官做的人向他問業,乃授之以三套法寶。

三套法寶之一為「求官六字真言」。六字者,「空」、「貢」、「沖」、「捧」、「恐」、「送」是也。

一介平民,如果想當官的話,自然要靠李宗吾先生的「求官六字真言」,一番努力之後,把官——無論是市長也好,局長也好,部長也好,縣長也好,委員也好,主任也好,反正是,既把官弄到了手,則必須懂得保官之道,否則一年半載,垮了下來,豈不前功盡棄乎?李宗吾先生有鑒於此,在《厚黑傳習錄》中,除了發明上述的「求官六字真言」外,還發明了「做官六字真言」,錄出於後,以供有志之士參考。

做官六字真言者,「空」、「恭」、「繃」、「凶」、「聾」、「弄」是也。

李宗吾先生《厚黑傳習錄》三大法寶中的兩大法寶:「求官六字真言」、「做官六字真言」,已經分別介紹無誤,現在再介紹第三大法寶「辦事二妙法」,內容更為叫座,非有絕世之資,兼且深明事理的人,簡直領會不動。

二妙法者,一曰「鋸箭」,一曰「補鍋」。

　　李宗吾先生對此二法的總評是:「前清官場中,大體上只用鋸箭法。民國以來的官場中,鋸箭和補鍋互用。」

　　「厚黑學」發展到「傳習錄」,可謂登峰造極。但到一九四〇年代抗戰中期,李宗吾先生把「傳習錄」內容更加擴大為四,一曰厚黑史觀,二曰厚黑哲理,三曰厚黑學的應用,四曰厚黑學發明史。其立論的形式是,自由自在,想說啥就說啥,口中如何說,筆下如何寫,或談時局,或談學術,或追述平生瑣事,高興時就寫,不高興就不寫,或長長地寫一段,或短短地寫幾句,不受任何限制。下筆時候,想引用某事件或某典故,偏偏歷史上從沒有這種事件,或從沒有這種典故,那麼,李宗吾先生凜然曰:「我就自己捏造一個。」蓋思想家與考據家不同,思想家為了說出他的見解,平空難以開口,不得不順手牽羊,以增強力量,連孔丘先生都得托古,以求改制,何況比孔丘先生更大的思想家李宗吾先生乎?

　　李宗吾先生把一切歌功頌德,都看作不過是自己搞的把戲,不過他硬揭瘡疤,也夠砍頭的矣。而他將中華民國紀元改為厚黑紀元,更是膽大包天,那時候幸虧是在四川,否則,殆矣。蓋這種直抵巢穴的搞法,大人先生絕受不住。

　　李宗吾先生之能夠壽終正寢,而未被繩捆索綁到公堂,豈真是天眷之他歟?

　　厚黑教主李宗吾先生除了以上正正經經的「學」、「經」、「錄」,三卷巨作之外,平生尚好寫短篇文章,或出之以雜文,或出之以小說,無一不嬉笑怒罵,鞭辟入裏。故有人曰:「厚黑教主在世,是天地間一大諷刺。」蓋他不但諷刺世人,也諷刺自

己。不過當他諷刺自己的時候,更也是深刻地諷刺世人。厚黑一詞,明明用以揭世故的底牌,他卻一身獨當,曾有人質問之曰:「你為啥罵人?」他答曰:「我怎敢罵人,我罵我自己!」正人君子只好閉嘴。

除了「學」、「經」、「錄」,他還有《怕老婆哲學》一文,並附《怕經》,以調侃儒家學派的《孝經》。這種對聖恩的冒犯,可說鮮血淋淋。他自己怕不怕老婆,我們不知道,但他卻是極力提倡朋友們應設立「怕學研究會」的也。

《怕老婆哲學》內容是,大凡一國的建立,必有一定的重心,中國號稱禮儀之邦,首推五倫。古之聖人,於五倫中特別提出一個「孝」字,以為百行之本,所以曰:「事君不忠非孝也,朋友不信非孝也,戰陣無勇非孝也。」全國重心,建立在「孝」上,因而產生中國特有的種種文明。然而自從歐風東漸,「孝」首先垮臺,全國失去重心,國家焉得不衰落乎?李宗吾先生曰:五倫之中,君臣是革了命的,父子是平了權的,兄弟朋友更早都拋到九霄雲外,所幸尚有夫婦一倫存在,我們應當把一切文化,建立在這一倫之上。天下兒童,無不知愛其親也,積愛成孝,所以古時的文化,建立在「孝」上。世間丈夫,無不知愛妻也,積愛成怕,所以今後文化,應當建立在「怕」上,「怕」自然成為中國文化重心矣。

李宗吾先生更用史事來證明,東晉而後,南北對峙,歷宋齊梁陳,直到隋文帝楊堅出來,才把南北統一。而楊堅就是最怕老婆的人,有一天,獨狐皇后大發脾氣,楊堅先生便嚇得跑到山裏躲避,躲了兩天,經大臣楊素先生把皇后勸好了之後,才敢回來。《怕經》曰:「見妻如鼠,見敵如虎。」楊堅先生之統一天

下，誰曰不宜？

李宗吾先生不但從歷史上探討怕老婆哲學的基礎，而且從當代（柏老按：「當代」，乃一九二〇年代）政治舞台人物身上去考察，獲得結論曰：凡官級愈高的，怕老婆的程度也愈深。官級和害怕的程度，幾乎成為正比。於是，由古今事實，厚黑教主乃歸納出若干定理，名之曰《怕經》，以垂後世。

李宗吾先生篤於友情，道義千古，他一生不輕易推許人，擇友也十分慎重，可是交友之後，卻以生死相許。他有兩個知己的朋友焉，一位是張列五先生，一九一二年推翻滿清政府後，被推為四川省第一任都督，後充總統府顧問，被袁世凱先生所殺。李宗吾先生曰，此人赤膽忠心，有作有為，如他在世，四川決不會鬧得烏煙瘴氣。一位是廖緒初先生，任審計院院長，後見國事日非，鬱鬱而死。李宗吾先生曰，此人作事，公正嚴明，道德之高，每使敵黨讚歎不止，如他執政，世間哪有貪污乎？李宗吾先生平生未了的心願，便是沒有為他的這兩位亡友作一個傳，當日本飛機轟炸重慶最猛烈時，他還數次給《厚黑教主傳》的作者張默先生去函，說到「張列五的衣冠塚在浮圖關，此時想必成為焦土！」其慎重擇交如此，其敦篤友誼如此，誰能相信「求官六字真言」、「做官六字真言」，是出自他手耶？傷心人每以冷笑代嗚咽，嗟夫！

李宗吾先生於一九四三年九月二十八日，病逝於四川省自流井本宅，亦即新定的孔丘誕辰之日，豈冥冥中自有主者耶？五月間，他的身體還很好，後來忽得中風不語之症，終於不治。次日，成都各報即用「厚黑教主」的稱謂，刊佈他逝世的專電。自流井各界人士，亦為他開追悼會，備極哀榮。我們且抄幾副當時

的輓聯，作為介紹教主的結束，也作為蓋棺的定論。至於他的二子，早都先他去世，但孫兒孫女當時業已長大，教主有靈，對家事可以安心。然而，對於國事，一塌糊塗如故，他能不再狂歌以痛哭也哉？

汪瑞如先生輓曰——

「教主歸冥府，繼續闡揚厚黑，使一般孤魂野鬼，早得升官發財門徑；先生辭凡塵，不再諷刺社會，讓那些污吏劣紳，做出狼心狗肺事情。」

李堅白先生輓曰——

「寓諷刺於厚黑，仙佛心腸，與五千言先後輝映；致精力乎著述，賢哲品學，擬念四史今古齊名。」

楊仔耕先生輓曰——

「品聖賢常作翻案，抒思想好作奇談，孤憤蘊胸中，縱有雌黃成戲謔；算年齡遜我二籌，論學問加我一等，修文歸地下，莫將厚黑舞幽冥。」

李符亨先生輓曰——

「定具一片鐵石心，問君獨尊何在，試看他黑氣彌天，至死應遺蜀獃憾；縱有千層樺皮臉，見我無常倏到，也只有厚顏入地，招魂為讀怕婆經。」

其婿楊履冰先生輓曰──

「公著述等身,憤薄俗少完人,厚黑一篇,指佞發奸揮鐵筆;我慚為半子,念賢郎皆早世,煢孤滿目,臨喪進淚灑金風。」

關於厚黑教主李宗吾先生的主要學問,介紹完畢,柏楊先生乃想到自己的地位十分困難。李宗吾先生曾經指出,凡是痛罵他或對他嗤之以鼻的人,都是他的得意弟子。那就是說,他的真正弟子,提起來他,或提起來他的厚黑學,一定要痛罵之或痛嗤之的。故爾,我乃不得不有「妾身未分明」的現象。蓋對十分崇敬他、羨慕他的人,卻未指出應列入哪一類也。

代序三

林語堂評《厚黑學》

　　近人有個李宗吾,四川富順自流井地方人,看穿世態,明察現實,先後發布《厚黑學》、《厚黑經》、《厚黑傳習錄》,著書立說,其言最為詼詭,其意最為沈痛。千古大奸大詐之徒,為鬼為蜮者,在李宗吾筆下燭破其隱。

　　世間學說,每每誤人,唯有李宗吾鐵論《厚黑學》不會誤人。知己而又知彼,既知病情,又知藥方,西洋鏡一經拆穿,則牛渚燃犀,百怪畢現。受厚黑之犧牲者必少,實行厚黑者,無便宜可占,大詐大奸,亦無施其技矣!於是乎人與人之間,只得「赤誠相見」。英雄豪傑,攘奪爭霸,機詐巧騙,天下攘攘!亦可休矣!李先生之《厚黑學》,有益於世道人心,豈淺鮮哉!讀過中外古今書籍,而沒有讀過李宗吾《厚黑學》者,實人生憾事也!此時此境,我論此學,作此文,豈徒然耶?

　　李氏於一九四三年冬抗戰時期,死於成都。抗戰時期,李氏著作,風行西南,人手一冊。咸謂意味無窮,全面妙言快語云。

　　李氏死了。要知李氏發布《厚黑學》,是積極的,並非消極的,不只是嬉笑怒罵而已;對社會人心,實有「建設性」。旨在

「燭破奸詐」，引人入正！他在《厚黑學》自序裏有言：

「……最初民風渾樸，不厚不黑，忽有一人又厚又黑，眾人必為所制，而獨占優勢。眾人看了，爭相仿效，大家都是又厚又黑，你不能制我，我不能制你。獨有一人，不厚不黑，則此人必為眾人所信仰，而獨占優勝。譬如商場，最初商人，盡是貨真價實，忽有一賣假貨者，摻雜其間，此人必大賺其錢。大家爭仿效，全市都是假貨，獨有一家貨真價實（認清目標），則購者雲集，始終不衰、不敗……」

世亂正殷，「英雄豪傑」滿天下，出賣靈魂，認賊作父，表面上糊上一層仁義道德，愛國救民，動人聽聞，一究其實，心之黑，臉之厚，較三國時曹操、劉備、孫權，猶有過之。正義淪亡，是非不辨，無法無天以槍桿武器作後盾，大行其厚黑之道。小焉者，只圖自己衣食，乃為人工具，為人傀儡，搖旗吶喊，人云亦云，厚顏事人，跟了人家亦步亦趨，幫兇與幫閒，不是黑，便是厚，天下擾攘，國亂民困，厚黑猖獗。

李宗吾（別署「獨尊」、「蜀尊」）厚黑學之發布，已有三十多年，厚黑學一名詞人多知之。試對人曰：「汝習厚黑學乎」，其人必勃然大怒，認為……此即李宗吾發布厚黑學之精髓處，收效如何？不言可知！

大哉孔子！三代上有聖人，三代下聖人絕了種，怪事也！然則近代之新聖人，其唯發布厚黑學之李宗吾乎！

厚黑學

一　緒論

　　我讀中國歷史,發現了許多罅漏,覺得一部二十四史的成敗興衰和史臣的論斷,是完全相反的;律以聖賢所說的道理,也不符合。我很為詫異,心想古來成功的人,必定有特別的秘訣,出於史臣聖賢之外。我要尋它這個秘訣,苦求不得,後來偶然推想三國時候的人物,不覺恍然大悟,古人成功的秘訣,不過是臉厚心黑罷了。

　　由此推尋下去,一部二十四史的興衰成敗,這四個字確可以包括無遺;我於是乎作一種詼諧的文字,題名《厚黑學》,分為三卷:上卷厚黑學,中卷厚黑經,下卷厚黑傳習錄。民國元年三月,在成都《公論日報》上披露出來。

　　那個時候,這種議論,要算頂新奇了,讀者譁然。中卷還未登完,我受了朋友的勸告就停止了。不料從此以後,「厚黑學」三字,竟洋溢乎四川,成為普通的名詞;我到了一個地方,就有人請講《厚黑學》,我就原原本本的從頭細述。聽者無不點頭領會,每每歎息道:「我某事的失敗,就是不講厚黑學的緣故。」又有人說:「某人聲威赫赫,就是由於《厚黑學》研究得好。」有時遇了不相識的人,彼此問了姓名,他就用一種很驚異的聲調問我:「你是不是發明厚黑學的李某?」抑或旁人代為介紹道:「他就是發明厚黑學的李宗吾。」更可笑者:學生做國文的時候,竟有用這個名詞的,其傳播的普遍,也就可以想見了。

　　我當初本是一種遊戲的文字,不料會發生這種影響,我自己也十分詫異,心想這種議論,能受眾人的歡迎,一定與心理學

有關係。我於是繼續研究下去，才知道厚黑學是淵源於性惡說，與王陽明的「致良知」淵源於性善說，其價格是相等的。古人說：「仁義是天性中固有之物。」我說：「厚黑是天性中固有之物。」陽明說：「見父自然知孝，見兄自然知弟。」說得頭頭是道，確鑿不移。我說：「小兒見了母親口中的糕餅，自然會取來放在自己口中，在母親懷中吃東西的時候，見他哥哥來了，自然會用手推他打他。」也說得頭頭是道，確鑿不移。陽明講學，受一般人歡迎，所以《厚黑學》也受一般人歡迎。

有孟子的性善說，就有荀子的性惡說與之對抗，有王陽明的「致知良」三字，這「厚黑學」三字，也可與之對抗；究竟人性是怎樣做起的，我很想把他研究出來，尋些宋、元、明、清講學的書來看，見他所說的道理，大都是支離穿鑿，迂曲難通，令人煩悶欲死。我於是乎把這些書拋開，用研究物理學的方法來研究心理學，才知道心理學與力學是相通的。我們研究人性，不能斷定他是善是惡，猶之研究水火之性質，不能斷定它是善是惡一樣。

孟子的性善說，荀子的性惡說，俱是一偏之見，我所講的《厚黑學》，自然是更偏了，其偏的程度，恰與王陽明「致知良」之說相等；讀者如果不明瞭這個道理，認真厚黑起來，是要終歸失敗的，讀者能把我著的《心理與力學》看一下，就自然明白了。但是我們雖不想實行厚黑，也須提防人在我們名下施行厚黑，所以他們的法術，我們不能不知道。

二　厚黑學

　　我自讀書識字以來，就想為英雄豪傑，求之四書五經，茫無所得，求之諸子百家，與夫廿四史，仍無所得，以為古之為英雄豪傑者，必有不傳之秘，不過吾人生性愚魯，尋他不出罷了。窮索冥搜，忘寢廢食，如是者有年，一旦偶然想起三國時幾個人物，不覺恍然大悟曰：得之矣，得之矣，古之為英雄豪傑者，不過面厚心黑而已。

　　三國英雄，首推曹操，他的特長，全在心黑：他殺呂伯奢，殺孔融，殺楊修，殺董承伏完，又殺皇后皇子，悍然不顧，並且明目張膽地說：「寧我負人，毋人負我。」心子之黑，真是達於極點了。有了這樣本事，當然稱為一世之雄了。

　　其次要算劉備，他的特長，全在於臉皮厚：他依曹操，依呂布，依劉表，依孫權，依袁紹，東竄西走，寄人籬下，恬不為恥，而且生平善哭，做《三國演義》的人，更把他寫得維妙維肖，遇到不能解決的事情，對人痛哭一場，立即轉敗為功，所以俗語有云：「劉備的江山，是哭出來的。」這也是一個有本事的英雄。他和曹操，可稱雙絕；當著他們煮酒論英雄的時候，一個心子最黑，一個臉皮最厚，一堂晤對，你無奈我何，我無奈你何，環顧袁本初諸人，卑鄙不足道，所以曹操說：「天下英雄，惟使君與操耳。」

　　此外還有一個孫權，他和劉備同盟，並且是郎舅之親，忽然奪取荊州，把關羽殺了，心之黑，彷彿曹操，無奈黑不到底，跟著向蜀請和，其黑的程度，就要比曹操稍遜一點。他與曹操比肩

稱雄，抗不相下，忽然在曹丞駕下稱臣，臉皮之厚，彷彿劉備，無奈厚不到底，跟著與魏絕交，其厚的程度也比劉備稍遜一點。他雖是黑不如操，厚不如備，卻是二者兼備，也不能不算是一個英雄。他們三個人，把各人的本事施展開來，你不能征服我，我不能征服你，那時候的天下，就不能不分而為三。

後來曹操、劉備、孫權相繼死了，司馬氏父子乘時崛起，他算是受了曹劉諸人的薰陶，集厚黑學之大成，他能欺人寡婦孤兒，心之黑與曹操一樣；能夠受巾幗之辱，臉皮之厚，還更甚於劉備；我讀史見司馬懿受辱巾幗這段事，不禁拍案大叫：「天下歸司馬氏矣！」所以到了這個時候，天下就不得不統一，這都是「事有必至，理有固然」。

諸葛武侯，天下奇才，是三代下第一人，遇著司馬懿還是沒有辦法，他下了「鞠躬盡瘁，死而後已」的決心，終不能取得中原尺寸之地，竟至嘔血而死，可見王佐之才，也不是厚黑名家的敵手。

我把他幾個人物的事，反覆研究，就把這千古不傳的祕訣，發現出來。一部二十四史，可一以貫之：「厚黑而已。」茲再舉楚漢的事來證明一下。

項羽拔山蓋世之雄。喑嗚叱吒，千人皆廢，為什麼身死東城，為天下笑！他失敗的原因，韓信所說：「婦人之仁，匹夫之勇」兩句話，包括盡了。婦人之仁，是心有所不忍，其病根在心子不黑；匹夫之勇，是受不得氣，其病根在臉皮不厚。鴻門之宴，項羽和劉邦，同坐一席，項莊已經把劍取出來了，只要在劉邦的頸上一劃，「太高皇帝」的招牌，立刻可以掛出，他偏偏徘徊不忍，竟被劉邦逃走。垓下之敗，如果渡過烏江，捲土重來，

尚不知「鹿死誰手」？他偏偏又說：「籍與江東子弟八千人，渡江而西，今無一人還，縱江東父兄，憐而王我，我何面目見之。縱彼不言，籍獨不愧於心乎？」這些話，真是大錯特錯！他一則曰：「無面見人」；再則曰：「有愧於心。」究竟高人的面，是如何長起得，高人的心，是如何生起得？也不略加考察，反說：「此天亡我，非戰之罪」，恐怕上天不能任咎吧。

我們又拿劉邦的本事研究一下，史記載：項羽問漢王曰：「天下匈匈數歲，徒以吾兩人耳，願與漢王挑戰決雌雄。」漢王笑謝曰：「吾寧鬥智不鬥力。」請問「笑謝」二字從何生出？劉邦見酈生時，使兩女子洗腳，酈生責他倨見長者，他立刻輟洗起謝。請問「起謝」二字，又從何生出？還有親生的父親，身在俎上，他要分一杯羹；親生兒女，孝惠魯元，楚兵追至，他能夠推他下車；後來又殺韓信，殺彭越，「鳥盡弓藏；兔死狗烹」，請問劉邦的心子，是何狀態，豈是那「婦人之仁，匹夫之勇」的項羽，所能夢見？太史公著本紀，只說劉邦隆准龍顏，項羽是重瞳子，獨於二人的面皮厚薄，心之黑白，沒有一字提及，未免有愧良史。

劉邦的面，劉邦的心，比較別人特別不同，可稱天縱之聖。黑之一字，真是「生知安行，從心所欲不逾矩」，至於厚字方面，還加了點學力，他的業師，就是三傑中的張良，張良的業師，是圯上老人，他們的衣缽真傳，是彰彰可考的。圯上受書一事，老人種種作用，無非教張良臉皮厚罷了。這個道理，蘇東坡的留侯論，說得很明白。張良是有夙根的人，一經指點，言下頓悟，故老人以「王者師」期之。這種無上妙法，斷非「鈍根」的人所能了解，所以史記上說：「良為他人言，皆不省，獨沛公善

之,良曰,沛公殆天授也。」可見這種學問,全是關乎資質,明師固然難得,好徒弟亦不容易尋找。韓信求封齊王的時候,劉邦幾乎誤事,全靠他的業師在旁指點,彷彿現在學校中,教師改正學生習題一般。以劉邦的天資,有時還有錯誤,這種學問的精深,就此可以想見了。

劉邦天資既高,學力又深,把流俗所傳君臣、父子、兄弟、夫婦、朋友五倫,一一打破,又把禮義廉恥,掃除淨盡,所以能夠平蕩群雄,統一海內,一直經過了四百幾十年,他那厚黑的餘氣,方才消滅,漢家的系統,於是乎才斷絕了。

楚漢的時候,有一個人,臉皮最厚,心子不黑,終歸失敗,此人為誰?就是人人知道的韓信。胯下之辱,他能夠忍受,厚的程度,是不在劉邦之下。無奈對於黑字,欠了研究;他為齊王時,果能聽蒯通的話,當然貴不可言,他偏偏繫念著劉邦解衣推食的恩惠,冒冒昧昧地說:「衣人之衣者,懷人之憂;食人之食者,死人之事。」後來長樂鐘室,身首異處,夷及九族。真是咎由自取,他譏誚項羽是婦人之仁,可見「心子不黑,作事還要失敗的」,這個大原則,他本來也是知道的,但他自己也在這裏失敗,「非知之艱,行之維艱」,這也怪韓信不得。

同時又有一個人,心最黑,臉皮不厚,也歸失敗,此人也是人人知道的,姓范名增。劉邦破咸陽,繫子嬰,還軍灞上,秋毫不犯,范增千方百計,總想把他置之死地,心子之黑,也同劉邦彷彿;無奈臉皮不厚,受不得氣,漢用陳平計,間疏楚君王,增大怒求去,歸來至彭城,疽發背死,大凡做大事的人,那有動輒生氣的道理?「增不去,項羽不亡」,他若能隱忍一下,劉邦的破綻很多,隨便都可以攻進去。他偏忿然求去,把自己的老命和

項羽的江山，一齊送掉，因小不忍，壞了大事，蘇東坡還稱他為人傑，未免過譽？

據上面的研究，厚黑學這種學問，法子很簡單，用起來卻很神妙，小用小效，大用大效，劉邦、司馬懿把它學完了，就統一天下；曹操、劉備各得一偏，也能稱孤道寡，割據爭雄；韓信、范增，也是各得一偏，不幸生不逢時，偏偏與厚黑兼全的劉邦，並世而生，以致同歸失敗。但是他們在生的時候，憑著一得之長，博取王侯將相，炫赫一時，身死之後，史傳中也占了一席之地，後人談到他們的事跡，大家都津津樂道，可見厚黑學終不負人。

上天生人，給我們一張臉，而厚即在其中，給我們一顆心，而黑即在其中。從表面上看去，廣不數寸，大不盈掬，好像了無奇異，但，若精密的考察，就知道它的厚是無限的，它的黑是無比的，凡人世的功名富貴、宮室妻妾、衣服車馬，無一不從這區區之地出來，造物生人的奇妙，真是不可思議。鈍根眾生，身有至寶，棄而不用，可謂天下之大愚。

厚黑學共分三步功夫，第一步是「厚如城牆，黑如煤炭」。起初的臉皮，好像一張紙，由分而寸，由尺而丈，就厚如城牆了。最初心的顏色，作乳白狀，由乳色而炭色、而青藍色，再進而就黑如煤炭了。到了這個境界，只能算初步功夫；因為城牆雖厚，轟以大炮，還是有攻破的可能；煤炭雖黑，但顏色討厭，眾人都不願挨近它，所以只算是初步的功夫。

第二步是「厚而硬，黑而亮」。深於厚學的人，任你如何攻打，他一點不動，劉備就是這類人，連曹操都拿他沒辦法。深於黑學的人，如退光漆招牌，越是黑，買主越多，曹操就是這類

人,他是著名的黑心子,然而中原名流,傾心歸服,真可謂「心子漆黑,招牌透亮」,能夠到第二步,固然同第一步有天淵之別,但還露了跡象,有形有色,所以曹操的本事,我們一眼就看出來了。

第三步是「**厚而無形,黑而無色**」。至厚至黑,天上後世,皆以為不厚不黑,這個境界,很不容易達到,只好在古之大聖大賢中去尋求。有人問:「這種學問,哪有這樣精深?」我說:「儒家的中庸,要講到『無聲無臭』方能終止;學佛的人,要講到『菩提無樹,明鏡非台』,才算正果;何況厚黑學是千古不傳之秘,當然要做到『無形無色』,才算止境」。

總之,由三代以至於今,王侯將相,豪傑聖賢,不可勝數,苟其事之有成,無一不出於此;書冊俱在,事實難誣,讀者倘能本我指示的途徑,自去搜尋,自然左右逢源,頭頭是道。

三 厚黑經

李宗吾曰:「不薄之謂厚,不白之謂黑。厚者天下之厚臉皮,黑者天下之黑心子。此篇乃古人傳授心法,宗吾恐其久而差也,故筆之於書,以授世人。其書始言厚黑,中散為萬事,末復合寫厚黑。放之則彌六合,卷之則退藏於面與心。其味無窮,皆實學也。善讀者玩索而有得焉,則終身用之,有不能盡者矣。」

「天命之謂厚黑,率厚黑之謂道,修厚黑之謂教;厚黑也者,不得須臾離也,可離非厚黑也。是故君子戒慎乎其所不厚,恐懼乎其所不黑,莫險乎薄,莫危乎白,是以君子必厚黑也。喜怒哀樂皆不發謂之厚,發而無顧忌,謂之黑。厚也者,天下之

大本也;黑也者,天下之達道也。致厚黑,天地畏焉,鬼神懼焉。」

在第一章,宗吾述古人不傳之秘以立言,首明厚黑之本原出於天而不可易,其實厚黑備於己而不可離,次言存養厚黑之要,終言厚黑功化之極。蓋欲學者於此,反求諸身而自得之,以去夫外誘之仁義,而充其本然之厚黑。所謂一篇之體要是也。以下各章,雜引宗吾之言,以終此章之義。

宗吾曰:「厚黑之道,易而難。夫婦之愚,可以與知焉;及其至也,雖曹、劉亦有所不知焉。夫婦之不肖,可以能行焉,及其至也,雖曹、劉亦有所不能焉。厚黑之大,曹劉猶有所憾,而況於世人乎!」

宗吾曰:「人皆曰予黑,騙而納諸煤炭之中,而不能一色也;人皆曰予厚,遇乎炮彈,而不能不破也。」

宗吾曰:「厚黑之道,本諸身,征諸眾人,考諸三王而不繆,建諸天地而不悖,質諸鬼神而無疑,百世以俟聖人而不惑。」

宗吾曰:「君子務本,本立而道生。厚黑也者,其為人之本與?」

宗吾曰:「三人行,必有我師焉。擇其厚黑者而從之,其不厚黑者而改之。」

宗吾曰：「天生厚黑於予，世人其如予何？」

宗吾曰：「十室之邑，必有厚黑如宗吾者焉，不如宗吾之明說也。」

宗吾曰：「君子無終食之間違厚黑，造次必於是，顛沛必於是。」

宗吾曰：「如有項羽之才之美，使厚且黑，劉邦不足觀也已！」

宗吾曰：「厚黑之人，能得千乘之國；苟不厚黑，簞食豆羹不可得。」

宗吾曰：「五穀者，種之美者也，苟為不熟，不如荑稗；夫厚黑亦在乎熟之而已矣。」

宗吾曰：「道學先生：厚黑賊也。居之似忠信，行之似廉潔，眾皆悅之，自以為是，而不可與入曹劉之道，故曰：厚黑之賊也。」

宗吾曰：「無惑乎人之不厚黑也！雖有天下易生之物也，一日暴之，十日寒之，未有能生者也。吾見人講厚黑亦罕矣！吾退而道學先生至矣！吾其如道學先生何哉？今夫厚黑之為道，大道

也,不專心致志,則不得也。宗吾發明厚黑學者也,使宗吾誨二人厚黑,其一人專心致志,惟宗吾之為聽,一人雖聽之,一心以為有道學先生將至,思竊聖賢之名而居之,則雖與之俱學,弗若之矣!為其資質弗若歟?曰:非也。」

宗吾曰:「有失敗之事於此,君子必自反也,我必不厚;其自反而厚矣,而失敗猶是也,君子必自反也,我必不黑;其自反而黑矣,其失敗猶是也,君子曰:反對我者,是亦妄人也已矣!如此則與禽獸奚擇哉!用厚黑以殺禽獸,又何難焉?」

宗吾曰:「厚黑之道,高矣美矣?宜若登天然,而未嘗不可幾及也。譬如行遠,必自邇,譬如登高,必自卑;身不厚黑,不能行於妻子,使人不以厚黑,不能行於妻子。」

我著厚黑經,意在使初學的人便於諷誦,以免遺忘。不過有些道理,太深奧了,我就於經文上下加以說明。

宗吾曰:「不曰厚乎,磨而不薄;不曰黑乎,洗而不白。」後來我改為:「不曰厚乎,越磨越厚;不曰黑乎,越洗越黑。」有人問我:「世間哪有這種東西?」我說:「手足的繭疤,是越磨越厚;沾了泥土塵埃的煤炭,是越洗越黑。」人的面皮很薄,慢慢的磨練,就漸漸地加厚了;人的心,生來是黑的,遇著講因果的人,講理學的人,拿些道德仁義蒙在上面,才不會黑,假如把他洗去了,黑的本體自然出現。

宗吾曰:「厚黑者,非由外鑠我也,我固有之也。天生庶民,有厚有黑,民之秉彝,好是厚黑。」這是可以試驗的。隨便

找一個當母親的，把她親生孩子抱著吃飯，小孩見了母親手中的碗，就伸手去拖，如不提防，就會被他打爛；母親手中拿著糕餅，他一見就伸手來拿，如果母親不給他，把糕餅放在自己口中，他就會伸手把母親口中糕餅取出，放在他自己的口中。

又如小孩坐在母親的懷中吃奶或者吃餅的時候，哥哥走至面前，他就要用手推他打他。這些事都是「不學而能，不慮而知」的，這即是「良知良能」了。

把這種「良知良能」擴充出去，就可建立驚天動地的事業。唐太宗殺他的哥哥建成，殺他的弟弟元吉，又把建成和元吉的兒子全行殺死，把元吉的妃子納入後宮，又逼著父親把天下讓與他。他這種舉動，全是把當小孩時，搶母親口中糕餅和推哥哥、打哥哥那種「良知良能」擴充出來的。

普通人，有了這種「良知良能」不知道擴充，惟有唐太宗把它擴充了，所以他就成為千古的英雄。故宗吾曰：「口之於味也，有同耆焉；耳之於聲也，有同聽焉；目之於色也，有同美焉。於至而與心，獨無所同然乎？心之所同然者，何也？謂厚也，黑也。英雄特擴充我面與心之所同然耳。」

厚黑這個道理，很明白的擺在面前，不論什麼人都可見到，不過剛剛一見到，就被感應篇、陰騭文或道學先生的學說壓伏下去了。故宗吾曰：「牛山之木嘗美矣，斧斤伐之，非無萌蘖之生焉；牛羊又從而牧之，是以若彼其濯濯也。雖存乎人者，豈無厚與黑哉！其所以摧殘其厚黑者，亦猶斧斤之於木也，旦旦而伐之，則其厚黑不足以存。厚黑不足以存，則欲為英雄也難矣！人見其不能為英雄也，而以為未嘗有厚黑焉，是豈人之情也哉？故苟得其養，厚黑日長；苟失其養，厚黑日消。」

宗吾曰：「小孩見母親口中有糕餅，皆知搶而奪之矣，人能充其搶母親口中糕餅之心，而厚黑不可勝用也，足以爲英雄爲豪傑。是之謂『大人者，不失其赤子之心者也。』苟不充之，不足以保身體，是之謂『自暴自棄』。」

有一種天資絕高的人，他自己明白這個道理，就實力奉行，秘不告人。又有一種資質魯鈍的人，已經走入這個途徑，自己還不知道。故宗吾曰：「行之而不著焉，習矣而不察焉，終身由之，而不知厚黑者眾也。」

世間學說，每每誤人，惟有厚黑學絕不會誤人，就是走到了山窮水盡，當乞丐的時候，討口，也比別人多討點飯。故宗吾曰：「自大總統以至於乞兒，一是皆以厚黑爲本。」

厚黑學博大精深，有志此道者，必須專心致志，學過一年，才能應用，學過三年，才能大成。故宗吾曰：「苟有學厚黑者，期月而已可也，三年有成。」

四　厚黑傳習錄

有人問我道：「你發明厚黑學，爲什麼你做事每每失敗，爲什麼你的學生的本領還比你大，你每每吃他的虧？」我說：你這話差了。凡是發明家，都不可登峰造極。儒教是孔子發明的，孔子登峰造極了，顏、曾、思、孟去學孔子，他們的學問，就比孔子低一層；周、程、朱、張去學顏、曾、思、孟，學問又低一層；後來學周、程、朱、張的，更低一層，愈趨愈下，其原因就是教主的本領太大了。

西洋的科學則不然，發明的時候很粗淺，越研究越精深。

發明蒸氣的人，只悟得汽衝壺蓋之理；發明電氣的人，只悟得死蛙運動之理。後人繼續研究下去，造出種種的機械，有種種的用途，這是發明蒸氣、電氣的人所萬不逆料的。可見西洋科學，是後人勝過前人，學生勝過先生。

我的「厚黑學」與西洋科學相類。我只能講點汽衝壺蓋、死蛙運動，中間許多道理，還望後人研究，我的本領當然比學生小，遇著他們，當然失敗；將來他們傳授些學生出來，他們自己又被學生打敗。一輩勝過一輩，厚黑學自然就昌明了！」

又有人問道：「你把厚黑學講得這樣神妙，為什麼不見你做出一些轟轟烈烈的事情？」我說道：「我試問：你們的孔夫子，究竟做出了多少轟轟烈烈的事情？他講的為政為邦，道千乘之國，究竟實行了幾件？曾子著一部《大學》，專講治國平天下，請問他治的國在哪裏？平的天下在哪裏？子思著了一部《中庸》，說了些中和位育的話，請問他中和位育的實際安在？你不去質問他們，反來質問我，明師難遇，至道難聞，這種『無上甚深微妙法，百千萬劫難遭遇。』你聽了還要懷疑，未免自誤。」

我把厚黑學發表出來，一般人讀了，都說道：「你這門學問，博大精深，難於領悟，請指示一條捷徑。」我問他：「想做什麼？」他說：「我想弄一個官來做，並且還要轟轟烈烈的做些事，一般人都認為是大政治家。」我於是傳他求官六字真言，做官六字真言和辦事二妙法。

（一）求官六字真言

求官六字真言：「空、貢、沖、捧、恐、送」。此六字俱是仄聲，其意義如下：

1・空

即空閒之意，分兩種：一指事務而言，求官的人，定要把一切事放下，不工不商，不農不賈，書也不讀，學也不教，一心一意，專門求官。二指時間而言，求官的人要有耐心，不能著急，今日不生效，明日又來，今年不生效，明年又來。

2・貢

這個字是借用的，是四川的俗語，其意義等於鑽營的鑽字，「鑽進鑽出」，可以說「貢進貢出」。求官要鑽營，這是眾人知道的，但是定義很不容易下。有人說：「貢字的定義，是有孔必鑽。」我說：「錯了！只說得一半，有孔才鑽，無孔者其奈之何？」我下的定義是：「有孔必鑽，無孔也要入。」有孔者擴而大之；無孔者，取出鑽子，新開一孔。

3・沖

普通所謂之「吹牛」，四川話是「沖帽殼子」。沖的工夫有兩種：一是口頭上，二是文字上的。口頭上又分普通場所及上峰的面前兩種；文字上又分報章雜誌及說帖條陳兩種。

4・捧

就是捧場的捧字。戲臺上魏公出來了，那華歆的舉動，是絕好的模範的人物。

5・恐

是恐嚇的意思，是及物動詞。這個字的道理很精深，我不妨多說幾句。官之為物，何等寶貴，豈能輕易給人？有人把捧字做到十二萬分，還不生效，這就是少了恐字的工夫；凡是當軸諸公，都有軟處，只要尋著他的要害，輕輕點他一下，他就會惶然大嚇，立刻把官兒送來。

學者須知，恐字與捧字，是互相為用的，善恐者捧之中有恐，旁觀的人，看他在上峰面前說的話，句句是阿諛逢迎，其實是暗擊要害，上峰聽了，汗流浹背。善捧者恐之中有捧，旁觀的人，看他傲骨棱棱，句句話責備上峰，其實受之者滿心歡喜，骨節皆酥。

「神而明之，存乎其人」，「大匠能與人規矩，不能使人巧」，是在求官的人細心體會。最要緊的，用恐字的時候，要有分寸，如用過度了，大人們老羞成怒，作起對來，豈不就與求官的宗旨大相違背？這又何苦乃爾？非到無可奈何的時候，恐字不能輕用。

6・送

即是送東西，分大小二種：大送，把銀元鈔票一包一包的拿去送；小送，如春茶、火肘及請吃館子之類。所送的人分兩種，一是操用捨之權者，二是未操用捨之權而能予我以助力者。

這六字做到了，包管字字發生奇效，那大人先生，獨居深念，自言自語說：某人想做官，已經說了許多（這是空字的效用），他和我有某種關係（這是貢字的效用），其人很有點才具（這是沖字的效用），對於我很好（這是捧字的效用）。但此人有點壞才，如不安置，未必不搗亂（這是恐字的效用），想到這裏，回頭看見桌上黑壓壓的，或者白亮亮的堆了一大堆（這是送字的效用），也就無話可說，掛出牌來，某缺著某人署理。求官到此，可謂功行圓滿了。於是走馬上任，實行做官六字真言。

（二）做官六字真言

做官六字真言：「空、恭、繃、凶、聾、弄」。此六字俱是

平聲，其意義如下：

1．空

空即空洞的意思。一是文字上，凡是批呈詞、出文告，都是空空洞洞的，其中奧妙，我難細說，請到軍政各機關，把壁上的文字讀完，就可恍然大悟；二是辦事上，隨便辦什麼事情，都是活搖活動，東倒也可，西倒也可，有時辦得雷厲風行，其實暗中藏有退路，如果見勢不佳，就從那條路抽身走了，絕不會把自己牽掛著。

2．恭

就是卑躬折節，脅肩諂笑之類，分直接間接兩種，直接是指對上司而言，間接是指對上司的親戚朋友，丁役及姨太太等等而言。

3．繃

即俗語所謂繃勁，是恭字的反面字，指對下屬及老百姓而言。分兩種：一是儀表上，赫赫然大人物，凜不可犯；二是言談上，儼然腹有經綸，槃槃大才。恭字對飯甑子所在地而言，不必一定是上司；繃字對非飯甑子所在地而言，不必一定是下屬和老百姓，有時甑子之權，不在上司，則對上司亦不妨繃；有時甑子之權，操諸下屬或老百姓，又當改而為恭。吾道原是活潑潑地，運用之妙，存乎一心。

4．凶

只要能達到我的目的，他人亡身滅家，賣兒貼婦，都不必顧忌；但有一層應當注意，凶字上面，定要蒙一層道德仁義。

5．聾

就是耳聾：「笑罵由他笑罵，好官我自為之。」但，聾字中

包含有瞎子的意義，文字上的詆罵，閉著眼睛不看。

6．弄

即弄錢之弄，川省俗語讀作平聲。千里來龍，此處結穴，前面的十一個字，都是為了這個字而設的。弄字與求官之送字是對照的，有了送就有弄。這個弄字，最要注意，是要能夠在公事上通得過才成功。有時通不過，就自己墊點腰包裏的錢，也不妨；如果通得過，任他若干，也就不用客氣了。

以上十二個字，我不過粗舉大綱，許多的精義，都沒有發揮，有志於官者可按門徑，自去研究。

（三）辦事二妙法

1．鋸箭法

有人中了箭，請外科醫生治療，醫生將箭幹鋸下，即索謝禮。問他為什麼不把箭頭取出？他說：那是內科的事，你去尋內科好了。這是一段相傳的故事。

現在各軍政機關，與夫大辦事家，都是用的這種方法。譬如批呈詞：「據呈某某等情，實屬不合已極，仰候令飭該縣知事，查明嚴辦。」「不合已極」這四個字是鋸箭幹，「該知事」是內科，抑或「仰候轉呈上峰核辦」，那「上峰」就是內科。又如有人求我辦一件事情，我說：「這個事情我很贊成，但是，還要同某人商量。」「很贊成」三字是鋸箭幹，「某人」是內科。又或說：「我先把某部分辦了，其餘的以後辦。」「先辦」是鋸箭幹，「以後」是內科。此外有只鋸箭幹，並不命其尋找內科的，也有連箭幹都不鋸，命其逕尋內科的，種種不同，細參自悟。

2・補鍋法

做飯的鍋漏了,請補鍋匠來補。補鍋匠一面用鐵片刮鍋底煤煙,一面對主人說:「請點火來我燒煙。」他乘著主人轉背的時候,用鐵錘在鍋上輕輕的敲幾下,那裂痕就增長了許多,及主人轉來,就指與他看,說道:「你這鍋裂痕很長,上面油膩了,看不見,我把鍋煙刮開,就現出來了,非多補幾個釘子不可。」主人埋頭一看,很驚異的說:「不錯!不錯!今天不遇著你,這個鍋子恐怕不能用了!」及至補好,主人與補鍋匠,皆大歡喜而散。

鄭莊公縱容共叔段,使他多行不義,才舉兵征討,這就是補鍋法了。歷史上這類事情是很多的。有人說:「中國變法,有許多地方是把好肉割壞了來醫。」這是變法諸公用的補鍋法。在前清宦場,大概是用鋸箭法,民國以來,是鋸箭、補鍋二者互用。

上述二妙法,是辦事的公例,無論古今中外,合乎這個公例的就成功,違反這個公例的即失敗。管仲是中國的大政治家,他辦事就是用這兩種方法。狄人伐衛,齊國按兵不動,等到狄人把衛絕了,才出來做「興滅國繼絕世」的義舉,這是補鍋法。召陵之役,不責楚國僭稱王號,只責他包茅不貢,這是鋸箭法。那個時候,楚國的實力,遠勝齊國,管仲敢於勸齊桓公興兵伐楚,可說是鍋敲爛了來補。及到楚國露出反抗的態度,他立即鋸箭了事。召陵一役,以補鍋法始,以鋸箭法終,管仲把鍋敲爛了能把它補起,所以稱為「天下才」。

明季武臣,把流冠圍住了,故意放他出來,本是用的補鍋法,後來制他不住,竟至國破君亡,把鍋敲爛了補不起,所以稱為「誤國庸臣」。岳飛想恢復中原,迎回二帝,他剛剛才起了取

箭頭的念頭，就遭殺身之禍。明英宗也先被捉去，于謙把他弄回來，算是把箭頭取出了，仍然遭殺身之禍，何以故？違反公例故。

晉朝王導為宰相，有一個叛賊，他不去討伐。陶侃責備他，他覆信說：「我遵養時晦，以待足下。」侃看了這封信笑說：「他無非是『遵養時賊』罷了。」王導「遵養時賊」以待陶侃，即是留著箭頭，專等內科。諸名士在新亭流涕，王導變色曰：「當共戮力王室，克復神州，何至作楚囚對泣？」他義形於色，儼然手執鐵錘，要去補鍋，其實說兩句漂亮話就算完事，懷、潛二帝，陷在北邊，永世不返，箭頭永未取出。王導這種舉動，略略有點像管仲，所以歷史上稱他為「江左夷吾」。讀者如能照我說的方法去實行，包管成為管子而後的第一個大政治家。

五　結論

說了一大堆的話，在這收頭結大瓜的時候，不妨告訴讀者一點秘訣：厚黑的施用，定要糊一層仁義道德，不能把它赤裸裸的表現出來。王莽的失敗，就是由於露出了厚黑的緣故。如果終身不露，恐怕王莽至今還在孔廟裏吃冷豬肉。

韓非子說：「陰用其言而顯棄其身。」這個法子，也是定要的。即如我著這本《厚黑學》，你們應當秘藏枕中，不可放在桌上。假如有人問你：「你認識李宗吾嗎？」你就要做一種很莊嚴的面孔說：「這個人壞極了，他是講厚黑學的，我認他不得。」口雖這樣說，但，心裏應當供一個「大成至聖先師李宗吾之位。」你們能夠這樣做去，生前的事業，一定驚天動地，死後

一定入孔廟吃冷豬肉無疑。所以我每聽見人罵我，我非常高興，說道：「吾道大行矣。」

還有一點，我前面說：「厚黑上面，要糊上一層仁義道德。」這是指遇著道學先生而言。假如遇著講性學的朋友，你同他講仁義道德，豈非自討沒趣？這個時候，應當糊上「戀愛神聖」四個字。若遇著了講馬克思的朋友，就糊上「階級鬥爭，勞工專政」八個字，難道他不喊你是同志嗎？總之，面子上應當糊以什麼東西，是在學者因時因地，神而明之，而裏子的厚黑二字，則萬變不離其宗。有志斯學者，細細體會！

我對於聖人之懷疑

自序

我原來是孔子的信徒,小的時候父親與我命的名,我嫌他不好,見《禮記》上孔子說,儒有今人與居,古人與稽,今世行之,後世以為楷,就自己改名世楷,字宗儒,表示信從儒教之意。

光緒癸卯年,我從富順赴成都讀書,與友人雷君礜皆同路,每日步行百里,途中無事,縱談時局,並尋些經史,彼此討論。他對於時事,非常憤慨,心想鐵肩擔宇宙,就改字鐵崖。我覺得儒家學說,有許多缺點,心想與其宗孔子,不如宗自己,因改字宗吾。從此之後,我的思想,也就改變,每讀古人的書,就有點懷疑,對於孔子,雖未宣佈獨立,卻是宗吾二字,是我思想獨立的旗幟,二十多年前,已經樹立了。

我見二十四史上一切是非都是顛倒錯亂的,曾做了一本《厚黑學》,說古來成功的人,不過面厚心黑罷了,民國元年,曾在成都報紙上發表。我對於堯舜禹湯文武周公孔子十分懷疑,做了一篇《我對於聖人之懷疑》。這篇文字,我從前未曾發表。

我做了那兩種文字之後,心中把一部二十四史,一部宋元明清學案掃除乾淨,另用物理學的規律來研究心理學,覺得人心的變化,處處是跟著力學軌道走的,從古人事跡上,現今政治上,日用瑣事上,自己心坎上,理化數學上,中國古書上,西洋學說上,四面八方,印證起來,似覺處處可通。我於是創設了一條臆說:心理之變化,循力學公例而行。這是我一人的拘墟之見,是否合理,不得而知,特著《心理與力學》一篇,請閱者賜教。

我應用這條臆說，覺得現在的法令制度，很有些錯誤的地方，我置身學界把學制拿來研究，曾做了一篇《考試制之商榷》，又著了一篇《學業成績考察會之計畫》，曾在成都報紙發表，並經四川教育廳印行。那個時候，我這個臆說，還未發表，文中只就現在的學制陳說利弊，我的根本原理，未曾說出，諸君能把那兩篇文字，與這篇《心理與力學》對看，合併賜教，更是感激。我近日做有一篇《推廣平民教育之計畫》，也附帶請教。

　　我從癸卯年，發下一個疑問道，孔孟的道理，既是不對，真正的道理，究竟在什麼地方？這個疑團，蓄在心中，遲至二十四年，才勉強尋出一個答案，真可謂笨極了，我重在解釋這個疑問，很希望閱者指示迷途，我絕對不敢自以為是，指駁越嚴，我越是感激。如果我說錯了，他人說得有理，我就拋棄我的主張，改從他人之說，也未嘗不可。諸君有賜教的，請在報紙上發表，如能交成都國民公報社社長李澄波先生或成都新四川日刊社社長周雁翔先生代轉，那就更好了。

　　我從前做的《厚黑學》及《我對於聖人之懷疑》，兩種文字的底稿，早已不知拋往何處去了，我把大意寫出來，附在後面，表明我思想之過程。凡事有破壞，才有建設，這兩篇文字，算是一種破壞，目的在使我自己的思想獨立，所以文中多偏激之論，我們重在尋求真理，無須乎同已死的古人爭鬧不休，況且我們每研究一理，全靠古人供給許多材料，我們對於古人，只有感謝的，更不該吹毛求疵。這兩篇文字的誤點，我自己也知道，諸君不加以指正也使得。

中華民國十六年一月十五日李世楷序於成都

我對於聖人之懷疑

我先年對於聖人,很為懷疑,細加研究,覺得聖人內面有種種黑幕,曾做了一篇《聖人的黑幕》。民國元年本想與《厚黑學》同時發表,因為《厚黑學》還未登載完,已經眾議譁然,說我破壞道德,煽惑人心,這篇文字,更不敢發表了,只好藉以解放自己的思想。現在國內學者,已經把聖人攻擊得身無完膚,中國的聖人,已是日暮途窮。我幼年曾受過他的教育,本不該乘聖人之危,墜井下石,但是我要表明我思想的過程,不妨把我當日懷疑之點,略說一下。

世間頂怪的東西,要算聖人,三代以上,產生最多,層見迭出,同時可以產生許多聖人。三代以下,就絕了種,並莫產出一個。秦漢而後,想學聖人的,不知有幾千百萬人,結果莫得一個成為聖人,最高的,不過到了賢人地位就止了。請問聖人這個東西,究竟學得到學不到?如說學得到,秦漢而後,有那麼多人學,至少也該再出一個聖人;如果學不到,我們何苦朝朝日日,讀他的書,拚命去學?

三代上有聖人,三代下無聖人,這是古今最大怪事,我們通常所稱的聖人,是堯舜禹湯文武周公孔子。我們把他分析一下,只有孔子一人是平民,其餘的聖人,盡是開國之君,並且是後世學派的始祖,他的破綻,就現出來了。

原來周秦諸子,各人特創一種學說,自以為尋著真理了,自信如果見諸實行,立可救國救民,無奈人微言輕,無人信從。他們心想,人類通性,都是悚幕權勢的,凡是有權勢的人說的話,

人人都能夠聽從。世間權勢之大者，莫如人君，尤莫如開國之君，兼之那個時候的書，是竹簡做的，能夠得書讀的很少，所以新創一種學說的人都說道，我這種主張，是見之書上，是某個開國之君遺傳下來的。於是道家託於黃帝，墨家託於大禹，倡並耕的託於神農，著本草的也託於神農，著醫書的，著兵書的，俱託於黃帝。此外百家雜技，與夫各種發明，無不託始於開國之君。孔子生當其間，當然也不能違背這個公例。他所託的更多，堯舜禹湯文武之外，更把魯國開國的周公加入，所以他是集大成之人。

　　周秦諸子，個個都是這個辦法，拿些嘉言懿行，與古帝王加上去，古帝王坐享大名，無一個不成為後世學派之祖。周秦諸子，各人把各人的學說發佈出來，聚徒講授，各人的門徒，都說我們的先生是個聖人。原來聖人二字，在古時並不算高貴，依《莊子‧天下篇》所說，聖人之上，還有天人、神人、至人等名稱，聖人列在第四等；聖字的意思，不過是聞聲知情，事無不通罷了，只要是聰明通達的人，都可呼之為聖人，猶之古時的朕字一般，人人都稱得，後來把朕字、聖字收歸御用，不許凡人冒稱，朕字、聖字才高貴起來。周秦諸子的門徒，尊稱自己的先生是聖人，也不為僭妄。孔子的門徒，說孔子是聖人，孟子的門徒說孟子是聖人，老莊揚墨諸人，當然也有人喊他為聖人。到了漢武帝的時候，表章六經，罷黜百家，從周秦諸子中，把孔子挑選出來，承認他一人是聖人，諸子的聖人名號，一齊削奪，孔子就成為御賜的聖人了。孔子既成為聖人，他所尊崇的堯舜禹湯文武周公當然也成為聖人。所以中國的聖人，只有孔子一人是平民，其餘的是開國之君。

周秦諸子的學說，要依託古之人君，也是不得已而爲之，這可舉例證明。南北朝有個張士簡，把他的文章拿與虞訥看，虞訥痛加詆斥。隨後張士簡把文改作，託名沈約，又拿與虞訥看，他就讀一句，稱讚一句。清朝陳修園，著了一本《醫學三字經》，其初託名葉天士，及到其書流行了，才改歸己名。有修園的自序可證。從上列兩事看來，假使周秦諸子不依託開國之君，恐怕他們的學說早已消滅，豈能傳到今日？周秦諸子，志在救世，用了這種方法，他們的學說才能推行，後人受賜不少。我們對於他們是應該感謝的，但是爲研究真理起見，他們的內幕，是不能不揭穿的。

孔子之後，平民之中，也還出了一個聖人，此人就是人人知道的關羽。凡人死了，事業就完畢，惟有關羽死了過後，還幹了許多事業，竟自掙得聖人的名號，又著有《桃園經》、《覺世真經》等書，流傳於世。孔子以前，那些聖人的事業與書籍，我想恐怕也與關羽差不多。

現在鄉僻之區偶然有一人得了小小富貴，講因果的，就說他陰功積得多，講堪輿的，就說他墳地葬得好，看相的，算命的，就說他面貌生庚與眾不同。我想古時的人心與現在差不多，大約也有講因果的人，看見那些開基立國的帝王，一定說他品行如何好，道德如何好，這些說法流傳下來，就成爲周秦諸子著書的材料了。兼之，凡人皆有我見，心中有了成見，眼中所見的東西，就會改變形象。帶綠眼鏡的人，見凡物皆成綠色；帶黃眼鏡的人，見凡物皆成黃色。周秦諸人，創了一種學說，用自己的眼光去觀察古人，古人自然會改形變相，恰與他的學說符合。

我們權且把聖人中的大禹提出來研究一下。他腓無胈，脛

無毛,憂其黔首,顏色黎墨,宛然是摩頂放踵的兼愛家。韓非子說:「禹朝諸侯於會稽,防風氏之君後至而禹斬之。」他又成了執法如山的大法家。孔子說:「禹,吾無間然矣。菲飲食而致孝乎鬼神,惡衣服而致美乎黻冕,卑宮室而盡力乎溝洫。」儼然是恂恂儒者,又帶點栖栖不已的氣象。

讀魏晉以後禪讓文,他的行徑,又與曹丕、劉裕諸人相似。宋儒說他得了危微精一的心傳,他又成了一個析義理於毫芒的理學家。雜書上說他娶塗山氏女,是個狐狸精,彷彿是《聊齋》上的公子書生;說他替塗山氏造敷面的粉,又彷彿是畫眉的風流張敞;又說他治水的時候,驅遣神怪,又有點像《西遊記》上的孫行者,《封神榜》上的姜子牙。

據著者的眼光看來,他始而忘親事仇,繼而奪仇人的天下,終而把仇人逼死蒼梧之野,簡直是厚黑學中重要人物。他這個人,光怪陸離,真是莫名其妙。其餘的聖人,其神妙也與大禹差不多。我們略加思索,聖人的內幕,也就可以了然了。因為聖人是後人幻想結成的人物,各人的幻想不同,所以聖人的形狀,有種種不同。

我做了一本《厚黑學》,從現在逆推到秦漢是相合的,又推到春秋戰國,也是相合的,可見從春秋以至今日,一般人的心理是相同的。再追溯到堯舜禹湯文武周公,就覺得他們的心理神妙莫測,盡都是天理流行,惟精惟一,厚黑學是不適用的。大家都說三代下人心不古,彷彿三代上的人心,與三代下的人心,成為兩截了,豈不是很奇的事嗎?其實並不奇。假如文景之世,也像漢武帝的辦法,把百家罷黜了,單留老子一人,說他是個聖人,老子推崇的黃帝,當然也是聖人,於是乎平民之中,只有老子一

人是聖人，開國之君，只有黃帝一人是聖人。老子的心，微妙玄通，深不可識。黃帝的心，也是微妙玄通，深不可識。其政悶悶，其民淳淳。黃帝而後，人心就不古：堯奪哥哥的天下，舜奪婦翁的天下，禹奪仇人的天下，成湯文武以臣叛君，周公以弟弒兄。我那本《厚黑學》，直可逆推到堯舜而止，三代上的人心，三代下的人心，就融成一片了。無奈再追溯上去，黃帝時代的人心，與堯舜而後的人心，還是要成為兩截的。

假如老子果然像孔子那樣際遇，成了御賜的聖人，我想孟軻那個亞聖名號，一定會被莊子奪去，我們讀的四子書，一定是老子、莊子、列子、關尹子，所讀的經書，一定是靈樞、素問，孔孟的書，與管商申韓的書，一齊成為異端，束諸高閣，不過遇著好奇的人，偶爾翻來看看，大學、中庸在禮記內，與王制、月令並列。人心惟危十六字，混在曰若稽古之內，也就莫得什麼精微奧妙了。後世講道學的人，一定會向道德經中，玄牝之門，埋頭鑽研，一定又會造出天玄人玄，理牝欲牝種種名詞，互相討論。依我想，聖人的真相不過如是。

儒家的學說，以仁義為立足點，定下一條公例，行仁義者昌，不行仁義者亡。古今成敗，能合這個公例的，就引來做證據，不合這個公例的，就置諸不論。舉個例來說，太史公《殷本紀》說：「西伯歸，乃陰修德行善。」《周本紀》說：「西伯陰行善。」連下兩個陰字，其作用就可想見了。齊世家更直截了當說道：「周西伯昌之脫羑里歸，與呂尚陰謀修德以傾商政，其事多兵權與奇計。」可見文王之行仁義，明明是一種權術，何嘗是實心為民。儒家見文王成了功，就把他推尊得了不得。徐偃王行仁義，漢東諸侯朝者三十六國，荊文王惡其害己也，舉兵滅之。

這是行仁義失敗了的，儒者就絕口不提。他們的論調，完全與鄉間講因果報應的一樣，見人富貴，就說他積得有陰德，見人觸電器死了，就說他忤逆不孝。推其本心，固是勸人為善，其實真正的道理，並不是那麼樣。

古來的聖人，真是怪極了！虞芮質成，腳踏了聖人的土地，立即洗心革面。聖人感化人，有如此的神妙，我不解管蔡的父親是聖人，母親是聖人，哥哥弟弟是聖人，四面八方被聖人圍住了，何以中間會產生鴟鴞。清世宗呼允禩為阿其那，允禟為塞思赫，翻譯出來，是豬狗二字。這個豬狗的父親也是聖人，哥哥也是聖人，鴟鴞豬狗，會與聖人錯雜而生，聖人的價值，也就可以想見了。

李自成是個流賊，他進了北京，尋著崇禎帝后的屍，載輕宮扉，盛以柳棺，放在東華門，聽人祭奠。武王是個聖人，他走至紂死的地方，射他三箭，取黃鉞把頭斬下來，懸在太白旗上。他們爺兒，曾在紂名下稱過幾天臣，做出這宗舉動，他們的品行連流賊都不如，公然也成為惟精惟一的聖人，真是妙極了。假使莫得陳圓圓那場公案，吳三桂投降了，李自成豈不成為太祖高皇帝嗎？他自然也會成為聖人，他那闖太祖本紀，所載深仁厚澤，恐怕比周本紀要高幾倍。

太王實始翦商，王季、文王繼之，孔子稱武王纘太王、王季、文王之緒，其實與司馬炎纘懿師昭之緒何異？所異者，一個生在孔子前，得了世世聖人之名，一個生在孔子後，得了世世逆臣之名。

後人見聖人做了不道德的事，就千方百計替他開脫，到了證據確鑿，無從開脫的時候，就說書上的事跡，出於後人附會。

這個例是孟子開的,他說以至仁伐至不仁,斷不會有流血的事,就斷定武成上血流漂杵那句話是假的。我們從殷民三叛,多方大誥,那些文字看來,可知伐紂之時,血流漂杵不假,只怕以至仁伐至不仁那句話有點假。

子貢曰:「紂之不善,不如是之甚也。是以君子惡居下流,而天下之惡皆歸焉。」我也說:「堯舜禹湯文武周公不善,不如是之甚也。是以君子願居上流,而天下之美皆歸焉。」若把下流二字改作失敗,把上流二字改作成功,更覺確切。

古人神道設教,祭祀的時候,叫一個人當屍,向眾人指說道:「這就是所祭之神。」眾人就朝著他磕頭禮拜。同時又以至道設教,對眾人說:「我的學說,是聖人遺傳下來的。」有人問:「哪個是聖人?」他就順手指著堯舜禹湯文武周公說道:「這就是聖人。」眾人也把你當如屍一般,朝著他磕頭禮拜。後來進化了,人民醒悟了,祭祀的時候,就把屍撤銷,惟有聖人的迷夢,數千年未醒,堯舜禹湯文武周公,竟受了數千年的崇拜。

講因果的人,說有個閻王,問閻王在何處,他說在地下。講耶教的人,說有個上帝,問上帝在何處,他說在天上。講理學的人,說有許多聖人,問聖人在何處,他說在古時。這三種怪物,都是只可意中想像,不能目睹,不能證實。惟其不能證實,他的道理就越是玄妙,信從的人就越是多。在創這種議論的人,本是勸人為善,其意固可嘉,無如事實不真確,就會生出流弊。因果之弊,流為拳匪聖人之弊,使真理不能出現。

漢武帝把孔子尊為聖人過後,天下的言論,都折衷於孔子,不敢違背。孔融對於父母問題,略略討論一下,曹操就把他殺了。嵇康非薄湯武,司馬昭也就把他殺了。儒教能夠推行,全是

曹操、司馬昭一般人維持之力，後來開科取士，讀書人若不讀儒家的書，就莫得進身之路。一個死孔子，他會左手拿官爵，右手拿鋼刀，哪得不成爲萬世師表？宋元明清學案中人，都是孔聖人馬蹄腳下人物，他們的心坎上受了聖人的摧殘蹂躪，他們的議論，焉得不支離穿鑿？焉得不迂曲難通？

中國的聖人，是專橫極了，他莫有說過的話，後人就不敢說，如果說出來，眾人就說他是異端，就要攻擊他。朱子發明了一種學說，不敢說是自己發明的，只好把孔門的「格物致知」加一番解釋，說他的學說，是孔子嫡傳，然後才有人信從。王陽明發明一種學說，也只好把「格物致知」加一番新解釋，以附會己說，說朱子講錯了，他的學說才是孔子嫡傳。本來朱、王二人的學說，都可以獨樹一幟，無須依附孔子，無如處於孔子勢力範圍之內，不依附孔子，他們的學說萬萬不能推行。他二人費盡心力去依附當時的人，還說是偽學，受重大的攻擊。聖人專橫到了這個田地，怎麼能把真理搜尋得出來。

韓非子說得有個笑話，郢人致書於燕相國，寫書的時候，天黑了，喊「舉燭」，寫書的人，就寫上「舉燭」二字，把書送去。燕相得書，想了許久，說道，舉燭是尚明，尚明是任用賢人的意思，就對燕王說了。燕王聽他的話，國遂大治。雖是收了效，卻非原書本意，所以韓非說：「先王有郢書，後世多燕說。」究竟「格物致知」四字，作何解釋，恐怕只有手著《大學》的人才明白，朱、王二人中，至少有一人免不脫郢書燕說的批評，豈但「格物致知」四字，恐怕十三經注疏，皇清經解，宋元明清學案內面，許多妙論也逃不脫郢書燕說的批評。

學術上的黑幕，與政治上的黑幕，是一樣的。聖人與君主，

是一胎雙生的，處處狼狽相依。聖人不仰仗君主的威力，聖人就莫得那麼尊崇；君主不仰仗聖人的學說，君主也莫得那麼猖獗。於是君主把他的名號分給聖人，聖人就稱起王來了；聖人把他的名號分給君主，君主也稱起聖來了。君主鉗制人民的行動，聖人鉗制人民的思想。君主任便下一道命令，人民都要遵從；如果有人違背了，就算是大逆不道，為法律所不容。聖人任便發一種議論，學者都要信從；如果有人批駁了，就算是非聖無法，為清議所不容。中國的人民，受了數千年君主的摧殘壓迫，民意不能出現，無怪乎政治紊亂；中國的學者，受了數千年聖人的摧殘壓迫，思想不能獨立，無怪乎學術銷沉。因為學說有差誤，政治才會黑暗，所以君主之命該革，聖人之命尤其該革。

　　我不敢說孔子的人格不高，也不敢說孔子的學說不好，我只說除了孔子，也還有人格，也還有學說。孔子並莫有壓制我們，也未嘗禁止我們別創異說，無如後來的人，偏要抬出孔子，壓倒一切，使學者的思想不敢出孔子的範圍之外。學者心坎上被孔子盤踞久了，理應把他推開，思想才能獨立，宇宙真理才研究得出來。前幾年，有人把孔子推開了，同時杜威、羅素就闖進來，盤踞學者心坎上，天下的言論，又熱衷於杜威、羅素，成一個變形的孔子，有人違反了他的學說，又算是大逆不道，就要被報章雜誌罵個不休。如果杜威、羅素去了，又會有人出來，執行孔子的任務。他的學說，也是不許人違反的。依我想，學術是天下公物，應該聽人攻擊，如果說錯了，改從他人之說，於己也無傷，何必取軍閥態度，禁人批評。

　　凡事以平為本。君主對於人民不平等，故政治上生糾葛；聖人對於學者不平等，故學術上生糾葛。我主張把孔子降下來，與

周秦諸子平列，我與閱者諸君一齊參加進去，與他們平坐一排，把杜威、羅素諸人歡迎進來，分庭抗禮，發表意見，大家磋商，不許孔子、杜威、羅素高踞我們之上，我們也不高踞孔子、杜威、羅素之上，人人思想獨立，才能把真理研究得出來。

我對於眾人既已懷疑，所以每讀古人之書，無在不疑，因定下讀書三訣，為自己用功步驟。茲附錄於下。

讀書三訣：

第一步，以古為敵。讀古人之書，就想此人是我的勁敵，有了他，就莫得我，非與他血戰一番不可。逐處尋他縫隙，一有縫隙，即便攻入；又代古人設法抗拒，愈戰愈烈，愈攻愈深。必要如此，讀書方能入理。

第二步，以古為友。我若讀書有見，即提出一種主張，與古人的主張對抗，把古人當如良友，互相切磋。如我的主張錯了，不妨改從古人；如古人主張錯了，就依著我的主張，向前研究。

第三步，以古為徒。著書的古人，學識膚淺的很多，如果我自信學力在那些古人之上，不妨把他們的書拿來評閱，當如評閱學生文字一般。說得對的，與他加幾個密圈；說得不對的，與他劃幾根杠子。我想世間俚語村言，含有妙趣的，尚且不少，何況古人的書，自然有許多至理存乎其中，我評閱越多，智識自然越高，這就是普通所說的教學相長了。如遇一個古人，智識與我相等，我就把他請出來，以老友相待，如朱晦庵待蔡元定一般。如遇有智識在我上的，我又把他認為勁敵，尋他縫隙，看攻得進攻不進。

我雖然定下三步功夫，其實並莫有做到，自己很覺抱愧。我現在正做第一步功夫，想達第二步還未達到。至於第三步，自量終身無達到之一日。譬如行路，雖然把路徑尋出，無奈路太長了，腳力有限，只好努力前進，走一截，算一截。

厚黑叢話

自序

　　民國十六年，我將歷年作品匯刊一冊，名曰《宗吾臆談》，內容計：（1）厚黑學；（2）我對於聖人之懷疑；（3）心理與力學；（4）考試制之商榷；（5）解決社會問題之我見。十七年，我把「解決社會問題之我見」擴大為一單行本，題曰《社會問題之商榷》。第六章有云：「我討論這個問題，自有我的根據地，並未依傍孫中山，乃所得結果，中山已先我而言之，真理所在，我也不敢強自立異。於是把我研究所得，作為闡發孫中山學說之資料」，云云。

　　此書流傳至南京，石青陽與劉公潛見之，曾電致四川省政府劉主席自乾，叫我入京研究黨義，我因事未去。本年我到重慶，伍君心言對我說：「你著的《社會問題之商榷》，曾揭登南京《民生報》，許多人說你對於孫中山學說，有獨到之見。你可再整理一下，發表出來，大家討論。」我因把原作再加整理，名曰《改革中國之我見》。

　　《社會問題之商榷》理論多而辦法少，我認為現在所需要者，是辦法，不是理論，乃將原書大加刪除，注重辦法。原書偏於經濟方面，乃再加入政治和外交，基於經濟之組織，生出政治之組織，基於經濟政治之方式，生出外交之方式。換言之，即是由民生而民權，而民族，三者聯為一貫，三民主義就成為整個的東西了。書成拿到省黨部，請胡素民、顏伯通二君批評。二君道：「此書精神上，對於三民主義完全吻合，但辦法上，有許多地方，孫中山未曾這樣說，如果發表出來，恐淺

見者流生出誤會,你可以不必發表。」我因把原稿收藏起。我是發明厚黑學的人,還是回頭轉來講我的厚黑學,因此才寫《厚黑叢話》。

我生平揭的標幟,是「思想獨立」四字。因為思想獨立,就覺得一部二十四史和四書五經,與宋元明清學案,無在不是破綻。《厚黑學》一文,是揭穿一部二十四史的黑幕;《我對於聖人之懷疑》一文,是揭穿一部宋元明清學案的黑幕。馬克思的思想,是建築在唯物史觀上;我的思想,可說是建築在厚黑史觀上。

我的思想,既以厚黑史觀為基礎,則對於人性不能不這樣的觀察,對於人性既這樣觀察,則改革經濟、政治、外交等等,不能不有這樣的辦法。今之研究三民主義者,是置身三民主義之中,一字一句研究。我是把中國的四書五經、二十四史和宋元明清學案,與夫外國的……斯密士、達爾文、盧梭、克魯泡特金、孟德斯鳩,等等,一齊掃蕩了,另闢蹊徑,獨立研究,結果與三民主義精神相合,成了殊途同歸,由此可以證明孫中山學說是合真理的。

孫中山嘗說:「主義不能變更,政策可因時勢而變更。」主義者精神也,政策者辦法也,我們只求精神上與三民主義相合,至於辦法上,大家可提些出來,公開討論……。辦法生於理論,我的理論,以厚黑史觀為基礎,故從厚黑學講起來。

此次所寫《厚黑叢話》,是把我舊日作品和新近的感想糅合寫之。我最近還做有一本《中國學術之趨勢》,曾拿與友人舒君實、官夢蘭二君看,二君都說可以發表,我也把他拆散寫入,將所有作品冶為一爐,以見思想之一貫。中間許多說法,

已越出厚黑學範圍，而仍名之爲《厚黑叢話》者，因種種說法，都是從厚黑學生出來，猶之樹上的枝葉花果，是從樹幹生出來，題以厚黑二字，示不忘本也。

我這《厚黑叢話》，從二十四年八月一日起，逐日在成都《華西日報》發表，每日寫一兩段，每兩個月合刊一冊，請閱者賜教。舊著《宗吾臆談》和《社會問題之商榷》，我送有兩本在成都圖書館，讀者可便中取閱。有不合處，一經指出，即當遵照修改。

二十四年十月十八日，李宗吾於成都

致讀者諸君

成都《華西日報》民國二十四年十一月十七日

二十四年十一月十日，《成都快報》載有寶枕原君所寫《讀〈厚黑叢話〉與〈厚黑學的基礎安在〉後的意見》，說道：「《厚黑叢話》是李先生宗吾宗自己的意見寫的。《厚黑學的基礎安在》，是客塵先生批評厚黑而寫的。我呢，因爲站在壁上觀的立場，不便有什麼言論，來判定誰是誰非，但我亦不是和事老的魯仲連。我的意見便是請求兩先生的文章，按月刊成單行本，露布書店，使閱者得窺全豹，同時又可使閱者有研討的可能。愚見如此，不知你們的尊意怎樣？」寶君這種主張，我極端贊成，決定每兩月刊一冊，自八月一日至九月卅日，在成都《華西日報》發表的《厚黑叢話》，業已加以整

理，交付印刷局，不日即可出版，餘者續出。

同日快報載客塵君《答枕原先生兼請教讀者》一文，內云：「出單行本卻不敢有此企圖，最大的原因，便是囊空如洗，一錢莫名，並且文字是隨便寫的，異常拖遝拉雜……。」客塵君既不自出單行本，我打算纂一部《厚黑叢話之批評》，以若干頁為一冊，挨次出版，冊數之多寡，視批評者之多寡為斷。快報十一月十日所載寶君及客塵君兩文，決定刊入。又成都《新四川日報》十月十三日載子健君《健齋瑣錄》，對於厚黑學亦有批評，亦當錄入。至客塵君所著《厚黑學的基礎安在》，我希望客塵加以整理，力求短簡明潔，在報上重新發表，以便刊行。如或過長，只好仍請客塵君自印單行本。

客塵君在快報上宣言要向我總攻擊，所謂總攻者，無所不攻之謂也。客塵君寫了如許長的文字，只攻擊我「厚黑救國」四字，拙作中類此四字者很多，請一一攻擊，俾知謬點所在。我為客塵君計，可每文標一題目，直揭出攻擊之點，簡簡單單的數百字，一日登完，庶閱者一目了然。不必用《厚黑學的基礎安在》那種寫法，定一個大題目，每次登一兩千字，幾個星期都未登完，致流於拖遝拉雜之弊。客塵君以我的話為然否？並希望其他的批評者也這樣辦。

我這《厚黑叢話》，不斷寫去，逐日《華西日報》發表，究竟寫好長，寫好久，我也無一定計劃。如無事故，而又心中高興，就長期寫去。凡批評的文字，只要在報章雜誌上發表過的，無論贊成或反對，俱一一刊入；且反對愈烈者，我愈歡迎。我是主張思想獨立的人，常喜歡攻擊他人，因之也喜歡他人攻擊我。有能痛痛快快的攻擊我，我就認他是我的同志，當

然歡迎。惟文字冗長，詞意晦澀者則不錄。其直接寄我之信函，而未經報章雜誌披露者亦不錄。

我平居無事，即尋些問題來研究，研究所得，究竟合與不合，自己無從知道，特寫出來，請求閱者指正。我研究這些問題，已鬧得目迷五色，好像彷徨失路的人。諸君旁觀者清，萬望指我去路，我重再把這些道理研究明白。只要把真理尋出就好了，不必定要是我尋出的，猶之救國救民等事，只要人民的痛苦能夠解除就好了，不必定要功自我出。我只埋頭發表我的意見，或得或失，一任讀者批評，自己不能置辯一字，我說錯了，自當改從諸君之主張，不敢固執己見。

我這《厚黑叢話》，是把平日一切作品和重慶《新蜀報》發表的《隨想錄》，《濟川報》發表的《汲心齋雜錄》，連同近日的新感想，糅合寫之，所討論的問題，往往軼出厚黑二字之外。諸君可把這「厚黑叢話」四字當如書篇名目，如《容齋隨筆》、《北夢瑣言》之類，如把這四字，認為題目，則我許多說法，都成為文不對題了。

諸君批評的文字，在報章雜誌上發表後，請惠贈一份，交成都《華西日報》副刊部轉交，無任感盼。

李宗吾二十四年十一月十五日

厚黑叢話卷一

成都《華西日報》民國二十四年八月一日至八月三十一日

著者於滿清末年發明厚黑學，大旨言一部二十四史中的英雄豪傑，其成功秘訣不外面厚心黑四字，歷引史事為證。民國元年，揭登成都《公論日報》，計分三卷，上卷厚黑學，中卷厚黑經，下卷厚黑傳習錄。發表出來，讀者譁然。中卷僅登及一半，我受友人的勸告，也就中止。原文底稿，已不知拋棄何所。十六年，刊《宗吾臆談》，把三卷大意摘錄其中。去年舍侄等在北平，從《臆談》中抽出，刊為單行本，上海某雜誌，似乎也曾登過。

我當初本是隨便寫來開玩笑，不料從此以後，厚黑學二字，竟洋溢乎四川，成一普通名詞。我也莫名其妙，每遇著不相識的朋友，旁人替我介紹，必說道：「這就是發明厚黑學的李某。」幾於李宗吾三字和厚黑學三字合而為一，等於釋迦牟尼與佛教合而為一，孔子與儒教合而為一。

有一次在宴會席上，某君指著我，向眾人說道：「此君姓李名宗吾，是厚黑學的先進。」我趕急聲明道：「你這話錯了，我是厚黑學祖師，你們才是厚黑學的先進。我的位置，等於佛教中的釋迦牟尼，儒教中的孔子，當然稱為祖師。你們親列門牆，等於釋迦門下的十二圓覺，孔子門下的四科十哲，對於其他普通人，當然稱為先進。」

厚黑學，是千古不傳之秘，我把他發明出來，可謂其功不

在禹下。每到一處，就有人請我講厚黑學，我身抱絕學，不忍自私，只好勤勤懇懇的講授，隨即筆記下來，名之曰《厚黑叢話》。

有人駁我道：「面厚心黑的人，從古至今，豈少也哉？這本是極普通的事，你何得妄竊發明家之名？」我說：「所謂發明者，等於礦師之尋出煤礦鐵礦，並不是礦師拿些煤鐵嵌入地中，乃是地中原來有煤有鐵，礦師把上面的土石除去，煤鐵自然出現，這就謂之發明了。厚黑本是人所固有的，只因被四書五經、宋儒語錄和感應篇、陰騭文、覺世真經等等蒙蔽了，我把它掃而空之，使厚與黑赤裸裸的現出來，是之謂發明。」

牛頓發明萬有引力，這種引力，也不是牛頓帶來的，自開闢以來，地心就有吸力，經過了百千萬億年，都無人知道，直至牛頓出世，才把他發現出來。厚黑這門學問，從古至今，人人都能夠做，無奈行之而不著，習矣而不察，直到李宗吾出世，才把他發現出來。牛頓可稱為萬有引力發明家，李宗吾當然可稱厚黑學發明家。

有人向我說道：「我國連年內亂不止，正由彼此施行厚黑學，才鬧得這樣糟。現在強鄰壓迫，亡國在於眉睫，你怎麼還在提倡厚黑學？」我說：「正因亡國在於眉睫，更該提倡厚黑學，能把這門學問研究好了，國內紛亂的狀況，才能平息，才能對外。」厚黑是辦事上的技術，等於打人的拳術。諸君知道：凡是拳術家，都要閉門練習幾年，然後才敢出來與人交手。從辛亥至今，全國紛紛擾擾者，乃是我的及門弟子和私淑弟子實地練習，他們師兄師弟，互相切磋。迄今二十四年，算是練習好了，開門出來，與人交手，真可謂「以此制敵，何敵

不摧，以此圖功，何功不克。」我基於此種見解，特提出一句口號曰：厚黑救國。請問居今之日，要想抵抗列強，除了厚黑學，還有什麼法子？此《厚黑叢話》，所以不得不作也。

抵抗列強，要有力量，國人精研厚黑學，能力算是有了的。譬之射箭，射是射得很好，從前是關著門，父子弟兄，你射我，我射你；而今以列強為箭垛子，支支箭向同一支垛子射去。我所謂厚黑救國，如是而已。

厚黑救國，古有行之者，越王勾踐是也。會稽之敗，勾踐自請身為吳王之臣，妻入吳宮為妾，這是厚字訣。後來舉兵破吳，夫差遣人痛哭乞情，甘願身為臣，妻為妾，勾踐毫不鬆手，非把夫差置之死地不可，這是黑字訣。由此知：厚黑救國。其程序是先之以厚，繼之以黑，勾踐往事，很可供我們的參考。

項羽拔山蓋世之雄，其失敗之原因，韓信所說「匹夫之勇，婦人之仁」，兩句話就斷定了。匹夫之勇，是受不得氣，其病根在不厚。婦人之仁，是心有所不忍，其病根在不黑。所以我講厚黑學，諄諄然以不厚不黑為大戒。但所謂不厚不黑者，非謂全不厚黑，如把厚黑用反了，當厚而黑，當黑而厚，也是斷然要失敗的。以明朝言之，不自量力，對滿洲輕於作戰，是謂匹夫之勇。對流寇不知其野性難馴，一意主撫，是謂婦人之仁。由此知明朝亡國，其病根是把厚黑二字用反了。有志救國者，不可不精心研究。

我國現在內憂外患，其情形很與明朝相類，但所走的途徑，則與之相反。強鄰壓境，熟思審處，不悻悻然與之角力，以匹夫之勇為戒……明朝外患愈急迫，內部黨爭愈激烈。崇禎

已經在煤山縊死了，福王立於南京，所謂志士者，還在鬧黨爭。福王被滿清活捉去了，輔立唐王、桂王、魯王的志士，不再鬧黨爭。我國邇來則不然，外患愈緊迫，內部黨爭愈消滅，許多兵戎相見的人，而今歡聚一堂。明朝的黨人，忍不得氣，現在的黨人，忍得氣，所走的途徑又與明朝相反，這是更為可喜的。厚黑先生曰：「知明朝之所以亡，則知民國之所以興矣。」我希望有志救國者，把我發明的「厚黑史觀」下細研究。

昨日我回到寓所，見客廳中坐一個很相熟的朋友，一見面就說道：「你怎麼又在報上講厚黑學？現在人心險詐，大亂不已，正宜提倡舊道德，以圖挽救，你發出這些怪議論，豈不把人心越弄越壞嗎？」我說：「你也太過慮了。」於是把我全部思想源源本本說與他聽，直談到二更，他歡然而去，說道：「像這樣說來，你簡直是孔子信徒，厚黑學簡直是救濟世道人心的妙藥，從今以後，我在你這個厚黑教主名下當一個信徒就是了。」

梁任公曾說：「假令我不幸而死，是學術界一種損失。」不料他56歲就死了，學術界受的損失，真是不小。古來的學者如程明道、陸象山，是54歲死的。韓昌黎、周濂溪、王陽明，都是57歲死的。鄙人在厚黑界的位置，自信不在梁程陸韓周王之下，講到年齡，已經有韓周王三人的高壽，要喊梁程陸為老弟，所慮者萬一我一命嗚呼，則是曹操、劉備諸聖人相傳之心法，自我而絕，厚黑界受的損失，還可計算嗎？所以我汲汲皇皇的寫文字，余豈好厚黑哉？余不得已也。

馬克思發明唯物史觀，我發明厚黑史觀。用厚黑史觀去讀

二十四史，則成敗興衰，瞭若指掌，用厚黑史觀去考察社會，則如牛渚燃犀，百怪畢現。……我們又可用厚黑史觀攻擊達爾文強權競爭的說法，使迷信武力的人失去理論上的立場。我希望閱者耐心讀去，不可先存一個心說：「厚黑學，是誘惑人心的東西。」更不可先存一個成見說：「馬克思、達爾文是西洋聖人，李宗吾是中國壞人，從古至今，斷沒有中國人的說法，會勝過西洋人的。」如果你心中是這樣想，就請你每日讀華西副刊的時候，看見《厚黑叢話》一欄，就閉目不視，免得把你誘壞。

　　有天我去會一個朋友。他是講宋學的先生，一見我，就說我不該講厚黑學。我因他是個迂儒，不與深辯，婉辭稱謝。殊知他越說越高興，簡直帶出訓飭的口吻來了。我氣他不過，說道：「你自稱孔子之徒，據我看來，只算是孔子之奴，夠不上稱孔子之徒。何以言之呢？你們講宋學的人，神龕上供的是『天地君親師之位』。你既尊孔子為師，則師徒猶父子，也可說等於君臣。古云：『事父母幾諫』。又云：『事君有犯而無隱。』你為什麼不以事君父之禮事孔子？明知孔子的學說，有許多地方，對於現在不適用，不敢有所修正，直是諂臣媚子之所為，非孔子家奴而何？古今夠得上稱孔子之徒者，孟子一人而已，孔子曰：『我戰則克。』孟子則曰：『善戰者服上刑。』依孟子的說法，孔子是該處以槍斃的。孟子曰：『仲尼之徒，無道桓文之事者。』又把管仲說得極不堪，曰：『功烈如彼其卑也。』而《論語》上明明載，孔子曰：『齊桓公正而不譎。』又曰：『桓公九合諸侯，不以兵車，管仲之力也。如其仁，如其仁。』又曰：「管仲相桓公，霸諸侯，一匡天下，

民到於今受其賜。微管仲，吾其被髮左衽矣。」孟子的話，豈不顯與孔子衝突嗎？孔子修《春秋》，以尊周為主，稱周王曰『天王』。孟子遊說諸侯，一則曰：『地方百里而可以王。』再則曰：『大國五年，小國七年，必為政於天下。』未知置周王於何地，豈非孔教叛徒？而其自稱，則曰『乃所願則學孔子也。』孟子對於孔子，是脫了奴性的，故可稱之曰孔子之徒，漢宋諸儒，皆孔子之奴也。至於你嗎！滿口程朱，對於宋儒，明知其有錯誤，不敢有所糾正，反曲為之庇，直是家奴之奴，稱曰『孔子之奴』，猶未免過譽。」說罷，彼此不歡而散。閱者須知，世間主人的話好說，家奴的話不好說，家奴之奴，更難得說。中國紛紛不已者，孔子家奴為之也……達爾文家奴為之也，於主人何尤！

我不知有孔子學說，更不知有馬克思學說和達爾文學說，我只知有厚黑學而已。問厚黑學何用？曰用以抵抗列強。我敢以厚黑教主之資格，向四萬萬人宣言曰：「勾踐何人也，予何人也，凡我同志，快快的厚黑起來！何者是同志？心思才力，用於抵抗列強者，即是同志。何者是異黨？心思才力，用於傾陷本國人者，即是異黨。」從前張獻忠祭梓潼文昌帝君文曰：「你姓張，咱老子也姓張，咱與你聯宗罷。」我想，孔子在天之靈，見了我的宣言，一定說：「咱講內諸夏，外夷狄，你講內中國，外列強，咱與你聯合罷。」

梁任公曰：「讀春秋當如讀楚辭，其辭則美人香草，其義則靈修也，其辭則齊桓、晉文，其義則素王制也。」嗚呼，知此者可以讀厚黑學矣！其詞則曹操、劉備，其義則十年沼吳之勾踐、八年血戰之華盛頓也。師法曹操、劉備者，師法厚黑之

技術，至曹劉之目的為何，不必深問。斯義也，恨不得起任公於九原，而一與討論之。

我著厚黑學，純用春秋筆法，善惡不嫌同辭，據事直書，善惡自見。同是一厚黑，用以圖謀一己之私利，是極卑劣之行為，用以圖謀眾人之公利，是至高無上的道德。所以不懂春秋筆法者，不可以讀厚黑學。

民國六年，成都國民公報社把厚黑學印成單行本，宜賓唐倜風作序，中江謝綏青作跋。綏青之言曰：「宗吾發明厚黑學，或以為議評末俗，可以勸人為善，或以為鑿破混沌，可以導人為惡。余則謂：厚黑學無所謂善，無所謂惡，亦視用之何如耳。如利刃然，用以誅叛逆則善，用以屠良民則惡。善與惡，何關於刃？故用厚黑以為善，則為善人，用厚黑以為惡，則為惡人，或善或惡，於厚黑無與也。」綏青這個說法，是很對的，與我所說春秋筆法，同是一意。

倜風之言曰：「孔子曰：『諫有五，吾從其諷。』昔者漢武帝欲殺乳母，東方朔叱令就死。齊景公欲誅圉人，晏子執而數其罪。二君聞言，惕然而止。宗吾此書，大有東方朔、晏子遺意，其言最詼詭，其意最沉痛，直不啻聚千古大奸大詐於一堂，而一一讞定其罪，所謂誅奸諛於既死者非歟！吾人熟讀此書，即知厚黑中人比比皆是，庶幾出而應世，不為若輩所愚。彼為鬼為蜮者，知人之燭破其隱，亦將惶然思返，而不敢妄試其技。審如是也，人與人之間，不得不出於赤心相見之一途，則宗吾此書之有益於世道人心也，豈淺鮮哉！厚黑學之發佈，已有年矣，其名詞人多知之。試執人而語之曰：『汝固素習厚黑學者。』無不色然怒，則此書收效為何如，固不俟辯也。」

偲風此說固有至理，然不如綏青所說尤爲圓通。

莊子曰：「能不龜手，一也，或以封，或不免於洴澼絖。」嗚呼！若莊子者，始可與言厚黑矣。禪讓一也，舜禹行之則爲聖人，曹丕、劉裕行之，則爲逆臣。宗吾曰：「舜禹之事，倘所謂厚黑，是耶非耶，余甚惑焉。」偲風披覽《莊子》不釋手，而於厚黑學，猶一間未達，惜哉！晚年從歐陽竟無，講唯識學，回成都，貧病而死。夏斧私輓以聯，有云：「有錢買書，無錢買米。」假令偲風只買厚黑學一部，而以餘錢買米，雖至今生存可也，然而偲風不悟也。厚黑救國中，失此健將，悲夫！悲夫！

我宣傳厚黑學，有兩種意思：（甲）即偲風所說，「聚千古大奸大詐於一堂，而一一讞定其罪」。民國元年發佈的《厚黑傳習錄》所說求官六字真言、做官六字真言和辦事二妙法等等，皆屬甲種。（乙）即綏青所說：「用厚黑以爲善。」此次所講厚黑救國等語，即屬乙種。

閱者諸君對於我的學問，如果精研有得，以後如有人對於你行使厚黑學，你一入眼就明白，可直告之曰：「你是李宗吾的甲班學生，我與你同班畢業，你那些把戲，少拿出來耍些。」於是同學與同學關誠相見，而天下從此太平矣，此則厚黑學之功也。

有人說：「老子云『邦之利器，不可以示人。』你把厚黑學公開講說，萬一國中的漢奸，把他翻譯爲英法德俄日等外國文，傳播世界，列強得著這種秘訣，用科學方法整理出來，還而施之於我，等於把我國發明的火藥加以改良，還而轟我一般，如何得了？」我說：惟恐其不翻譯，越翻譯得多越好。宋

朝用司馬光為宰相，遼人聞之，戒其邊吏曰：「中國相司馬公矣，勿再生事。」列強聽見中國出了厚黑教主，還不聞風喪膽嗎？孔子曰：「言忠信，行篤敬，雖蠻貊之邦可行也。」我國對外政策，應該建築在一個誠字上，今可明明白白告訴他：「我國現遍設厚黑學校，校中供的是『大成至聖先師越王勾踐之神位』。厚黑教主開了一個函授學校，每日在報上發講稿，定下十年沼吳的計畫。這十年中，你要求什麼條件，我國就答應什麼條件，等到十年後，算帳就是了。」

我們口中如此說，實際上即如此做，決不欺哄他。但要敬告翻譯的漢奸先生，譯厚黑學時，定要附譯一段，說：「勾踐最初對於吳王，身為臣，妻為妾。後來吳王請照樣的身為臣，妻為妾，勾踐不允，非把他置於死地不可，加了幾倍的利錢。這是我們先師遺傳下來的教條，請列強於頭錢之外，多預備點利錢就是了。」

從前王德用守邊，契丹遣人來偵探，將士請逮捕之，德用說：「不消。」明日，大閱兵，簡直把軍中實情拿與他看。偵探回去報告，契丹即遣人來議和。假如外國人知道我國朝野上下，一致研究厚黑學，自量非敵，因而斂戢其野心，十年後不開大殺戒，則厚黑學之造福於人類者，寧有暨耶。此即漢奸先生翻譯之功也。彼高談仁義者，烏足知之？傳曰：「火烈，民望而畏之，故鮮死焉。水懦弱，民狎而玩之，則多死焉。」厚黑先生者，其我佛如來之化身歟！

友人雷民心，發明了一種最精粹的學說，其言曰：「世間的事，分兩種，一種是做得說不得，一種是說得做不得。例如夫婦居室之事，儘管做，如拿在大庭廣眾中來說，就成為笑

話,這是做得說不得。又如兩個朋友,以狎褻語相戲謔,抑或罵人的媽和姐妹,聞者不甚以爲怪,如果認真實現,就大以爲怪了,這是說得做不得。」民心這個學說,凡是政治界學術界的人,不可不懸諸座右。厚黑學是做得說不得。……

做得說不得這句話,是《論語》「民可使由之,不可使知之」的注腳,說得做不得這句話,是《孟子・井田章》和《周禮》一書的注腳。假令王莽、王安石聘民心去當高等顧問,決不會把天下事鬧得那麼壞。

辛亥年成都十月十八日兵變,全城秩序非常之亂,楊莘友出來任巡警總監,捉著擾亂治安的人,就地正法,出的告示,模仿張獻忠七殺碑的筆調,連書斬斬斬,大得一般人的歡迎。全城男女長幼,提及楊總監之名,歌頌不已。後來秩序稍定,他發表了一篇《楊維(莘友名)之宣言》,說今後當行開明專制,於是物議沸騰,報章上指責他,省議會也糾舉他,說:「而今是共和時代,豈能再用專制手段!」殊不知莘友從前用的手段,純是野蠻專制,後來改行開明專制,在莘友算是進化了,只因把專制二字明白說出,所以大遭物議。民心說:「天下事有做得說不得的。」莘友之事,是很好的一個例證。觀於莘友之事,孔子所說:「民可使由之,不可使知之。」就算得了的解。

我定有一條公例:「用厚黑以圖謀一己之私利,是極卑劣之行爲;用厚黑以圖謀眾人公利,是至高無上之道德。」莘友野蠻專制,其心黑矣,而人反歌頌不已,何以故?圖謀公利故。

厚黑救國這句話,做也做得,說也說得,不過學識太劣的

人，不能對他說罷了。我這次把厚黑學公開講說，就是想把他變成做得說得的科學。

胡林翼曾說：「只要有利於國，就是頑鈍無恥的事我都幹。」相傳林翼爲湖北巡撫時，官文爲總督。有天總督夫人生日，藩台去拜壽，手本已經拿上去了，才知道是如夫人生日，立將手本索回，折身轉去。其他各官，也隨之而去。不久林翼來，有人告訴他，他聽了，伸出大拇指說道：「好藩台！好藩台！」說畢取出手本遞上去，自己紅頂花翎的進去拜壽。眾官聽說巡撫都來了，又紛紛轉來。次日官妾來巡撫衙門謝步，林翼請他母親十分優待，官妾就拜在胡母膝下爲義女，林翼爲乾哥哥。此後軍事上有應該同總督會商的事，就請乾妹妹從中疏通。官文稍一遲疑，其妾聒其耳曰：「你的本事，哪一點比我們胡大哥？你依著他的話做就是了。」因此林翼辦事，非常順手。官胡交歡，關係滿清中興甚巨。林翼幹此等事，其面可謂厚矣，眾人不惟不說他卑鄙，反引爲美談，何以故？心在國家故。

嚴世蕃是明朝的大奸臣，這是眾人知道的，後來皇上把他拿下，丟在獄中，眾臣合擬一奏摺，歷數其罪狀，如殺楊椒山、沈煉之類，把稿子拿與宰相徐階看。階看了說道：「你們是想殺他？還是想放他？」眾人說：「當然想殺他。」徐階說：「你這奏摺一上去，皇上立即把他放出來，何以故呢？世蕃殺這些人，都是巧取上意，使皇上自動的要殺他。此折上去，皇上就會說：『殺這些人明明出自我的意思，怎麼誣在世蕃身上？』豈不立把他放出嗎？」眾人請教如何辦。徐階說：「皇上最恨的是倭寇，說他私通倭寇就是了。」徐階關著門把

摺子改了遞上去。世蕃在獄中探得眾人奏摺內容，對親信人說道：「你們不必擔憂，不幾天我就出來了。」後來摺子發下，說他私通倭寇，大驚道：「完了，完了！」果然把他殺了。世蕃罪大惡極，本來該殺，獨莫有私通倭寇，可謂死非其罪。徐階設此毒計，其心不為不黑，然而後人都稱他有智謀，不說他陰毒，何以故？為國家除害故。

　　李次青是曾國藩得意門生，國藩兵敗靖港、祁門等處，次青與他患難相共。後來次青兵敗失地，國藩想學孔明斬馬謖，叫幕僚擬奏摺嚴參他，眾人不肯擬。叫李鴻章擬，鴻章說道：「老師要參次青，門生願以去就爭。」國藩道：「你要去，很可以，奏摺我自己擬就是了。」次日叫人與鴻章送四百兩銀子去，「請李大人搬鋪」。鴻章在幕中，有數年的勞績，為此事逐出。奏摺上去，次青受重大處分。國藩此等地方手段很辣，逃不脫一個黑字，然而次青仍是感恩知遇，國藩死，哭以詩，非常懇摯。鴻章晚年，封爵拜相，談到國藩，感佩不已，何以故？以其無一毫私心故。

　　上述胡、徐、曾三事，如果用以圖謀私利，豈非至卑劣之行為嗎？移以圖謀公利，就成為最高尚之道德。像這樣的觀察，就可把當偉人的秘訣尋出，也可說把救國的策略尋出。現今天下大亂，一般人都說將來收拾大局，一定是曾國藩、胡林翼一流人，但是要學曾、胡，從何下手？難道把曾、胡全集，字字讀，句句學嗎？這也無須，有個最簡單的法子，把全副精神集中在抵抗列強上面，目無旁視，耳無旁聽，抱定厚黑二字，放手做去，得的效果，包管與曾、胡一般無二。如嫌厚黑二字不好聽，你在表面上換兩個好聽字眼就是，不要學楊莘友

把專制二字說破。你如有膽量，就學胡林翼，赤裸裸地說道：「我是頑鈍無恥。」列強其奈你何！是之謂厚黑救國。

我把世界外交史研究了多年，竟把列強對外的秘訣發現出來，其方式不外兩種，一曰劫賊式。一曰娼妓式。時而橫不依理，用武力掠奪，等於劫賊之明火劫搶，是謂劫賊式的外交。時而甜言蜜語，曲結歡心，等於娼妓媚客，結的盟約，毫不生效，等於娼妓之海誓山盟，是謂娼妓式的外交。

人問列強以何者立國？我答曰：「厚黑立國。」娼妓之面最厚，劫賊之心最黑，大概軍閥的舉動是劫賊式，外交官的言論是娼妓式。劫賊式之後，繼以娼妓式，娼妓式之後，繼以劫賊式，二者循環互用。娼妓之面厚矣，毀棄盟誓則厚之中有黑。劫賊之心黑矣，不顧唾罵則黑之中有厚。我國自五口通商以來，直至今日，都是吃列強這兩種方式的虧。我們把他的外交秘訣發現出來，就有對付的方法了。

人問：「我國當以何者救國？」我答曰：「厚黑救國。」他以厚字來，我以黑字應之；他以黑字來，我以厚字應之。娼妓豔裝而來，開門納之，但纏頭費絲毫不能出。如服侍不周，把他衣飾剝了，逐出門去，是謂以黑字破其厚。如果列強橫不依理，以武力壓迫，我們就用張良的法子對付他。張良圯上受書，老人種種作用，無非教他面皮厚罷了。蘇東坡曰：「高帝百戰百敗而能忍之，此子房所教也。」我們以對付項羽的法子對付列強，是謂以厚字破其黑。

全國人士都大聲疾呼曰：「救國！救國！」試問救國從何下手？譬諸治病，連病根都未尋出，從何下藥？我們提出厚黑二字，就算尋著病根了。寒病當用熱藥，熱病當用寒藥，相反

才能相勝。外人黑字來，我以厚字應；外人厚字來，我以黑字應。剛柔相濟，醫國妙藥，如是而已。他用武力，我即以武力對付之，他講親善，我即與之親善，是爲醫熱病用熱藥，醫寒病用寒藥。以此等法醫病，病人必死；以此等法醫國，國家必亡。

《史記》：項王謂漢王曰：「天下洶洶數歲者，徒以吾兩人耳，願與漢王挑戰決雌雄。」漢王笑謝曰：「吾寧鬥智不鬥力。」笑謝二字，非厚而何？後來鴻溝劃定，楚漢講和了，項王把太公、呂后送還，引兵東歸，漢王忽然敗盟，以大兵隨其後，把項王逼死烏江，非黑而何？我國現在對於列強，正適用笑謝二字，若與之鬥力，就算違反了劉邦的策略。語曰：「安不忘危。」厚黑經曰：「厚不忘黑。」問：「厚不忘黑奈何？」曰：「有越王勾踐之先例在，有劉邦對付項羽之先例在。」

我在民國元年，就把厚黑學發表出來，苦口婆心，諄諄講說，無奈莫得一人研究這種學問，把一個國家鬧成這樣。今年石青陽死了，重慶開追悼會，正值外交緊急，我輓以聯云：「哲人其萎乎，嗚呼青陽，吾將安仰；斯道已窮矣，吁嗟黑厚，予欲無言。」袁隨園謁岳王墓詩云：「歲歲君臣拜詔書，南朝可謂有人無，看燒石勒求和幣，司馬家兒是丈夫。」吁嗟黑厚，予欲無言！往者不可諫，來者猶可追。凡我同志，快快的厚黑起來，一致對外。

著者住家自流井。我嘗說我們自流井的人，目光不出峽子口；四川的人，目光不出夔門口；中國的人，目光不出吳淞口。阿比西尼亞，是非洲彈丸大一個國家，阿皇敢於對義大利

作戰,對法西斯蒂怪傑墨索里尼作戰,其人格較之華盛頓,有過之無不及,真古今第一流人傑哉!將來戰爭結果,無論阿國或勝或敗,抑或敗而至於亡國,均是世界史上最光榮的事。我們應當把阿皇的談話,當如清朝皇帝頒發的「聖諭廣訓」,楷書一通,每晨起來,恭讀一遍這就算目光看出吳淞口去了。

　　有人問我道:「你的厚黑學,怎麼我拿去實行,處處失敗?」我問:「我著的《宗吾臆談》和《社會問題之商榷》二書,你看過莫有?」答:「莫有。」我問:「《厚黑學》單行本,你看過莫有?」答:「莫有。我只聽見人說:『做事離不得臉皮厚,心子黑。』我就照這話行去。」我說:「你的膽子真大,聽見厚黑學三字,就拿去實行,僅僅失敗,尚能保全生命而還,還算你的造化。我著《厚黑學》,是用厚黑二字,把一部二十四史一以貫之,是為『厚黑史觀』。我著《心理與力學》,定出一條公例:『心理變化,循力學公例而行』。是為『厚黑哲理』。基於厚黑哲理,來改良政治、經濟、外交與夫學制等等,是為厚黑哲理之應用。其詳俱見《宗吾臆談》及《社會問題之商榷》二書。你連書邊邊都未看見,就去實行,真算膽大。」

　　厚黑學這門學問,等於學拳術,要學就要學精,否則不如不學,安分守己,還免得挨打。若僅僅學得一兩手,甚或拳師的門也未拜過,一兩手都未學得,遠遠望見有人在習拳術,自己就出手伸腳的打人,焉得不為人痛打?你想:項羽坑降卒二十萬,其心可謂黑到極點了,而我的書上,還說他黑字欠了研究,宜其失敗。呂后私通審食其,劉邦佯為不知。後人詩曰:「果然公大度,容得辟陽侯。」面皮厚到這樣,而於厚字

還是欠研究，韓信求封齊王時，若非有人從旁指點，幾乎失敗。厚黑學有這樣的精深，僅僅聽見這個名詞，就去實行，我可以說越厚黑越失敗。

人問：「要如何才不失敗？」我說：「你須先把厚黑史觀、厚黑哲理與夫厚黑哲理之應用徹底了解，出而應事，才可免於失敗。兵法：『先立於不敗之地。』又曰：『先為不可勝，以待敵之可勝。』厚黑學亦如是而已。」

孫子曰：「戰勢不過奇正，奇正之變，不可勝窮也。」處世不外厚黑，厚黑之變，不可勝窮也。用兵是奇中有正，正中有奇，奇正相生，如循環之無端。處世是厚中有黑，黑中有厚，厚黑相生，如循環之無端。厚黑學與《孫子》十三篇，二而一，一而二。不知兵而用兵，必至兵敗國亡。不懂厚黑哲理，而就實行厚黑，必至家破身亡。聞者曰：「你這門學問太精深了，還有簡單法子莫有？」我答曰：「有。我定有兩條公例，你照著實行，不須研究厚黑史觀和厚黑哲理，也就可以為英雄，為聖賢。如欲得厚黑博士的頭銜，仍非把我所有作品窮年累月的研究不可。」

就人格言之，我們可下一公例曰：「用厚黑以圖謀一己之私利，越厚黑，人格越卑污；用厚黑以圖謀眾人之公利，越厚黑，人格越高尚。」就成敗言之，我們可下一公例曰：「用厚黑以圖謀一己私利，越厚黑越失敗；用厚黑以圖謀眾人之公利，越厚黑越成功。」何以故呢？凡人皆以我為本位，為我之心，根於天性。用厚黑以圖謀一己之私利，勢必妨害他人之私利，越厚黑則妨害於人者越多，以一人之身，敵千萬人之身，焉得不失敗？人人既以私利為重，我用厚黑以圖謀公利，即是

替千萬人圖謀私利，替他行使厚黑，當然得千萬人之贊助，當然成功。我是眾人中之一分子，眾人得利，我當然得利，不言私利而私利自在其中。例如曾、胡二人，用厚黑以圖謀國家之公利，其心中無絲毫私利之見存，後來功成了，享大名，膺厚賞，難道私人所得的利還小嗎？所以用厚黑以圖謀國家之利，成功固得重報，失敗亦享大名，無奈目光如豆者，見不及此。從道德方面說，攘奪他人之私利，以為我有，是為盜竊行為，故越厚黑人格越卑污。用厚黑以圖謀眾人之公利，則是犧牲我的臉，犧牲我的心，以救濟世人。視人之饑，猶己之饑，視人之溺，猶己之溺，即所謂「我不入地獄，誰入地獄？」故越厚黑人格越高尚。

人問：「世間有許多人，用厚黑以圖謀私利，居然成功，是何道理？」我說：「這即所謂『時無英雄，遂使豎子成名耳。』」與他相敵的人，不外兩種：一種是圖謀公利而不懂厚黑技術的人，一種是圖謀私利，而厚黑之技術不如他的人，故他能取勝。萬一遇著一個圖謀公利之人，厚黑之技術與他相等，則必敗無疑。語云：「千夫所指，無病而死。」因為妨害了千萬人之私利，這千萬人中只要有一個覷著他的破綻，就要乘虛打他。例如《史記》項王謂漢王曰：「天下洶洶數歲者，徒以吾兩人耳。」其時的百姓，個個都希望他兩人中死去一個，所以項王迷失道，問於田父，田父紿曰左，左乃陷大澤中，致被漢兵追及而死。如果是救民水火之兵，田父方保持之不暇，何至會給他呢？我們提倡厚黑救國，這是用厚黑以保衛四萬萬人之私利，當然得四萬萬人之贊助，當然成功。

昔人云「文章報國」。文章非我所知，我所知者，厚黑而

已。自今以往,請以厚黑報國。《厚黑經》曰:「我非厚黑之道,不敢陳於國人之前,故眾人莫如我愛國也。」叫我不講厚黑,等於叫孔孟不講仁義,試問:能乎不能?我自問:生平有功於世道人心者,全在發明厚黑學,抱此絕學而不公之於世,是為懷寶迷邦,豈非不仁之甚乎!李宗吾曰:「鄙人聖之厚黑者也。夫天未欲中國復興也,如欲中國復興,當今之世,舍我其誰?吾何為不講厚黑哉?」

昔人詩云:「鋤禾日當午,汗滴禾下土。誰知盤中餐,粒粒皆辛苦。」眾人都說飯好吃,哪個知道種田人的艱難?眾人都說厚黑學適用,哪個知道發明人的艱難?我那部《厚黑學》,可說字字皆辛苦。

我這門學問,將來一定要成為專科,或許還要設專門大學來研究。我打算把發明之經過和我同研究的人寫出來,後人如仿宋元學案、明儒學案,做一部厚黑學案,才尋得出材料,抑或與我建厚黑廟,才有配享人物。

舊友黃敬臨,在成都街上遇著我,說道:「多年不見了,聽說你要建厚黑廟,我是十多年以前就拜了門的,請把我寫一段上去,將來也好配享。」我說:「不必再寫,你看《論語》上的林放,見著孔子,只問了『禮之本』,三個字,直到而今,還高坐孔廟中吃冷豬肉。你既有志斯道,即此一度談話,已足配享而有餘。」敬臨又說:「我今年已經62歲了,因為欽佩你的學問,不惜拜在門下。我說:「難道我的歲數比你小,就夠不上與你當先生嗎?我把你收列門牆,就是你莫大之幸,將來在你的自撰年譜上,寫一筆『吾師李宗吾先生』,也就比『前清誥封某某大夫』,光榮多了。」

往年同縣羅伯康致我信說道:「許多人說你講厚黑學,我逢人辯白,說你不厚不黑。」我覆信道:「我發明厚黑學,私淑弟子遍天下,我曰『厚黑先生』,與我書者以作上款,我覆書以作下款,自覺此等稱謂,較之文成公、文正公光榮多矣。俯仰千古,常以自豪。不謂足下乃逢人說我不厚不黑,我果何處開罪足下,而足下乃以此報我耶?嗚呼伯康,相知有年,何竟自甘原壤,尙其留意尊脛,免遭尼山之杖!」近日許多人勸我不必再講厚黑學。嗟乎!滔滔天下,何原壤之多也!

從前發表的《厚黑傳習錄》,是記載我與眾人的談話,此次的叢話,是把傳習錄擴大之。我從前各種文字,許多人都未看過,今把他全行拆散來,與現在的新感想混合寫之。此次的叢話,是隨筆體裁,內容包含五種:(1)厚黑史觀;(2)厚黑哲理;(3)厚黑學之應用;(4)厚黑學辯證法;(5)厚黑學發明史。我只隨意寫去,不過未分門類罷了。

人問:「既是如此,你何不分類寫之,何必這樣雜亂無章的寫?我說:著書的體裁分兩種,一是教科書體,一是語錄體。凡一種專門學問發生,最初是語錄體,如孔子之《論語》,釋迦之佛經,六祖之壇經,朱明諸儒之語錄,都是門人就本師口中所說者筆記下來。老子手著之《道德經》,可說是自寫的語錄。後人研究他們的學問,才整理出來,分出門類,成爲教科書方式。厚黑學是新發明的專門學問,當然用語錄體寫出。

宋儒自稱:「滿腔子是惻隱。」而我則:「滿腔子是厚黑。」要我講,不知從何處講起,只好隨緣說法,想說什麼,就說什麼,口中如何說,筆下就如何寫。或談古事,或談時

局，或談學術，或追述生平瑣事，高興時就寫，不高興就不寫。或長長地寫一篇，或短短地寫幾句，或概括地說，或具體地說，總是隨其興之所至，不受任何拘束，才能把我整個思想寫得出來。

我們用厚黑史觀去看社會，社會就成為透明體，既把社會真相看出，就可想出改良社會的辦法。我對於經濟、政治、外交、與夫學制等等，都有一種主張，而此種主張，皆基於我所謂厚黑哲理。我這個叢話，可說是拉雜極了，彷彿是一個大山，滿山的昆蟲鳥獸、草木土石等等，是極不規則的。惟其不規則，才是天然的狀態。如果把他整理得厘然秩序，極有規則，就成為公園的形式，好固然是好，然而參加了人工，非復此山的本來面目。我把我胸中的見解，好好歹歹，和盤托出，使山的全體表現，有志斯道者，加以整理，不足者補充之，冗蕪者刪削之，錯誤者改正之。開闢成公園也好，在山上採取木石，另建一個房子也好，抑或捉幾個雀兒，採些花草，拿回家中賞玩也好。如能大規模的開採礦物則更好。再不然，在山上挖點藥去醫病，檢點牛犬糞去肥田，也未嘗不好。我發明厚黑學，猶如瓦特發明蒸汽，後人拿去紡紗織布也好，行駛輪船、火車也好，開辦任何工業都好。我講的厚黑哲理，無施不可，深者見深，淺者見淺。有能得我之一體，引而申之，就可獨成一派。孔教分許多派，佛教分許多派，將來我這厚黑教，也要分許多派。

寫文字，全是興趣，興趣來了，如兔起鶻落，稍縱即逝。我寫文字的時候，引用某事或某種學說，而案頭適無此書，就用蘇東城「想當然耳」的辦法，依稀恍惚的寫去，以免打斷興

趣。寫此類文字與講考據不同,乃是心中有一種見解,平空白地,無從說起,只好借點事物來說,引用某事某說,猶如使用傢伙一般,把別人的偶爾借來用用,若無典故可用,就杜撰一個來用,也無不可。

莊子寓言,是他胸中有一種見解,特借鯤鵬野馬、漁父盜跖以寫之,只求將胸中所見達出。至鯤鵬野馬,果否有此物,漁父盜跖,是否有此人,皆非所問。胸中所見者,主人也。鯤鵬野馬,漁父盜跖,皆寓舍也。孟子曰:「說詩者不以文害辭,不以辭害意,以意逆志,是為得之。」讀詩當如是,讀莊子當如是,讀厚黑學也當如是。

昔人謂:「文王周公,繫易,彖辭爻辭,取其象,亦偶觸其機,假令易,而為之,其機之所觸少變,則其辭之取象亦少異矣。」達哉所言!戰國策士,如蘇秦諸人,平日把人情世故揣摹純熟,其遊說人主也,隨便引一故事或設一個比喻,機趣橫生,頭頭是道,其途徑與莊之寓言,易之取象無異。宋儒初讀儒書,繼則出入佛老,精研有得,自己的思想已經成了一個系統,然後退而注孔子之書,藉以明其胸中之理,於是孔門諸書,皆成為宋儒之鯤鵬野馬,漁父盜跖。而清代考據家,乃據訓詁本義,字字譏彈之,其解釋字義固是,而宋儒所說之道理,也未嘗不是。九方皋相馬,在牝牡驪黃之外。知此義者,始可以讀朱子之《四書集注》。無如毛西河諸人不悟,剌剌不休。嗟乎!厚黑界中,九方皋何其少,而毛西河諸人何其多也!

研究宋學者,離不得宋儒語錄。然語錄出自門人所記,有許多靠不住,前人已言之。明朝王學,號稱極盛,然陽明手著

之書無多，欲求王氏之學，只有求之傳習錄及龍溪諸子所記，而天泉證道一席話，為王門極大爭點。我嘗說「四有四無」之語，假使陽明能夠親手寫出，豈不少去許多糾葛。大學「格物致知」四字，解釋者有幾十種說法。假使曾子當日記孔子之言，於此四字下加一二句解釋，不但這幾十種說法不會有，而且朱學與王學爭執也無自而起。

我在重慶有個姓王的朋友，對我說道：「你先生談話很有妙趣，我改天邀幾個朋友來談談，把你的談話筆記下來。」我聽了，大駭，這樣一來，豈不成了宋明諸儒的語錄嗎！萬一我門下出了一個曾子，模仿大學那種筆法，簡簡單單的寫出，將來厚黑學案中，豈不又要發生許多爭執嗎？於是我趕急仿照我家「聊大公」的辦法，手寫語錄，名曰《厚黑叢話》，謝絕私人談話，以示大道無私之意。將來如有人說，「我親聞厚黑教主如何說」，你們萬不可聽信。經我這樣的聲明，絕不會再有天泉證道這種疑案了。我每談一理，總是反反覆覆的解說，寧肯重複，不肯簡略，後人再不會像「格物致和」四字，生出許多奇異的解釋。鄙人之於厚黑學也，可謂盡心焉耳矣。噫！一衣一缽，傳之者誰乎！

厚黑叢話卷二

成都《華西日報》民國二十四年九月一日至九月三十日

有人問道：「你這叢話，你說內容包含厚黑史觀、厚黑哲理、厚黑學之應用、厚黑學辯證法及厚黑學發明史，共五部

分，你不把他分類寫出，則研究這門學問的人，豈不目迷五色嗎？豈不是故意使他們多費些精神嗎？」我說：「要想研究這種專門學問，當然要用心專研，中國的十三經和二十四史，泛泛讀去，豈不是目迷五色，紛亂無章嗎？而真正之學者，就從這紛亂無章之中尋出頭緒來。如果憚於用心，就不必操這門學問。我只揭出原則和大綱，有志斯道者，第一步加以闡發，第二步加以編纂，使之成為教科書，此道就大行了。所以分門別類，挨一挨二地講，乃是及門弟子和私淑弟子的任務，不是我的任務。」

我從前刊了一本《宗吾臆談》。內面的篇目：（1）厚黑學；（2）我對於聖人之懷疑；（3）心理與力學；（4）解決社會問題之我見；（5）考試制之商榷。後來我把「解決社會問題之我見」擴大成為一單行本，曰《社會問題之商榷》，這是業已付了印的。近來我又做有一本《中國學術之趨勢》，已脫稿，尚未發佈。這幾種作品，在我的思想上是一個系統，是建築在厚黑哲理上，但每篇文字獨立寫去，看不出連貫性。因把他拆散來，在叢話中混合寫去，一則見得各種說法互相發明，二則談心理、談學術是很沉悶的，我把他夾在厚黑學中，正論諧語錯雜而出，閱者才不至枯燥無味。

我心中有種種見解，不知究竟對與不對，特寫出來，請閱者指駁，指駁越嚴，我越是歡迎。我重在解釋我心中的疑團，並不是想獨創異說。諸君有指駁的文字，就在報上發表，我總是細細的研究，認為指駁得對的，自己修改了即是，認為不對，我也不回辯，免至成為打筆墨官司，有失研究學問的態度。我是主張思想獨立的人，我的心坎上，絕不受任何人的壓

抑，同時我也尊重他人思想之獨立，所以駁詰我的文字，不能回辯。我倡的厚黑史觀和厚黑哲理，倘被人推翻，我就把這厚黑教主讓他充當，拜在他門下稱弟子。何以故？服從真理故。

宇宙真理，明明的擺在我們面前，我們自己可以直接去研究，無須請人替我研究。古今的哲學家，乃是我和真理中間的介紹人，他們所介紹的有無錯誤，不可得知，應該離開了他們的說法，直接去研究一番。有個朋友，讀了我所作的文字，說道：「這些問題，東西洋哲學家討論的很多，未見你引用，並且學術上的專名詞你也少用，可見你平時對於這些學說少有研究。」我聽了這個話，反把我所作的文字翻出來，凡引有哲學家的名字及學術上的專名詞，儘量刪去，如果名詞不夠用，就自己造一個來用，直抒胸臆，一空依傍。偶爾引有古今人的學說，乃是用我的斗秤去衡量他的學說，不是以他的斗秤來衡量我的學說。換言之，乃是我去審判古今哲學家，不是古今哲學家來審判我。

中國從前的讀書人，一開口即是詩云書云，孔子曰，孟子曰。戊戌政變以後，一開口即是達爾文曰，盧梭曰，後來又添些杜威曰，孟子曰，馬克思曰，純是以他人的思想為思想。究竟宇宙真理是怎樣，自己也不伸頭去窺一下，未免過於懶惰了！假如駁我的人，引了一句孔子曰，即是以孔子為審判官，以四書五經為新刑律，叫李宗吾來案候審。引了一句達爾文諸人曰，即是以達爾文諸人為審判官，以他們的作品為新刑律，叫李宗吾來案候審。像這樣的審判，我是絕對不到案的。有人問：「要誰人才能審判你呢？」我說：你就可以審判我，以你自家的心為審判官，以眼前的事實為新刑律。例如說道：「李

宗吾，據你這樣說，何以我昨日看見一個人做的事不是這樣，今日看見一隻狗，也不是這樣？可見你說的道理不確實。」如果能夠這樣的判斷，我任是輸到何種地步，都要與你立一個鐵面無私的德政碑。

牛頓和愛因斯坦的學說，任人懷疑，任人攻擊，未嘗強人信從，結果反無人不信從。注《太上感應篇》的人說道：「有人不信此書，必受種種惡報。」關聖帝君的《覺世真經》說道：「不信吾教，請試吾刀。」這是由於這兩部書所含學理經不得研究，無可奈何，才出於威嚇之一途。我在厚黑界的位置，等於科學界的牛頓和愛因斯坦，假如不許人懷疑，不許人攻擊，即無異於說：「我發明的厚黑學，等於太上老君感應篇和關聖帝君的覺世真經。」豈不是我自己詆毀自己嗎？

有人說：假如人人思想獨立，各創一種學說，思想界豈不成紛亂狀態嗎？我說：這是不會有的。世間的真理，只有一個，如果有兩種或數種學說互相違反，你也不必抑制哪一種，只叫他徹底研究下去，自然會把真理發見出來。真理所在，任何人都不能反對的。例如穿衣吃飯的事，叫人人獨立的研究，得的結果，都是餓了要吃，冷了要穿，同歸一致。凡所謂衝突者，都是互相抑制生出來的。假如各種學說，個個獨立，猶如林中樹子，根根獨立，有何衝突？樹子生在林中，採用與否，聽憑匠師。我把我的說法宣佈出來，採用與否，聽憑眾人，哪有閒心同人打筆墨官司。如果務必要強天下之人盡從己說，真可謂自取煩惱，而衝突於是乎起矣。程伊川、蘇東坡見不及此，以致洛蜀分黨，把宋朝的政局鬧得稀爛。朱元晦、陸象山見不及此，以致朱陸分派，一部宋元學案，明儒學家，打不完

的筆墨官司。而我則不然，讀者要學厚黑學，我自然不吝教，如其反對我，則是甘於自誤，我也只好付之一歎。

　　拙著《宗吾臆談》，流傳至北平，去歲有人把《厚黑學》抽出翻印，向舍侄徵求同意，並說道：「你家伯父，是八股出身，而今凡事都該歐化，他老人家那套筆墨，實在來不倒。等我們與他改過，意思不變更他的，只改為新式筆法就是了。」我聞之，立發航信說道：「孔子手著的《春秋》，旁人可改一字嗎？他們只知我筆墨像八股，殊不知我那部《厚黑學》，思想之途徑，內容之組織，完全是八股的方式，特非老於八股者，看不出來。宋朝一代講理學，出了文天祥、陸秀夫諸人來結局，一般人都說可為理學生色。明清兩代以八股取士，出了一個厚黑教主來結局，可為八股生色。我的厚黑哲理，完全從八股中出來，算是真正的國粹。我還希望保存國粹的先生，由厚黑學而上溯八股，僅僅筆墨上帶點八股氣，你們都容不過嗎？要翻印，就照原文一字不改，否則不必翻印。」哪知後來書印出來，還是與我改了些。特此聲明，北平出版的《厚黑學》是贗本，以免貽誤後學。

　　大凡有一種專門學問，就有一種專門文體，所以《論語》之文體與《春秋》不同，《老子》之文體與《論語》不同，佛經之文體與《老子》又不同。在心為思想，在紙為文字，專門學問之發明者，其思想與人不同，故其文字也與人不同。厚黑學是專門學問，當然另有一種文體。聞者說道：「李宗吾不要自誇，你那種文字，任何人都寫得出來。」我說：「不錯，不錯，這是由於我的厚黑學，任何人都做得來的緣故。」

　　我寫文字，定下三個要件：見得到，寫得出，看得懂。

只求合得到這三個要件就夠了。我執筆時,只把我胸中的意見寫出,不知有文法,更不知有文言白話之分,之字的字,乎字嗎字,任便用之。民國十六年刊的《宗吾臆談》,十八年刊的《社會問題之商榷》,都是這樣。有人問我:「是什麼文體?」我說:「是厚黑式文體。」近見許多名人的文字都帶點厚黑式,意者中國其將興乎!

有人說:「我替你把《厚黑學》譯爲西洋文,你可把曹操、劉備這些典故改爲西洋典故,外國人才看得懂。」我說:「我的厚黑學,決不能譯爲西洋文,也不能改爲西洋典故。西洋人要學這門學問,非來讀一下中國書,研究一下中國歷史不可,等於我們要學西洋科學,非學英文德文不可。」

北平贗本《厚黑學》,有幾處把我的八股式筆調改爲歐化式筆調,倒也無關緊要,只是有兩點把原文精神失掉,不得不聲明:(1)我發明厚黑學,是把中外古今的事逐一印證過,覺得道理不錯了,才就人人所知的曹操、劉備、孫權幾個人,舉以爲例。又追溯上去,再舉劉邦、項羽爲例,意在使讀者舉一反三,根據三國和楚漢兩代的原則,以貫通一部二十四史。原文有曰:「楚漢之際,有一人焉,厚而不黑,卒歸於敗者,韓信是也。……楚漢之際,有一人焉,黑而不厚,亦歸於敗者,范增是也……」這原是就楚漢人物,當下指點,更覺親切。北平贗本,把這幾句刪去,逕說韓信以不黑失敗,范增以不厚失敗。諸君試想:一部二十四史中的人物,以不厚不黑失敗者,豈少也哉!鄙人何至獨舉韓范二人。北平贗本,未免把我的本意失掉了。(2)《厚黑傳習錄》中,求官六字真言,先總寫一筆曰:「空、貢、沖、捧、恐、送」。注明此六字俱

是仄聲。做官六字真言，總寫一筆曰：「空、恭、繃、凶、聾、弄」，注明此六字俱是平聲，以下逐字分疏。每六字俱是疊韻，念起來音韻鏗鏘，原欲宦場中人朝夕持誦，用以替代佛書上唵嘛呢叭咪吽六字，或南無阿彌陀佛六字。倘能虔誠持誦，立可到極樂世界，不比持誦經咒或佛號，尚須待諸來世。這原是我一種救世苦心。北平贗本把總寫之筆刪去，逕從逐字分疏說起來，則讀者只知逐字埋頭工作，不能把六字作咒語或佛號虔誠諷誦，收效必鮮。此則北平贗本不能不負咎者也。

近有許多人，請我把《厚黑學》重行翻印，我說這也無須。所有民元發表的厚黑學，我把他融化於此次叢話中，遇有重要的地方，就把原文整段寫出，讀者唯讀叢話就是了，不必再讀原本。至於北平贗本，經我這樣的聲明，也可當真本使用，諸君前往購買，也不會貽誤。

厚黑學，共分三步工夫。第一步：「厚如城牆，黑如煤炭。」人的面皮，最初薄如紙一般，我們把紙疊起來，由分而寸，而尺，而丈，就厚如城牆了。心子最初作乳白狀，由乳色而灰色，而青藍色，再進就黑如煤炭了。到了這個境界，只能算初步。何以故呢？城牆雖厚，轟炸得破，即使城牆之外再築幾十層城牆，仍還轟炸得破，仍為初步。煤炭雖黑，但顏色討厭，眾人不敢挨近他，即使煤炭之上再灌以幾壚缸墨水，眾人仍不敢挨近他，仍為初步。

第二步：「厚而硬，黑而亮。」深於厚學的人，任你如何攻打，絲毫不能動。劉備就是這樣人，雖以曹操之絕世奸雄，都把他莫奈何，真可謂硬之極了。深於黑學的人，如退光漆招牌，越是黑，買主越是多，曹操就是這類人。他是著名的黑心

子，然而天下豪傑，奔集其門，真可謂黑得透亮了。人能造到第二步，較之第一步，自然有天淵之別。但還著了跡象，有形有色，所以曹劉的本事，我們一著眼就看得出來。

第三步：「厚而無形，黑而無色。」至厚至黑，天下後世皆以為不厚不黑，此種人只好於古之大聖大賢中求之。有人問：「你講厚黑學，何必講得這樣精深？」我說：「這門學問，本來有這樣精深。儒家的中庸，要講到『無聲無臭』才能終止。學佛的人，要到「菩提無樹，明鏡非台」，才能證果。何況厚黑學是千古不傳之秘，當然要到「無形無色」才算止境。

吾道分上中下三乘。前面所說，第一步是下乘，第二步是中乘，第三步是上乘。我隨緣說法，時而說下乘，時而說中乘、上乘，時而三乘會通來說。聽者往往覺得我的話互相矛盾，其實始終是一貫的，只要知道吾道分上中下三乘，自然就不矛盾了。我講厚黑學，雖是五花八門，東拉西扯，仍滴滴歸源，猶如樹上千枝萬葉，千花百果，俱是從一株樹上生出來的，枝葉花果之外，別有樹之生命在。《金剛經》曰：「若以色見我，若以聲音求我，是人行邪道，不能見如來。」諸君如想學厚黑學，須在佛門中參悟有得，再來聽講。

我民國元年發表《厚黑學》，勤勤懇懇，言之不厭其詳，乃領悟者殊少。後閱《五燈會元》及論、孟等書，見禪宗教人以說破為大戒；孔子「舉一隅，不以三隅反，則不復也」；孟子「引而不發，躍如也」；然後知禪學及孔孟之說盛行良非無因。我自悔教授法錯誤，故十六年刊《宗吾臆談》，厚黑學僅略載大意，出言彌簡，屬望彌殷。噫！「無上甚深微妙法，

百千萬劫難遭遇。」世尊說法四十九年，厚黑學是內聖外王之學，我已說二十四年，打算再說二十六年，湊足五十年，比世尊多說一年。

有人勸我道：「你的怪話少說些，外面許多人指責你，你也應該愛惜名譽。」我道：「我有一自警之語：『吾愛名譽，吾尤愛真理。』話之說得說不得，我內斷於心，未下筆之先，遲回審慎，既著於紙，聽人攻擊，我不答辯。但攻擊者說的話。我仍細細體會，如能令我心折，即自行修正。」

有個姓羅的朋友，留學日本歸來，光緒三十四年，與我同在富順中學堂當教習。民國元年，他從戀功知事任上回來，我在成都學道街棧房內會著他，他把任上的政績告訴我，頗為得意。後來被某事詿誤，官失掉了，案子還未了結，言下又甚憤恨。隨談及厚黑學，我細細告訴他，他聽得津津有味。我見他聽入了神，猝然站起來，把桌子一拍，厲聲說道：「羅某！你生平作事，有成有敗，究竟你成功的原因，在什麼地方？失敗的原因，在什麼地方？你摸著良心說，究竟離脫這二字沒有？速說！速說！不許遲疑！」他聽了我的話，如雷貫耳，呆了許久，歎口氣說道：「真是沒有離脫這二字！」此君在吾門，可稱頓悟。

我告訴讀者一個秘訣，大凡行使厚黑學，外面定要糊一層仁義道德，不能赤裸裸的顯露出來。王莽之失敗，就是由於後來把它顯露出來的緣故。如果終身不露，恐怕至今孔廟中，還有王莽一席地。韓非子說：「陰用其言而顯棄其身。」這個法子，諸君不可不知。假如有人問你：「認得李宗吾否？」你須放出一種很莊嚴的面孔說道：「這個人壞極了，他是講厚黑

學的,我認他不得。」口雖如此說,心中卻供一個「大成至聖先師李宗吾之神位。」果能這樣做,包管你生前的事業驚天動地,死後還要在孔廟中吃冷豬肉。我每聽見有人說道:「李宗吾壞極了!」我就非常高興道:「吾道大行矣!」

還有一層,前面說「厚黑上面,要糊一層仁義道德」,這是指遇著道學先生而言,假如遇著講性學的朋友,你向他講仁義道德,豈非自討莫趣?此時應當糊上「戀愛神聖」四字。若遇著講馬克思的朋友,就糊上「階級鬥爭,勞工專政」八字,難道他不喊你是同志嗎?總之,厚黑二字是萬變不離其宗,至於表面上應該糊以什麼,則在學者因時因地,神而明之。

《宗吾臆談》中,載有求官六字真言、做官六字真言及辦事二妙法,許多人問我是怎樣的,茲把原文照錄於下:

我把《厚黑學》發佈出來,有人向我說:「你這門學問,博大精深,我們讀了,不能受用,請你指示點切要門徑。」我問:「你的意思打算做什麼?」他說:「我想做官。」我於是傳他求官六字真言:「空、貢、沖、捧、恐、送。」此六字俱是仄聲,其意義如下:

1・空

即空閒之意,分兩種:(1)指事務而言,求官的人,定要把諸事放下,不工,不商,不農,不賈,書也不讀,學也不教,跑在成都住起,一心一意,專門求官;(2)指時間而言,求官要有耐心,著不得急,今日不生效,明日又來,今年不生效,明年又來。

2・貢

這個字是借用的,是我們川省的方言,其意義等於鑽營

之鑽，鑽進鑽出，可說貢進貢出。求官要鑽門子，這是眾人都知道的，但定義很不好下。有人說：「貢字的定義，是有孔必鑽。」我說：「錯了，錯了！你只說對一半，有孔才鑽，無孔者其奈之何！」我下的定義是：「有孔必鑽，無孔也要入。」有孔者擴而大之，無孔者取出鑽子，新開一眼。

3・沖

普通所說的吹牛，川省說是「沖帽殼子」。沖分為二，一口頭上，二文字上。每門又分為二，口頭上分普通場所及在上峰面前兩種，文字上分報章雜誌上及投遞條陳說帖兩種。

4・捧

即是捧場面那個捧字。戲臺上魏公出來，那華歆的舉動，是絕好的模範。

5・恐

是恐嚇之意，是他動詞。這個理很精深，我不妨多講幾句。官之為物，何等寶貴，豈能輕易給人？有人把捧字做到十二萬分，還不生效，就是少了恐字工夫。其方法是把當局的人要害尋出，輕輕點他一下，他就會惶然大駭，立把官兒送出來。學者須知：恐字與捧字，是互相為用的。善恐者捧之中有恐，旁觀的人，見他在上峰面前，說的話句句是阿諛逢迎，其實上峰聽之，汗流浹背。善捧者恐之中有捧，旁觀的人見他豐骨棱棱，句句話責備上峰，其實聽之者滿心歡喜，骨節皆酥。「神而明之，存乎其人」，「大匠能與人規矩，不能使人巧」，是在求官者之細心體會。最要緊的，用恐字時，要有分寸，如用過度，大人先生老羞成怒，與我作起對來，豈不與求官之宗旨大背？這又何苦乃爾？非到無可奈何時，恐字不可輕

用。切囑！切囑！

6・送

即是送東西，分大小二種：一大送，把銀元一包一包的拿出來送；二小送，如送春茶、火肘及請上館子之類。所送之人有二：一操用捨之權者，二未操用捨之權而能予我以助力者。

有人能把六字一一做到，包管字字發生奇效。那大人先生，獨居深念，自言自語道：「某人想做官，已經說了許久（空字之效），他與我有某種關係（貢字之效），其人很有點才具（沖字之效），對於我也很好（捧字之效），但此人有壞才，如不安置，未必不搗亂（恐字之效）。想至此處，回顧室中，黑壓壓的或白亮亮的，擺了一大堆（送字之效），也就無話可說，掛出牌來，某缺著某人署理。求官至此，功行圓滿，於是能走馬上任，實行做官六字真言。

做官六字真言：「空、恭、繃、凶、聾、弄。」此六字俱是平聲，其意義如下：

1・空

即空洞的意思，分二種。一，文字上：凡批呈詞，出文告，都是空空洞洞的，其中奧妙，我難細說，讀者請往各官廳，把壁上的文字從東轅門讀到西轅門，就可恍然大悟。二，辦事上，任辦任事，都是活搖活動，東倒也可，西倒也可。有時辦得雷厲風行，其實暗中藏得有退路，如果見勢不佳，就從那條路抽身走，絕不會把自己牽掛著，鬧出移交不清及撤任查辦等笑話。

2・恭

即卑躬折節，脅肩諂笑之類。分直接間接兩種：直接指對

上司而言,間接指對上司的親戚朋友、丁役、姨太太等而言。

3‧繃

即俗語所謂繃勁,是恭字的反面字,指對下屬及老百姓而言。分兩種:一,儀表上,赫赫然大人物,凜不可犯。二,言談上:儼然腹有經綸,槃槃大才。上述對上司用恭,對下屬及老百姓用繃,是指普通而言。然亦不可拘定,須認清飯甑子所在地,看操我去留之權者,在乎某處。對飯甑子所在地用恭,非飯甑子所在地用繃。明乎這個理,有時對上司反可用繃,對下屬及老百姓反該用恭。

4‧凶

只要能達我之目的,就使人賣兒貼婦,亡身滅家,也不必管;但有一層要注意,凶字上面,定要蒙一層仁義道德。

5‧聾

即耳聾,笑罵由他笑罵,好官我自為之。聾字句有瞎字之意,文字上的詆罵,閉目不視。

6‧弄

即弄錢之弄,川省俗語,往往讀作平聲。千里來龍,此處結穴。前面十一字,都為此字而設。弄字與求官之送字相對,要有送,才有弄。但弄字要注意,看公事上通得過通不過。如果通不過,自己墊點腰包也不妨;如通得過,那就十萬八萬,都不謙虛。

以上十二字,我不過粗舉大綱,許多精義,都未發揮,有志於官者,可按著門類自去研究。

有人問我辦事秘訣,我授以辦事二妙法如下:

1．鋸箭法

相傳有人中箭,請外科醫生治療,醫生將箭幹鋸下,即索謝禮。問何不將箭頭取出?答:「這是內科的事,你去尋內科好了。」現在各官廳,與夫大辦事家,都是用著這種方法。譬如批呈詞云:「據呈某某等情,實屬不合已極,仰候令飭該縣知事,查明嚴辦」等語。「不合已極」四字是鋸箭幹,「該知事」已是內科。抑或云「仰候轉呈上峰核辦」,那「上峰」就是內科。又如有人求我辦一件事。我說:「此事我很贊成,但是還要同某人商量。」「很贊成」三個字是鋸箭幹,「某人」是內科。又或說:「我先把某部分辦了,其餘的以後辦。」「先辦」是鋸箭幹,「以後」是內科。此外有只鋸箭幹,並不命尋內科的,也有連箭幹都不鋸,命其逕尋內科的。種種不同,細參自悟。

2．補鍋法

家中鍋漏,請補鍋匠來補。補鍋匠一面用鐵皮刮鍋底煤煙,一面對主人說道:「請點火來我燒煙。」乘著主人轉背之際,用鐵錘在鍋上輕輕敲幾下,那裂痕就增長了許多。主人轉來,指與他看道:「你這鍋,裂痕很長,上面油膩了,看不見。我把鍋煙刮開,就現出來了,非多補幾個釘子不可。」主人埋頭一看,說道:「不錯!不錯!今天不遇著你,我這鍋恐怕不能用了。」及到補好,主人與補鍋匠皆大歡喜而散。有人曾說:「中國變法,有許多地方是把好肉割壞來醫。」這即是用的補鍋法。《左傳》上鄭莊公縱容共叔段,使他多行不義,才用兵討伐,也是補鍋法。歷史上這類事很多,舉不勝舉。

大凡辦事的人,怕人說他因循,就用補鍋法,無中生有,

尋些事辦。及到事情棘手，就用鋸箭法，脫卸過去。後來箭頭潰爛了，反大罵內科壞事。我國的政治，大概前清宦場是用鋸箭法，變法諸公是用補鍋法，民國以來是鋸箭、補鍋二法互用。

　　上述二妙法，是辦事公例，合得到這公例的就成功，違反這公例的就失敗。我國政治家，推管子為第一，他的本事，就是把這兩個法子用得圓轉自如。狄人伐衛，齊國按兵不動，等到狄人把衛滅了，才出來做「興滅國，繼絕世」的義舉。這是補鍋法。召陵之役，不責楚國僭稱王號，只責他包茅不貢。這是鋸箭法。那個時候，楚國的實力遠在齊國之上，管仲敢於勸齊桓公興兵伐楚，可說是把鍋爛來補。及到楚國露出反抗的態度，他立即鋸箭了事。召陵一役，以補鍋法始，以鋸箭法終。管仲把鍋敲爛了，能把它補起，所以稱為「天下才」。

　　明季武臣，把流寇圍住了，故意放他出來，本是用的補鍋法；後來制他不住，竟至國破君亡，把鍋敲爛了補不起，所以稱為「誤國庸臣」。岳飛想恢復中原，迎回二帝，他剛剛才起了取箭頭的念頭，就遭殺身之禍。明英宗也先被捉去，于謙把他弄回來，算是把箭頭取出了，仍遭殺身之禍。何以故？違反公例故。

　　晉朝王導為宰相，有一個叛賊，他不去討伐，陶侃責備他。他覆書道：「我遵養時晦，以待足下。」侃看了這封信，笑道：「他無非是遵養時賊罷了。」王導遵養時賊，以待陶侃，即是留著箭頭，以待內科。諸名士在新亭流涕，王導變色曰：「當共戮力王室，克復神州，何至作楚囚對泣？」他義形於色，儼然手執鐵錘要去補鍋，其實說兩句漂亮話，就算完

事。懷、湣二帝陷在北邊，永世不返，箭頭永未取出。王導此等舉動，略略有點像管仲，所以史上稱他為「江左夷吾」。讀者如能照我說的方法去實行，包管成為管子而後第一個大政治家。

我著的《厚黑經》，說得有：「不曰厚乎，磨而不薄。不曰黑乎，洗而不白。」後來我改為：「不曰厚乎，越磨越厚。不曰黑乎，越洗越黑。」有人問我：「世間哪有這種東西？」我說：「手足的繭疤，是越磨越厚；沾了泥土塵埃的煤炭，是越洗越黑。」人的心，生來是黑的，遇著講因果的人，講理學的人，拿些仁義道德蒙在上面，才不會黑，假如把他洗去了，黑的本體自然出現。

中國幅員廣大，南北氣候不同，物產不同，因之人民的性質也就不同。於是文化學術，無在不有南北之分。例如：北有孔孟，南有老莊，兩派截然不同。曲分南曲北曲，字分南方之帖、北方之碑，拳術分南北兩派，禪宗亦分南能北秀，等等儘是。厚黑學是一種大學問，當然也要分南北兩派。門人問厚黑，宗吾曰：南方之厚黑歟？北方之厚黑歟，任金革，死而不厭，北方之厚黑也，賣國軍人居之。革命以教，不循軌道，南方之厚黑也，投機分子居之。人問：「究竟學南派好，還是學北派好？」我說：「你何糊塗乃爾！當講南派，就講南派，當講北派，就講北派。口南派而實行北派，是可以的；口北派而實行南派，也是可以的，純是相時而動，豈能把南北成見橫亙胸中。民國以來的人物，有由南而北的，有由北而南的，又復南而北，北而南，往返來回，已不知若干次，獨你還徘徊歧路，向人問南派好呢？北派好呢？我實在無從答覆。」

有人問我道：「你既自稱厚黑教主，何以你做事每每失敗？何以你的學生本事比你大，你每每吃他的虧？」我說：「你這話差了。凡是發明家，都不可登峰造極。儒教是孔子發明的，孔子登峰造極了，顏曾思孟去學孔子，他們的學問，就比孔子低一層；周程朱張去學顏曾思孟，學問又低一層；後來學周程朱張的又低一層，一輩不如一輩。老子發明道教，釋迦發明佛教，其現象也是這樣，這是由於發明家本事太大了的緣故。惟西洋科學則不然，發明的時候很粗淺，越研究越精深。發明蒸汽的人，只悟得汽衝壺蓋之理，發明電氣的人，只悟得死蛙運動之理。後人繼續研究下去，造出種種機械，有種種用途，為發明蒸汽電氣的人所萬不及料。可見西洋科學，是後人勝過前人，學生勝過先生。我的厚黑學，與西洋科學相類，只能講點汽衝壺蓋、死蛙運動，中間許多道理，還望後人研究。我的本事，當然比學生小，遇著他們，當然失敗。將來他們傳授些學生出來，他們自己又被學生打敗，一輩勝過一輩，厚黑學自然就昌明了。

又有人問我道：你既發明厚黑學，為什麼未見你做些轟轟烈烈的事？」我說道：「你們的孔夫子，為什麼未見他做些轟轟烈烈的事？他講的為政為邦，道千乘之國，究竟實行了幾件？曾子著一部《大學》，專講治國平天下，請問他治的國在哪裏？平的天下在哪裏？子思著一部《中庸》，說了些中和位育的話，請問他中和位育的實際安在？你去把他們問明了，再來同我講。」

世間許多學問我不講，偏要講厚黑學，許多人都很詫異。我可把原委說明：我本來是孔子信徒，小的時候，父親與我命

的名，我嫌它不好，見《禮記》上孔子說：「儒有今人與居，古人與稽，今世行之，後世以爲楷。」就自己改名世楷，字宗儒表示信從孔子之意。光緒癸卯年冬，四川高等學堂開堂，我從自流井赴成都，與友人雷礐皆同路，每日步行百里，途中無事，縱談時局，並尋些經史來討論。皆有他的感想，就改字鐵崖。我覺得儒教不能滿我之意，心想與其宗孔子，不如宗我自己，因改字宗吾。這宗吾二字，是我思想獨立之旗幟。今年歲在乙亥，不覺已整整的三十二年了。自從改字宗吾後，讀一切經史，覺得破綻百出，是爲發明厚黑學之起點。

及入高等學堂，第一次上講堂，日本教習池永先生演說道：「操學問，全靠自己，不能靠教師。教育二字，在英文爲Education，照字義是『引出』之意。世間一切學問，俱是我腦中所固有，教師不過『引之使出』而已，並不是拿一種學問來，按入學生腦筋內。如果學問是教師給與學生的，則是等於此桶水傾入彼桶，只有越傾越少的，學生只有不如先生的。而學生每每有勝過先生者，即是由於學問是各人腦中的固有的緣故。腦如一個囊，中貯許多物，教師把囊口打開，學生自己伸手去取就是了。」他這種演說，恰與宗吾二字冥合，於我印象很深，覺得這種說法，比朱子所說「學之爲言效也」精深得多。後來我學英文，把字根一查，果然不錯。池永先生這個演說，於我發明厚黑學有很大的影響。我近來讀報章，看見日本二字就刺眼，凡是日本人的名字，都覺得討厭，獨有池永先生，我始終是敬佩的。他那種和藹可親的樣子，至今還常在我腦中。

我在學堂時，把教習口授的寫在一個副本上，書面大書

「固囊」二字。許多同學不解,問我是何意義?我說:並無意義,是隨便寫的。這固囊二字,我自己不說明,恐怕後來的考古家,考過一百年,也考不出來。」固囊者,腦是一個囊,副本上所寫,皆囊中固有之物也。」題此二字,聊當座右銘。

池永先生教理化數學,開始即講水素酸素,我就用「引而出之」的法子,在腦中搜索,走路吃飯睡覺都在想,看還可以引出點新鮮的東西否。以後凡遇他先生所講的,我都這樣的工作。哪知此種工作,真是等於王陽明之格竹子,幹了許久許久,毫無所得。於是廢然思返,長歎一聲道:「今生已過也,再結後生緣。」我從前被八股縛束久了,一聽見廢舉,興學堂,歡喜極了,把家中所有四書五經,與夫詩文集等等,一火而焚之。及在堂內住了許久,大失所望。有一次,星期日,在成都學道街買了一部《莊子》。雷民心見了詫異道:「你買這些東西來做什麼?」我說:「雷民心,科學這門東西,你我今生還有希望嗎?」他是茫茫大海的,就是自己心中想出許多道理,也莫得器械來試驗,還不是等於空想罷了。在學堂中,充其量,不過在書本上得點人云亦云的智識,有何益處?只好等兒子兒孫再來研究,你我今生算了。因此我打算仍在中國古書上尋一條路來走。」他聽了這話,也同聲歎息。

我在高等學堂的時候,許多同鄉同學的朋友都加入同盟會。有個朋友曾對我說:「將來我們起事,定要派你帶一支兵。」我聽了非常高興,心想古來當英雄豪傑,必定有個秘訣,因把歷史上的事滙集攏來,用歸納法搜求他的秘訣。經過許久,茫無所得。宣統二年,我當富順中學堂監督(其時校長名曰監督)。有一夜,睡在監督室中,偶然想到曹操、劉備、

孫權幾個人，不禁捶床而起曰：「得之矣！得之矣！古之所謂英雄豪傑者，不外面厚心黑而已！」觸類旁通，頭頭是道，一部二十四史，都可一以貫之。那一夜，我終夜不寐，心中非常愉快，儼然像王陽明在龍場驛大徹大悟，發明格物致知之理一樣。

我把厚黑學發明了，自己還不知這個道理對與不對。我同鄉同學中，講到辦事才，以王簡恒為第一，雷民心嘗呼之為「大辦事家」。適逢簡恒進富順城來，我就把發明的道理，說與他聽，請他批評。他聽罷，說道：「李宗吾，你說的道理，一點不錯。但我要忠告你，這些話，切不可拿在口頭說，更不可見諸文字。你儘管照你發明的道理埋頭做去，包你幹許多事，成一個偉大人物。你如果在口頭或文字上發表了，不但終身一事無成，反有種種不利。」我不聽良友之言，竟自把它發表了，結果不出簡恒所料。諸君！諸君！一面讀《厚黑學》，一面須切記簡恒箴言。

我從前意氣甚豪，自從發明了厚黑學，就心灰意冷，再不想當英雄豪傑了。跟著我又發明「求官六字真言」、「做官六字真言」及「辦事二妙法」。這些都是民國元年的文字。反正後許多朋友，見我這種頹廢樣子，與從前大異，很為詫異，我自己也莫名其妙。假使我不講厚黑學，埋頭做去，我的世界或許不像現在這個樣子。不知是厚黑學誤我，還是我誤厚黑學。

《厚黑學》一書，有些人讀了，慨然興歎，因此少出了許多英雄豪傑。有些人讀了，奮然興起，因此又多出了許多英雄豪傑。我發明厚黑學，究竟為功為罪，只好付諸五殿閻羅裁判。

我發表《厚黑學》的時候，念及簡恒之言，遲疑了許久。後來想到朱竹垞所說：「寧不食兩廡豚肩，風懷一詩，斷不能刪。」奮然道：「英雄豪傑可以不當，這篇文字不能不發表。」就毅然決然，提筆寫去，而我這英雄豪傑的希望，從此就斷送了，讀者只知厚黑學適用，那知我是犧牲一個英雄豪傑掉換來的，其代價不為不大。

其實朱竹垞刪去風懷一詩，也未必能食「兩廡豚肩」，我把厚黑學秘為獨得之奇，也未必能為英雄豪傑。於何徵之呢？即以王簡恒而論，其於吾道算是獨有會心，以他那樣的才具，宜乎有所成就，而孰知不然。反正時，他到成都，張列五委他某縣知事，他不幹，回到自流井。民國三年，討袁之役，熊楊在重慶獨立，富順響應，自井推簡恒為行政長。事敗，富順廖秋華、郭集成、刁廣孚被捕到瀘州，廖被大辟，郭、刁破家得免，簡恒東藏西躲，晝伏夜行，受了雨淋，得病，纏綿至次年死，身後非常蕭條。以簡恒之才具之會心，還是這樣的結果，所以讀我厚黑學的人，切不可自命為得了明人的指點，即便自滿。

民國元年，我到成都，住童子街公論日報社內，與廖緒初、謝綬青、楊仔耘諸人同住，他們再三慫恿我把《厚黑學》寫出來。緒初並說道：「你如果寫出來，我與你做一序。」我想：「緒初是講程朱學的人，繩趨矩步，朋輩呼之為『廖大聖人』，他都說可以發表，當然可以發表，我遂逐日寫去，我用的別號，是獨尊二字，取「天上地下，惟我獨尊」之意，緒初用淡然的別號作一序曰：「吾友獨尊先生，發明厚黑學，成書三卷，上卷厚黑學，中卷厚黑經，下卷厚黑傳習錄，嬉笑怒

罵，亦云苛矣。然考之中外古今，與夫當世大人先生，舉莫能外，誠宇宙至文哉！世欲業斯學而不得門徑者，當不乏人，特勸先生登諸報端，以餉後學，他日更刊為單行本，普渡眾生，同登彼岸，質之獨尊，以為何如？民國元年，月日，淡然。」哪知一發表，讀者譁然。說也奇怪，我與緒初同是用別號，乃廖大聖人之稱謂，依然如故，我則博得李厚黑的徽號。

緒初辦事，富有毅力，毀譽在所不計。民國八年，他當省長公署教育科科長，其時校長縣視學（縣視學即後來之教育局長）任免之權，操諸教育科。楊省長對於緒初，倚畀甚殷，緒初簽呈任免之人，無不照準。有時省長下條子任免某人，緒初認為不當者，將原條退還，楊省長不以為忤，而信任益堅。最奇的，其時我當副科長，凡是得了好處的人，都稱頌曰：「此廖大聖人之賜也。」如有倒甑子的，被記過的，要求不遂的，預算被核減的，往往對人說道：「這是李厚黑幹的。」成了個「善則歸廖緒初，惡則歸李宗吾」。緒初今雖死，舊日教育科同事諸人，如侯克明、黃治畋等尚在，請他們當天說，究竟這些事，是不是我幹的？究竟緒初辦事，能不能受旁人支配？我今日說這話，並不是卸責於死友，乃是舉出我經過的事實，證明簡恒的話是天經地義，厚黑學三字，斷不可拿在口中講。我厚愛讀者諸君，故敢掬誠相告。

未必緒初把得罪人之事向我推卸嗎？則又不然。有人向他說及我，緒初即說道：「某某事是我幹的，某人怪李宗吾，你可叫某人來，我當面對他說，與宗吾無干。」無奈緒初越是解釋，眾人越說緒初是聖人，李宗吾幹的事，他還要代他受過，非聖人而何？李宗吾能使緒初這樣做，非大厚黑而何？雷民心

曰：「厚黑學做得說不得。」真絕世名言哉！後來我也掙得聖人的徽號，不過聖人之上，冠有厚黑二字罷了。

聖人也，厚黑也，二而一，一而二也。莊子說：「聖人不死，大盜不止。」聖人與大盜的真相，莊子是看清楚了。跖之徒問於跖曰：「盜有道乎？」跖曰：「奚啻其有道也，夫妄意關內中藏，聖也，入先，勇也，出後，義也，知時，智也，分均，仁也。不通此五者而能成大盜者，天下無有。」聖勇義智仁五者，本是聖人所做的，跖能竊用之，就成為大盜。反過來說，厚黑二者，本是大奸大詐所做的，人能善用之，就可成大聖大賢。試舉例言之，胡林翼曾說：「只要於公家有利，就是頑鈍無恥的事，我都要幹。」又說：「辦事要包攬把持。」所謂頑鈍無恥也，包攬把持也，豈非厚黑家所用的技術嗎？林翼能善用之，就成為名臣了。

王簡恒和廖緒初，都是我很佩服的人。緒初辦旅省敘屬中學堂和當省議會議員，只知為公二字，什麼氣都受得，有點像胡林翼之頑鈍無恥。簡恒辦事，獨行獨斷，有點像胡林翼之包攬把持。有天我當著他二人說道：「緒初得了厚字訣，簡桓得了黑字訣，可稱吾黨健者。」歷引其事以證之。二人欣然道：「照這樣說來，我二人可謂各得聖人之一體了。」我說道：「百年後有人一與我建厚黑廟，你二人都是有配享希望的。」

民國元年，我在成都公論日報社內寫《厚黑學》，有天緒初到我室中，見案上寫有一段文字：「楚漢之際，有一人焉，厚而不黑，卒歸於敗者，韓信是也。胯下之辱，信能忍之，面之厚可謂至矣。及為齊王，果從蒯通之說，其貴誠不可言，獨奈何惓惓於解衣推食之私情，貿然曰：「衣人之衣者，懷人之

憂，食人之食者，死人之事。」卒至長樂鐘室，身首異處，夷及三族，謂非咎由自取哉！楚漢之際，有一人焉，黑而不厚，亦歸於敗者，范增是也。……」緒初把我的稿子讀了一遍，轉來把韓信這一段反覆讀之，默然不語，長歎一聲而去。我心想道：「這就奇了，韓信厚有餘而黑不足，范增黑有餘而厚不足，我原是二者對舉，他怎麼獨有契於韓信這一段？」我下細思之，才知緒初正是厚有餘而黑不足的人。他是盛德夫子，叫他忍氣，是做得來，叫他做狠心的事，他做不來。患寒病的人，吃著滾水很舒服；患熱病的人，吃著冷水很舒服；緒初所缺乏者，正是一黑字，韓信一段，是他對症良藥，故不知不覺，深有感觸。

中江謝綬青，光緒三十三年，在四川高等學堂與我同班畢業。其時王簡恆任富順中學堂監督，聘綬青同我當教習。三十四年下學期，緒初當富順視學，主張來年續聘，其時薪水以兩計。他向簡恆說道：「宗吾是本縣人，核減一百兩，綬青是外縣人，薪仍舊。」他知道我斷不會反對他，故毅然出此。我常對人說：「緒初這個人萬不可相交，相交他，銀錢上就要吃虧，我是前車之鑒。」

有一事更可笑，其時縣立高小校校長姜選臣因事辭職，縣令王琰備文請簡恆兼任。有天簡恆笑向我說道：「我近日窮得要當衣服了，高小校校長的薪水，我很想支來用。照公事說，是不生問題。像順這一夥人，要攻擊我，我倒毫不睬他，最怕的是他廖聖人酸溜溜說道：『這筆款似乎可以不支吧。』你叫我這個臉放在何處？只好仍當衣服算了。」我嘗對人說：「此雖偶爾談笑，而緒初之令人敬畏，簡恆之勇於克己，足見一

斑。」

　　後來我發明《厚黑學》，才知簡恒這個談話，是厚黑學上最重要的公案。我嘗同雷民心批評：朋輩中資質偏於厚字者甚多，而以緒初為第一。夠得上講黑字者，只有簡恒一人。近日常常有人說：「你叫我面皮厚，我還做得來，叫我黑，我實在做不來，宜乎我作事不成功。」我說：「特患你厚得不徹底，只要徹底了，無往而不成功。你看緒初之厚，居然把簡恒之黑打敗，並且厚黑教主還送了一百銀子的贄見。世間資質偏於厚字的人，萬不可自暴自棄。」

　　相傳凡人的頸子上，都有一條刀路，劊子手殺人，順著刀路砍去，一刀就把腦殼削下。所以劊子手無事時，同人對坐閒談，他就要留心看你頸上的刀路。我發明厚黑學之初，遇事研究，把我往來的朋友作為實驗品，用劊子手看刀路的方法，很發現些重要學理。滔滔天下，無在非厚黑中人。諸君與朋輩往還之際，本我所說的法子去研究，包管生出無限趣味，比讀四書五經、二十五史受的益更多。老子曰：「邦之利器，不可以示人。」老夫耄矣，無志用世矣，否則這些法子，我是不能傳授人的。

　　我遇著人在我名下行使厚黑學，叨叨絮絮，說個不休。我睜起眼睛看著他，一言不發。他忽然臉一紅，嘆一聲笑道：「實在不瞞你先生，當學生的實在沒法了，只有在老師名下行使點厚黑學。」我說道：「可以！可以！我成全你就是了！」語云：「對行不對貨。」奸商最會欺騙人，獨在同業前不敢賣假貨。我苦口婆心，勸人研究厚黑學，意在使大家都變成內行，假如有人要使點厚黑學，硬是說明了來幹，施者受者，大

家心安理順。

　　我把厚黑學發明過後,凡人情冷暖,與夫一切恩仇,我都坦然置之。有人對我說:「某人對你不起,他如何如何。」我說:「我這個朋友,他當然這樣做。如果他不這樣做,我的厚黑學還講得通嗎?我所發明的是人類大原則,我這個朋友,當然不能逃出這個原則。」

　　辛亥十月,張列五在重慶獨立,任蜀軍政府都督,成渝合併,任四川副都督,嗣改民政長。他設一個審計院,擬任緒初為院長。緒初再三推辭,乃以尹仲錫為院長。緒初為次長,我為第三科科長。其時民國初成,我以為事事革新,應該有一種新學說出現,乃把我發明的厚黑學發表出來。及我當了科長,一般人都說:「厚黑學果然適用,你看李宗吾公然做起科長官來了。」相好的朋友,勸我不必再登。我就停止不登。於是眾人又說道:「你看李宗吾,做了科長官,厚黑學就不登了。」我氣不過,向眾人說道:「你們只羨我做官,須知奔走宦場,是有秘訣的。」我就發明求官六字真言、做官六字真言,每遇著相好的朋友,就盡心指授。無奈我那些朋友資質太鈍,拿來運用不靈,一個個官運都不亨通,反是從旁竊聽的和間接得聞的,倒還很出些人才。

　　在審計院時,緒初寢室與我相連,有一日下半天,聽見緒初在室內拍桌大罵,聲震屋瓦,我出室來看,見某君倉皇奔出,緒初追而罵之:「你這個狗東西!混帳……直追至大門而止（*此君在緒初辦旅省敘屬中學時曾當教職員*）。緒初轉來,看見我,隨入我室中坐下,氣忿忿道:「某人,真正豈有此理!」我問何事,緒初道:「他初向我說:某人可當知事,請

我向列五介紹。我唯唯否否應之。他說：『事如成了，願送先生四百銀子。』我桌子上一巴掌道：『胡說！這些話，都可拿來向我說嗎？』他站起來就走，說道：『算了，算了，不說算了。』我氣他不過，追去罵他一頓。」我說：「你不替他說就是了，何必為此已甚。」緒初道：「這宗人，你不傷他的臉，將來不知還要幹些什麼事。我非對列五說不可，免得用著這種人出去害人。」此雖尋常小事，在厚黑學上卻含有甚深的哲理。我批評緒初「厚有餘而黑不足，叫他忍氣是做得來，叫他做狠心的事做不來，何以此事忍不得氣？其對待某君，未免太狠，竟自侵入黑字範圍，這是什麼道理呢？我反覆研究，就發現一條重要公例。公例是什麼呢？厚黑二者，是一物體之兩方面，凡黑到極點者，未有不能厚，厚到極點者，未有不能黑。舉例言之：曹操之心至黑，而陳琳作檄，居然容他得過，則未嘗不能厚；劉備之面至厚，劉璋推誠相待，忽然舉兵滅之，則未嘗不能黑。我們同輩中講到厚字，既公推緒初為第一，所以他逃不出這個公例。

古人云：「夫道一而已矣。」厚黑二者，根本上是互相貫通的，厚字翻過來，即是黑，黑字翻過來，即是厚。從前有個權臣，得罪出亡。從者說道：「某人是公之故人，他平日對你十分要好，何不去投他？」答道：「此人對我果然很好。我好音，他就遺我以鳴琴，我好佩，他就遺我以玉環。他平日既見好於我，今日必以我見好於人，如去見他，必定縛我以獻於君，果然此人從後追來，把隨從的人捉了幾個去請賞。這就是厚臉皮變而為黑心子的明證。人問：世間有黑心子變而為厚臉皮的沒有？我答道：有！有！《聊齋》上馬介甫那一段所說的

那位太太,就是由黑心子一變而爲厚臉皮。

緒初辱罵某君一事,詢之他人,迄未聽見說過,除我一人而外,無人知之,後來同他相處十多年,也未聽他重提。我嘗說:「緒初辱罵某君,足見其人剛正,雖暗室中,亦不可干以私,事後絕口不言,隱人之惡,又見其盛德。」但此種批評,是站在儒家立場來說,若從厚黑哲學上研究,又可得出一條公例:「黑字專長的人,黑者其常,厚者其暫;厚字專長的人,厚者其常黑者其暫。」緒初是厚字專長的人,其以黑字對付某君,是暫時的現象;事過之後,又回復到厚字常軌,所以後此十多年隱而不言。我知他做了此等狠心事,必定於心不安,故此後見面,不便向他重提此事。他辦敘屬學堂的時候,業師王某來校當學生,因事犯規,緒初懸牌把他斥退。後來我曾提起此事,他蹙然道:「這件事我疚心。」這都是做了狠心的事,要恢復常軌的明證。因知他辱罵某君一定很疚心,所以不便向他重提。

緒初已經死了十幾年,生平品行,粹然無疵。凡是他的朋友和學生,至今談及,無不欽佩。去歲我做了一篇《廖張軼事》,敘述緒初和列五二人的事跡,曾登諸《華西日報》。緒初是國民黨的忠實信徒,就是異黨人,只能說他黨見太深,對於他的私德,仍稱道不置。我那篇《廖張軼事》,曾臚舉其事,將來我這《厚黑叢話》寫完了,莫得說的時候,再把他寫出來,充塞篇幅。一般人呼緒初爲廖大聖人,我看他,得力全在一個厚字。我曾說:「用厚黑以圖謀公利,越厚黑人格越高尙。」緒初人格之高尙,是我們朋輩公認的。他的朋友和學生存者甚多,可證明我的話不錯,即可證明我定的公例不錯。

我發表《厚黑學》,用的別號是獨尊二字,與朋友寫信也用別號,後來我改寫為「蜀酋」。有人問我蜀酋作何解釋?我答應道:我發表《厚黑學》,有人說我瘋了,離經叛道,非關在瘋人院不可。我說:那嗎,我就成為蜀中之罪酋了。因此名為蜀酋。我發表《厚黑學》過後,許多人實力奉行,把四川造成一個厚黑國。有人向我說道:國中首領,非你莫屬。我說:那嗎,我就成為蜀中之酋長了。因此又名蜀酋。再者,我講授厚黑學,得我真傳的弟子,本該授以衣缽,但我的生活是沿門托缽,這個缽要留來自用,只有把我的狗皮褂子脫與他穿。所以獨字去了犬旁,成為蜀字。我的高足弟子很多,弟子之足高,則先生之足短,弟子之足高一寸,則先生之足短一寸。所以尊字截去寸字,成為酋字。有此原因,我只好稱為蜀酋了。

世間的事,有知難行易的,有知易行難的,惟有厚黑學最特別,知也難,行也難。此道之玄妙,等於修仙悟道的口訣,古來原是秘密傳授,黃石老人因張良身有仙骨,於半夜三更傳授他,張良言下頓悟,老人以王者師期之。無奈這門學問太精深了,所以《史記》上說:「良為他人言,皆不省,獨沛公善之。」良歎曰:「沛公殆天授也。」可見這門學問不但明師難遇,就遇著了,也難於領悟。蘇東坡曰:「項籍百戰百勝,而輕用其鋒。高祖忍之,養其全鋒而待其敝,此子房教之也。」衣缽真傳,彰彰可考。我打算做一部《厚黑學師承記》,說明授受淵源,使人知這門學問,要黃石公這類人才能傳授,要張良、劉邦這類人才能領悟。我近倡厚黑救國之說,許多人說我不通,這也無怪其然,是之謂知難。

劉邦能夠分杯羹,能夠推孝惠魯元下車,其心之黑還了得

嗎？獨至韓信求封假齊王，他忍不得氣，怒而大罵，使非張良從旁指點，幾乎誤事。勾踐入吳，身為臣，妻為妾，其面之厚還了得嗎？沼吳之役，夫差遣人痛哭求情，勾踐心中不忍，意欲允之。全虧范蠡悍然不顧，才把夫差置之死地。以劉邦、勾踐這類人，事到臨頭，還須軍師臨場指揮督率才能成功，是之謂行難。

蘇東坡的《留侯論》，全篇是以一個厚字立柱。他文集中，論及沼吳之役，深以范蠡的辦法為然。他這篇文字，是以一個黑字立柱。諸君試取此二字，細細研讀，當知鄙言不謬。人稱東坡為坡仙，他是天上的神仙下凡，才能揭出此種妙諦。諸君今日，聽我講說，可謂有仙緣。噫，外患迫矣，來日大難，老夫其為黃石老人乎！願諸君以張子房自命。

厚黑叢話卷三

成都《華西日報》民國二十四年十月

有人讀《厚黑經》，讀至「蓋欲學者於此，反求諸身而自得之，以去夫外誘之仁義，而充其本然之厚黑」，發生疑問道：「李宗吾，你這話恐說錯了。孟子曰：『仁義禮智，非由外鑠我也，我固有之也。』可見仁義是本然的。你怎麼把厚黑說成本然，把仁義說成外誘？」我說：「我倒莫有說錯，只怕你們那個孟子錯了。孟子說：『孩提之童，無不知愛其親也，及其長也，無不知敬其兄也。』他這個話究竟對不對，我們要實地試驗。就叫孟子的夫人把他新生小孩抱出來，由我當著孟

子試驗。母親抱著小孩吃飯，小孩伸手來拖，如不提防，碗就會落地打爛。請問孟子，這種現象是不是愛親？母親手中拿一塊糕餅，小孩伸手來索，母親不給他，放在自己口中，小孩就會伸手從母親口中取出，放在他口中。請問孟子，這種現象是不是愛親？小孩在母親懷中食乳，食糕餅，哥哥走近前，他就要用手推他打他。請問孟子，這種現象是不是敬兄？只要全世界尋得出一個小孩，莫得這種現象，我的厚黑學立即不講，既是全世界的小孩無一不然，可見厚黑是天性中固有之物，我的厚黑學當然成立。」

　　孟子說：「人之所不學能者，其良能也，所不慮而知者，其良知也。」小孩見母親口中有糕餅，就伸手去奪，在母親懷中食乳食糕餅，哥哥近前，就推他打他，都是不學而能，不慮而知，依孟子所下的定義，都該認為良知良能。孟子教人把良知良能擴而充之，現在許多官吏刮取人民的金錢，即是把小孩時奪取母親口中糕餅那種良知良能擴充出來的。許多志士，對於忠實同志，排擠傾軋，無所不用其極，即是把小孩食乳食糕餅時推哥哥、打哥哥那種良知良能擴充來的。孟子曰：「大人者，不失其赤子之心者也。」現在的偉人，小孩時那種心理，絲毫莫有失掉，可見中國鬧到這麼糟，完全是孟子的信徒幹的，不是我的信徒幹的。

　　我民國元年發表《厚黑學》，指定曹操、劉備、孫權、劉邦幾個人為模範人物。迄今廿四年並莫一人學到。假令有一人像劉備，過去的四川，何至成為魔窟？有一人像孫權，過去的寧粵，何至會有裂痕？有一人像曹操，偽滿敢獨立嗎？有一人像劉邦，中國會四分五裂嗎？吾嘗曰：「劉邦吾不得而見之

矣。得見曹操斯可矣，曹操吾不得而見之矣，得見劉備、孫權斯可矣。」所以說中國鬧得這麼糟，不是我的信徒幹的。

　　漢高祖分杯羹，是把小孩奪母親口中糕餅那種良知良能擴充出來的。唐太宗殺建成、元吉，是把小孩食乳食糕餅時推哥哥、打哥哥那種良知良能擴充出來的。這即是《厚黑經》所說：「充其本然之厚黑。」昔人詠漢高祖詩云：「俎上肉，杯中羹，黃袍念重而翁輕。羹嫂，羹頡侯，一飯之仇報不休。……君不見漢家開基四百明天子，君臣父子兄弟夫婦朋友之間乃如此。」漢高祖把通常所謂五倫與夫禮義廉恥掃蕩得乾乾淨淨，這卻是《厚黑經》所說：「去夫外誘之仁義。」

　　有人難我道：「孟子曰：『惻隱之心，人皆有之。』據你這樣說，豈不是應該改為『惻隱之心人皆無之』嗎？」我說：「這個道理，不能這樣講。孟子說：『今人乍見孺子將入於井，皆有怵惕惻隱之心。』明明提出怵惕惻隱四字。下文忽言『無惻隱之心非人也。』『惻隱之心，仁之端也。』平空把怵惕二字摘來丟了，請問是何道理？再者孟子所說：『乍見孺子將入於井』，這是孺子對於井發生了死生存亡的關係，我是立在旁觀地位。假令我與孺子同時將入井，請問孟子，此心作何狀態？此時發出來的第一念，究竟是怵惕，是惻隱？不消說，這剎那間只有怵惕而無惻隱，只能顧我之死，不暇顧及孺子之死。非不愛孺子也，事變倉卒，顧不及也。必我心略為安定，始能顧及孺子，惻隱心乃能出現。我們這樣的研究，就可把人性真相看出。怵惕是為我的念頭，惻隱是為人的念頭。孟子曰：『惻隱之心，仁之端也。』李宗吾曰：『怵惕之心，厚黑之端也。』孟子講仁義，以惻隱為出發點。我講厚黑，以怵惕

為出發點。先有怵惕，後有惻隱，孟子的學說是第二義，我的學說才是第一義。」

成都屬某縣，有曾某者，平日講程朱之學，品端學粹，道貌岩岩，人呼為曾大聖人，年已七八十歲，當縣中高小學校校長。我查學到校，問：「老先生近日還看書否？」答：「現在纂集宋儒語錄。」我問：「孟子說：『今人乍見孺子將入於井，皆有怵惕惻隱之心。』何以下文只說：『無惻隱之心非人也。』『惻隱之心，仁之端也。』把怵惕二字置之不論，其意安在？」他聽了沉吟思索。我問：「見孺子將入於井，發出來的第一個念頭，究竟是怵惕，是惻隱？」他信口答道：「是惻隱。」我聽了默然不語，他也默然不語。我本然想說；第一念既是惻隱，何以孟子不言「惻隱怵惕」而言「怵惕惻隱」？因為他是老先生，不便深問，只問道：「宋儒之書，我讀得很少，只見他們極力發揮惻隱二字，未知對於怵惕二字，亦會加以發揮否？」他說：「莫有。」我不便往下再問，就談別的事去了。

《孟子》書上，孩提愛親章，孺子將入井章，是性善說最根本的證據。宋儒的學說，就是從這兩個證據推闡出來的。我對於這兩個證據，根本懷疑，所以每談厚黑學，就把宋儒任意抨擊。但我生平最喜歡懷疑，不但懷疑古今人的說法，並且自己的說法也常常懷疑。我講厚黑學，雖能自圓其說，而孟子的說法，也不能說他莫得理由。究竟人性的真相是怎樣？孟子所說：孩提知愛和惻隱之心，又從何處生出來呢？我於是又繼續研究下去。

中國言性者五家，孟子言性善，荀子言性惡，告子言性

無善無惡，揚雄言善惡混，韓昌黎言性有三品。這五種說法，同時並存，竟未能折衷一是。今之政治家，連人性都未研究清楚，等於醫生連藥性都未研究清楚。醫生不了解藥性，斷不能治病；政治家不了解人性，怎能治國？今之舉世紛紛者，實由政治家措施失當所致。其措施之所以失當者，實由對於人性欠了精密的觀察。

中國學者，對於人性欠精密的觀察，西洋學者，觀察人性更欠精密。現在的青年，只知宋儒所說「婦人餓死事小，失節事大」這個道理講不通……這都是對於人性欠了研究，才有這類不通的學說。學說既不通，基於這類學說生出來的措施，遂無一可通，世界烏得不大亂？

從前我在報章雜誌上，常見有人說：「中國的禮教，是吃人的東西。」殊不知西洋的學說，更是吃人的東西。阿比西尼亞被墨索里尼摧殘蹂躪，是受達爾文學說之賜，將來算總帳，還不知要犧牲若干人的生命。我們要想維持世界和平，非把這類學說一律肅清不可。要肅清這類學說，非把人性徹底研究清楚不可。我們把人性研究清楚了，政治上的設施，國際上的舉動，才能適合人類通性，世界和平才能維持。

我主張把人性研究清楚，常常同友人談及。友人說：「近來西洋出了許多心理學的書，你雖不懂外國文，也無妨買些譯本來看。」我說：「你這個話太奇了！我說個笑話你聽：從前有個查學員視察某校，對校長說：『你這個學校，光線不足。』校長道：『我已派人到上海購買去了。』人人有一個心，自己就可直接研究，本身就是一副儀器標本，隨時隨地都可以試驗，朝夕與我往來的人，就是我的試驗品，你叫我看外

國人著的心理學書，豈不等於到上海買光線嗎？」聞者無辭可答。

我民國元年著的《厚黑學》，原是一種遊戲文字，不料發表出來，竟受一般人的歡迎，厚黑學三字，在四川幾乎成一普通名詞。我以為此種說法能受人歡迎，必定於人性上有關係，因繼續研究。到民國九年，我想出一種說法，似乎可以把人性問題解決了，因著《心理與力學》一文，載入《宗吾臆談》內。我這種說法，未必合真理，但為研究學術起見，也不妨提出來討論。

西洋人研究物理學研究得很透徹，得出來的結論，五洲萬國無有異詞，獨於心理學卻未研究透徹，所以得出來的結論，此攻彼訐。這是什麼道理呢？因為研究物理，乃是以人研究物，置身局外，冷眼旁觀，把真相看得很清楚，毫無我見，故所下判斷最為正確。至於研究心理學，則研究者是人，被研究者也是人，不知不覺就參入我見，下的判斷就不公平。並且我是眾人中之一人，古人云：「不識廬山真面目，只緣身在此山中。」即使此心放得至公至平，仍得不到真相。因此我主張：研究心理學，應當另闢一個途徑來研究。科學家研究物理學之時，毫無我見，等他研究完畢了，我們才起而言曰：「人為萬物之一，物理與人事息息相通，物理上的公例也適用於人事。」據物理的公例，以判斷人事，而人就無遁形了。聲光磁電的公例，五洲萬國無有異詞。人之情感，有類磁電，研究磁電，離不脫力學公例，我們就可以用力學公例以考察人之心理。

民國九年，我家居一載，專幹這種工作，用力學上的公

例去研究心理學,覺到許多問題都渙然冰釋。因創一公例曰:「心理變化,循力學公例而行。」從古人事蹟上,現今政治上,日用瑣事上,自己心坎上,理化數學上,中國古書上,西洋學說上,四面八方印證起來,似覺處處可通。有了這條公例,不但關於人事上一切學說若網若綱,有條不紊,就是改革經濟政治等等,也有一定的軌道可循,而我心中的疑團,就算打破,人性問題就算解決了。但我要聲明:所謂疑者,是我心中自疑,非謂人人俱如是疑也。所謂解決者,是我自謂解決,非謂這個問題果然被我解決也。此乃我自述經過,聊備一說而已。

本來心理學是很博大精深的,我是個講厚黑學的,怎能談這門學問?我說「心理變化,循力學公例而行」,等於說「水之波動,循力學公例而行」。據科學家眼光看來,水之性質和現象,可供研究者很多,波動不過現象中之一小部分。所以我談心理,只談得很小很小一部分,其餘的我不知道,就不敢妄談。

為甚力學上的公例可應用到心理學上呢?須知科學上許多定理,最初都是一種假說,根據這種假說,從各方試驗,都覺可通,這假說就成為定理了。即如地球這個東西,自開闢以來就有的,人民生息其上,不知經過了若干萬萬年,對於地球之構成就無人了解。距今二百多年以前,出了個牛頓,發明萬有引力,說「地心有吸力,把泥土沙石吸成一團,成為地球。」究竟地心有無吸力,無人看見,牛頓這個說法,本是假定的,不過根據他的說法,任如何試驗,俱是合的,於是他的假說就成了定理。從此一般人都知道:「凡是有形有體之物,俱要受

吸力的吸引。」到愛因斯坦出來，發明相對論，本牛頓之說擴大之，說：「太空中的星球發出的光線，經過其他星球，也要受其吸引。因天空中眾星球互相吸引之故，於是以直線進行之光線，就變成彎彎曲曲的形狀。」他這種說法，經過實地測驗，證明不錯，也成為定理。從此一般人又知道，有形無體之光線，也要受吸力的吸引。我們要解決心理學上的疑團，無妨把愛因斯坦的說法再擴大之，說：「我們心中也有一種引力，能把耳聞目睹、無形無體之物吸收來成為一個心。心之構成，與地球之構成相似。」我們這樣的設想，牛頓的三例和愛因斯坦的相對論，就可適用到心理學方面，而人事上一切變化，就可用力學公例去考察他了。

通常所稱的心，是由於一種力，經過五官出去，把外邊的事物牽引進來，集合而成的。例如有一物在我面前，我注目視之，即是一種力從目透出去，與那個物連結；我將目一閉，能夠記憶那物的形狀，即是此力把那物拖進來縮住了。聽人的話能夠記憶，即是把那人的話拖進來縮住了。由這種方式，把耳濡目染與夫環境所經歷的事項一一拖進來，集合為一團，就成為一個心。所以心之構成，與地球之構成完全相似。

一般人都說自己有一個心，佛氏出來，力闢此說，說：「人莫得心，通常所謂心，是假的，乃是六塵的影子。」圓覺經曰：「一切眾生，無始以來，種種顛倒，妄認四大為自身相，六塵緣影為自心相。」我們試思，假使心中莫得引力，則六塵影子之經過，亦如雁過長空，影落湖心一般，雁一去，影即不存。而吾人見雁之過，其影能留在心中者，即是心中有一種引力把雁影縮住的緣故。所以我們拿佛家的話來推究，也可

證明心之構成與地球之構成是相似的。

　　佛家說：「六塵影子落在八識田中，成為種子，永不能去。」這就像穀子豆子落在田土中，成為種子一般。我們知穀子豆子落在田土中，是由於地心有引力，即知六塵影子落在八識田中，是由於人心有引力。因為有引力縮住，所以穀子豆子在田土中永不能去，六塵影子在八識田中也永不能去。

　　我們如把心中所有知識一一考察其來源，即知其無一不從外面進來。其經過的路線，不外眼耳鼻舌身。雖說人能夠發明新理，但仍靠外面收來的智識作基礎。猶之建築房屋，全靠外面購來的磚瓦木石。假如把心中各種智識的來源考出了，從目進來的，命他仍從目退出去，從耳進來的，令他仍從耳退出去，其他一一俱從來路退出，我們的心即空無所有了。人的心能夠空無所有，對於外物無貪戀，無瞋恨，有如湖心雁影，過而不留，這即是佛家所說「還我本來面目」。

　　地球之構成，源於引力，意識之構成，源於種子，試由引力再進一步，推究到天地未有以前，由種子再進一步，推究到父母未生以前，則只有所謂寂兮寥兮的狀況，而二者就會歸於一了。由寂兮寥兮生出引力，而後有地球，而後有物。由寂兮寥兮，生出種子，而後有意識，而後有人。由此知心之構成與地球之構成相似，物理與人事相通，故物理學的規律可適用於心理學。

　　心理的現象，與磁電現象很相像。人有七情，大別之，只有好、惡二種。心所好的東西，就引之使近；心所惡的東西，就推之使遠。其現象與磁電相同。人的心，分知、情、意三者，意是知與情合併而成，其元素只有知、情二者。磁電同性

相推，異性相引，他相推相引的作用，是情的現象。能夠差別同性異性，又含有知的作用。可見磁電這個東西，也具有知、情，與我們的心理是一樣的。陽電所需要的是陰電，忽然來了一個陽電，要分他的陰電，他當然把他推開。陰電所需要的是陽電，忽然來了一個陰電，要分他的陽電，他當然也把他推開。這就像小兒食乳食糕餅的時候，見哥哥來了，用手推他打他一般，所以成了同性相推的現象。至於磁電異性相引，猶如人類男女相愛，更是不待說的。所以我們研究心理學，可當如磁電學研究。

　　佛說：「真佛法身，映物現形。」宛然磁電感應現象。又說：「本性圓融，用遍法界。」又說：「非有非無。」宛然磁電中和現象。又說：「不生不滅，不增不減。」簡直是物理學家所說「能力不滅」。因此之故，我們用力學公例去考察人性，想來不會錯。

　　孟子講性善，說：「孩提之童，無不知愛其親，及其長也，無不知敬其兄。」我講厚黑學，說：「小兒見母親口中有糕餅，就取來放在自己口中。小兒在母親懷中食乳食糕餅，見哥哥走近來，就用手推他打他。」這兩種說法，豈不是極端相反嗎？究竟人性的真相是怎樣？我們下細觀察，即知小兒一切動作，都是以我為本位，各種現象，都是從比較上生出來的。將母親與己身比較，小兒更愛己身，故將母親口中糕餅取出，放入自己口中。母親是懷抱我、乳哺我的人，拿母親與哥哥比較，母親與我更接近，故更愛母親。大點的時候，與哥哥朝夕一處玩耍，有時遇著鄰人，覺得哥哥與我更接近，自然更愛哥哥。由此推之，走到異鄉，就愛鄰人；走到外省，就愛本省

人；走到外國，就愛本國人。其間有一定之規律，其規律是：「距我越近，愛情越篤，愛情與距離成反比例。」與牛頓萬有引力定律是相像的。我們把他繪出來，如甲圖，第一圈是我，第二圈是親，第三圈是兄，第四圈是鄰人，第五圈是本省人，第六圈是本國人，第七圈是外國人。這個圖是人心的現象，我們詳加玩索，就覺得這種現象很像講堂上試驗的磁場一般。距磁石越近的地方，鐵屑越多，可見人的情感與磁力相像。我們從甲圖研究，即知我說的小兒搶母親口中糕餅和孟子所說孩提愛親，原是一貫的事，俱是以我字為出發點，性善說與厚黑學就可貫通為一。

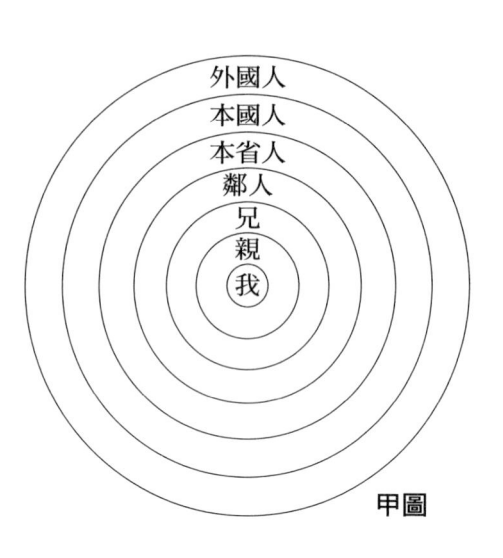

上面所繪甲圖，是否真確，我們可再設法證明：假如暮春三月的時候，我們約著二三友人出去遊玩，走至山明水秀的地方，心中覺得非常愉快，走至山水粗惡的地方，心中就戚然不樂，這是什麼緣故呢？因為山水是物，我也是物，物與我本是一體，所以物類好，心中就愉快，物類不好，心中就不愉快。

我們又走至一個地方，見地上許多碎石，碎石之上，落花飄零，我們心中很替落花悲戚，對於碎石不甚動念，這是什麼緣故？因為石是無生之物，花與我同是有生之物，所以對於落

花更覺關情。

假如落花之上臥一將斃之犬，哀鳴宛轉，那種聲音，入耳驚心驟聞之下，就會把悲感落花之心移向犬方而去了。這是什麼緣故？因爲花是植物，犬與我同是動物，自然會起同情心。

我們遊畢歸來，途中見一隻犬攔住一個行人，狂跳狂吠，那人持杖亂擊，人犬相爭，難解難分，我們看見，總是幫人的忙，不會幫犬的忙。因爲犬是獸類，那人與我同是人類，對乎人的感情，當然不同。

假如我們回來，一進門就有人來對我說：某個友人，因爲某事，與人發生絕大衝突，勝負未分，我就很替這個友人關心，希望他得勝。雖然同是人類，因爲有交情的關係，不知不覺就偏重在我的友人方面去了。

我把朋友邀入室中，促膝談心，正在爾我忘情的時候，陡然房子倒下來，我們心中發出來的第一個念頭，是防衛自己，第二個念頭，才顧及友人。

我們把各種事實、各種念頭、匯合攏來，搜求他的規律，即知每起一念，都是以我字爲中心點，我們步步追尋，層層剝剔，逼到盡頭處，那個我字，即赤裸裸的現出來了。

我們可得一個結論：凡有兩個物體，同時出現於我的面前，我無須計較，無須安排，心中自然

乙圖（石、花、犬、他人、友、我）

會有親疏遠近之分。其規律是：「距我越遠，愛情越減，愛情與距離成反比例。」終不外牛頓萬有引力的定律。

我們把它繪出圖來，如乙圖：第一圈是我，第二圈是友，第三圈是他人，第四圈是犬，第五圈是花，第六圈是石。它的現象仍與磁場一般。我們繪這乙圖，是捨去了甲圖的境界，憑空另設一個境界，乃繪出之圖與甲圖無異，可知甲圖是合理的，乙圖也是合理的。這兩個圖，都是代表人心的現象，既是與磁場相像，與地心引力相像，即可說心理變化不外力學公例。

孟子講性善，有兩個證據，第一個證據是：「孩提之童，無不知愛其親，及其長也，無不知敬其兄。」前已繪圖證明，是發源於為我之心，根本上與厚黑學相通。他第二個證據是：「今人乍見孺子將入於井，皆有怵惕惻隱之心。」我們細細推求，仍是發源於為我之心，仍與厚黑學相通。茲說明如下：

怵惕是驚懼的意思，是自己畏死的表現。假如我們共坐談心的時候，陡見前面有一人提一把白亮亮的刀追殺一人，我們一齊吃驚，各人心中都要跳幾下。這個現象，即是怵惕。這是因為各人都有畏死的天性，看見刀彷彿是殺我一般，所以心中會跳，所以會怵惕。我略一審視，曉得不是殺我，是殺別人，登時就會把畏死的念頭放大，化我身為被追的人，對乎他起一種同情心，就想救護他。這就是惻隱。先有怵惕，後有惻隱，是天然的順序，不是人力安排的。由此可知：惻隱是從怵惕生出來的，莫得怵惕，就不會惻隱，可以說惻

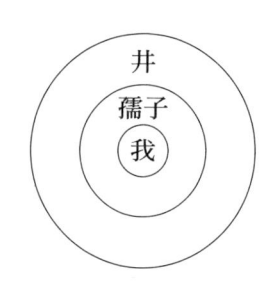

隱二字，仍發源於我字。

　　見孺子將入井的時候，共有三物，一曰我，二曰孺子，三曰井。我們把他繪爲圖：第一圈是我，第二圈是孺子，第三圈是井。我與孺子同是人類，井是無生之物，孺子對於井生出死生存亡的關係，我當然對孺子表同情，不能對井表同情。有了第一圈的我，才有第二圈的孺子。因爲我怕死，才覺得孺子將入井是不幸的事；假如我不怕死，就叫我自己入井，我也認爲不要緊的事，不起怵惕心。看見孺子將入井，也認爲不要緊的事，斷不會有惻隱心。莫得我，即莫得孺子，莫行怵惕，即莫得惻隱，道理本是極明白的。孺子是我身的放大形，惻隱是怵惕的放大形，孟子看見怵惕心能放大而爲惻隱心，就叫人把惻隱心再放大起來，擴充到四海。道理本是對的，只因少說一句：「惻隱是怵惕擴充出來的。」就生出宋儒的誤會。宋儒言性，從惻隱二字講起走，捨去怵惕二字不講，成了有惻隱無怵惕，知有第二圈之孺子，不知有第一圈之我。宋儒學說，許多迂曲難通，其病根就在這一點。

　　我們把甲乙兩圖詳加玩味，就可解決孟荀兩家的爭執。甲圖是層層放大，由我而親，而兄，而鄰人，而本省人，而本國人，而外國人，其路線是由內向外，越放越大。孟子看見人心有此現象，就想利用他，創爲性善說。所以他說：「老吾老，以及人之老；幼吾幼，以及人之幼……舉斯心，加諸彼……推恩足以保四海。」力勸人把圈子放大點。孟子喜言詩，詩是宣暢人的性情，含有利導的意思。乙圖是層層縮小，由石而花，而犬，而人，而友，而我，其路線是由外向內，越縮越小。荀子看見人心有此現象，就想制止他，創爲性惡說。所以他

說：「妻子具而孝衰於親，嗜欲得而信衰於友，爵祿盈而忠衰於君。」又說：「拘木待檃括蒸矯然後直，鈍金待礱厲然後利，人待師法然後正，得禮義然後治，」生怕人把圈子縮小了。荀子習於禮，禮是範圍人的行為，含有制裁的意思。甲乙兩圖，都是代表人心的現象，甲圖是離心力現象，乙圖是向心力現象。從力學方面說，兩種現象俱不錯，即可說孟荀二人的說法俱不錯。無奈他二人俱是各說一面，我們把甲乙二圖一看，孟荀異同之點就可了然了。事情本是一樣，不過各人的看法不同罷了。我們詳玩甲乙二圈，就可把厚黑學的基礎尋出來。

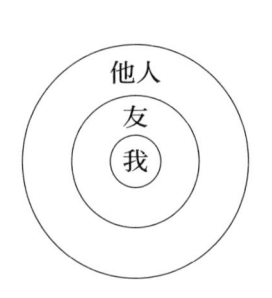

　　王陽明講的致良知，是從性善說生出來的。我講的厚黑學，是從性惡說生出來的。王陽明說：「滿街都是聖人。」我說：「滔滔天下，無在非厚黑中人。」此兩說何以會極端相反呢？因為同是一事，可以說是性善之表現，也可說是性惡之表現。舉例言之：假如有個友人來會我，辭去不久，僕人來報導：「剛才那個友人，出門去就與人打架角孽，已被員警將雙方捉去了。」我聽了，就異常關心，立命人去探聽。聽說員警判友人無罪，把對方關起了，我就很歡喜。倘判對方無罪，把友人關起，我就很憂悶。請問我這種心理，究竟是善是惡？假如我去問孟子，孟子一定說：「這明明是性善的表現，何以故呢？你的朋友與人相爭，與你毫無關係，你願你的朋友勝，不願他敗，這種愛友之心，是從天性中不知不覺流露出來的。此種念頭，是人道主義的基礎。所謂博施濟眾，是從此種念頭生

出來的,所謂民胞物與,也是從此種念頭生出來的,所以人們起了此種念頭,就須把他擴充起來。」假如我去問荀子,荀子一定說:「這明明是性惡的表現,何以故呢?你的朋友是人,和他打架的也是人,人與人相爭,你不考察是非曲直,只是願友勝不願友敗;這種自私之心,是從天性中不知不覺流露出來的。此種念頭,是擾亂世界和平的根苗。日本以武力佔據東北四省,是從此種念頭生出來的,墨索里尼用飛機轟炸阿比西尼亞,也是從此種念頭生出來的,所以人們起了此種念頭,即須把他制伏下去。」我們試看上面的說法,兩邊都有道理,卻又極端相反,這是什麼緣故呢?我們要解決孟荀兩家的爭執,只消繪圖一看,就自然明白了。如圖:第一圈是我,第二圈是友,第三圈是他人,此心願友得勝,即是第二圈。請問這第二圈,是大是小呢?孟子尋個我字,與友字比較,即是在外面畫個小圈來比較,說第二圈是個大圈。荀子尋個人字,與友字比較,即是在外面畫個大圈來比較,說第二圈是個小圈。孟子以為第二圈是第一圈放大而成,其路線是向人字方面擴張出去,故斷定人之性善。荀子以為第二圈是由第三圈縮小而成,其路線是向我字方面收縮攏來,故斷定人之性惡。其實第二圈始終只有那麼大,並未改變。單獨畫一個圈,不能斷他是大是小;單獨一種愛友之心,不能斷他是善是惡。畫了一圈之後,再在內面或外面畫一圈,才有大小之可言。因愛友而做出的事,妨害他人或不妨害他人,才有善惡之可言。

　　願友勝不願友敗之心理,是一種天然現象,乃人類之通性,不能斷他是善是惡,只看如何應用就是了。本此心理,可做出相親相愛之事,也可做出相爭相奪之事,猶之我們在紙上

畫了一圈之後，可以在內面畫一小圈，也可以在外面畫一大圈。孟子見人畫了一圈，就斷定他一定會把兩腳規張開點，在外面畫一個較大之圈。荀子見人畫了一圈，就斷定他一定會把兩腳規收攏點，在內面畫一個較小之圈。若問他二人的理由，孟子說：「這個圈，明明是由一個小圈放大而成。依著它的趨勢，當然會再放大，在外面畫一個更大之圈。」荀子說：「這個圈明明是由一個大圈縮小而成。依著它的趨勢，當然會再縮小，在內面畫一個更小之圈。」這些說法，真可算無謂之爭。

我發表厚黑學後，繼續研究，民國九年，創出一條公例：「心理變化，循力學公例而行。」並繪出甲乙二圖，因知孟子的性善說和荀子的性惡說，都帶有點詭辯的性質。同時悟得：我民國元年講的厚黑學，和王陽明講的致良知，也帶有點詭辯的性質。什麼是詭辯呢？把整個的道理蒙著半面，只說半面，說得條條有理，是之謂詭辯。戰國策士，遊說人主，即是用的此種方法。其時，堅白異同之說甚盛，孟荀生當其時，染得有點此種氣習，讀者切不可為其所愚。我是厚黑先生，不是道學先生，所以我肯說真話。

力有離心、向心兩種現象，人的心理也有這兩種現象。孟荀二人，各見一種，各執一詞。甲乙兩圖，都與力學公例不悖，故孟荀兩說，能夠對峙二千餘年，各不相下。我們明白這個道理，孟荀兩說就可合而為一了。孟荀兩說合併，就成為告子的說法。告子說：「性無善無不善。」任從何方面考察，他這個說法都是對的。

人性本是無善無惡，也可說是：可以為善，可以為惡。孟子出來，於整個人性中裁取半面以立說，成為性善說。遺下了

牛面，荀子取以立論，就成為性惡說。因為各有一牛的真理，故兩說可以並存。又因為只占得真理之一牛，故兩說互相攻擊。

有孟子之性善說，就有荀子之性惡說與之對抗。有王陽明的致良知，就有李宗吾的厚黑學與之對抗。王陽明說：「見父自然知孝，見兄自然知悌。」把良知二字講得頭頭是道。李宗吾說：「小孩見著母親口中糕餅，自然會取來放在自己口中。在母親懷中食乳食糕餅，見哥哥近前，自然會用手推他打他。」我把厚黑二字也講得頭頭是道。有人呼我為教主，我何敢當？我在學術界，只取得與陽明對等的位置罷了。不過陽明在孔廟中配享，吃冷豬肉，我將來只好另建厚黑廟，以廖大聖人和王簡恒、雷民心諸人配享。

我的厚黑學，本來與王陽明的致良知有對等的價值，何以王陽明受一般人的推崇，我受一般人的訾議呢？因為自古迄今，社會上有一種公共的黑幕，這種黑幕，只許彼此心心相喻，不許揭穿，揭穿了，就要受社會的制裁。這算是一種公例。我每向人講厚黑學，只消連講兩三點鐘，聽者大都津津有味，說道：「我平日也這樣想，不過莫有拿出來講。」請問：心中既這樣想，為什麼不拿出來講呢？這是暗中受了這種公例支配的緣故。我赤裸裸的揭穿出來，是違反了公例，當然為社會不許可。

社會上何以會生出這種公例呢？俗語有兩句：「逢人短命，遇貨添錢。」諸君都想知道，假如你遇著一個人，你問他尊齡？答：「今年五十歲了。」你說：「看你先生的面貌，只像三十幾的人，最多不過四十歲罷了。」他聽了，一定很歡

喜，是之謂「逢人短命」。又如走到朋友家中，看見一張桌子，問他買成若干錢？他答道：「買成四元。」你說：「這張桌子，普通價值八元，再買得好，也要六元，你真是會買。」他聽了一定也很喜歡。是之謂「遇貨添錢」。人們的習性，既是這樣，所以自然而然的就生出這種公例。主張性善說者，無異於說：「世間儘是好人，你是好人，我也是好人。」說這話的人，怎麼不受歡迎？主張性惡說者等於說：「世間儘是壞人，你是壞人，我也是壞人。」說這話的人，怎麼不受排斥？荀子本來是入了孔廟的，後來因為他言性惡，把他請出來，打脫了冷豬肉，就是受了這種公例的制裁。於是乎程朱派的人，遂高坐孔廟中，大吃其冷豬肉。

《孟子》書上有「閹然媚於世也」一句話，可說是孟子與宋明諸儒定的罪案，也即是孟子自定的罪案。何以故呢？性惡說是箴世，性善說是媚世。性善說者曰：你是好人，我也是好人，此妾婦媚語也。性惡說者曰：你是壞人，我也是壞人，此志士箴言也。天下妾婦多而志士少，箴言為舉世所厭聞，荀子之逐出孔廟也宜哉。嗚呼！李厚黑，真名教罪人也！

近人蔣維喬著《中國近三百年哲學史》說：「荀子在周末，倡性惡說，後儒非之者多，絕無一人左袒之者，歷一千九百餘年，俞曲園獨毅然贊同之……我同主張性惡說者，古今只有荀俞二氏。」云云。俞曲園是經學大師，一般人只研究他的經學，他著的性說上下二篇，若存若亡，可以說中國言性惡之書，除荀子而外，幾乎莫有了。箴言為舉世所厭聞，故敢於直說的人，絕無僅有。

滔滔天下，皆是諱疾忌醫的人，所以敢於言性惡者，非天

下的大勇者不能，非捨得犧牲者不能。荀子犧牲孔廟中的冷豬肉不吃，才敢於言性惡。李宗吾犧牲英雄豪傑不當，才敢於講厚黑學。將來建厚黑廟時，定要在後面與荀子修一個啓聖殿，使他老人家借著厚黑教主的餘蔭，每年春秋二祭，也吃吃冷豬肉。

常常有人向我說道：「你的說法，未免太偏。」我說：誠然，惟其偏，才醫得好病，芒硝大黃，姜桂附片，其性至偏，名醫起死回生，所用皆此等藥也。藥中之最不偏者，莫如泡參甘草，請問世間的大病，被泡參甘草醫好者自幾？自孟子而後，性善說充塞天下，把全社會養成一種不癢不痛的大腫病，非得痛痛地打幾針，燒幾艾不可。所以聽我講厚黑學的人，當說道：「你的議論，很痛快。」因爲害了麻木不仁的病，針之灸之，才覺得痛；針灸後，全體暢適，才覺得快。

有人讀了《厚黑叢話》，說道：「你何必說這些鬼話？」我說：我逢著人說人話，逢著鬼說鬼話，請問當今之世，不說鬼話，說什麼？我這部《厚黑叢話》，人見之則爲人話，鬼見之則爲鬼話。

我不知過去生中，與孔子有何冤孽，他講他的仁義，偏偏遇著一個講厚黑的我，我講我的厚黑，偏偏遇著一個講仁義的他。我們兩家的學說，極端相反，永世是衝突的。我想：「冤家宜解不宜結。」我與孔子講和好了。我想個折衷調和的法子，提出兩句口號：「厚黑爲裏，仁義爲表。」換言之，即是枕頭上放一部厚黑學，案頭上放一部四書五經；心頭上供一個大成至聖先師李宗吾之神位，壁頭上供一個大成至聖先師孔子之神位。從此以後，我的信徒，即是孔子的信徒，孔子的信

徒，即是我的信徒，我們兩家學說，永世不會衝突了。千百年後，有人出來做一篇《仲尼宗吾合傳》，一定說道：「仁近於厚，義近於黑，宗吾引繩墨，切事情，仁義之弊，流於麻木不仁，而宗吾深遠矣。」

諱疾忌醫，是病人通例，因之就成了醫界公例。荀子向病人略略針灸了一下，醫界就譁然，說他違反了公例，把他逐出醫業公會，把招牌與他下了，藥鋪與他關了。李宗吾出來，大講厚黑學，叫把衣服脫了，赤條條的施用刀針。這是自荀子而後，二千多年，都莫得這種醫法，此李厚黑所以又名李瘋子也。

昨有友人來訪，見我桌上堆些宋元學案、明儒學案一類書，詫異道：「你怎麼看這類書？」我說：「我怎麼不看這類書？相傳某國有一井，汲飲者，立發狂。全國人皆飲此井之水，全國人皆狂。獨有一人，自鑿一井飲之，獨不狂。全國人都說他得了狂病，捉他來，針之灸之，施以種種治療，此人不勝其苦，只得自汲狂泉飲之。於是全國人都歡欣鼓舞，道：『我們國中，從此無一狂人了。』我怕有人替我醫瘋疾，針之灸之，只好讀宋明諸儒的書，自己治療。」

人性是渾然的，彷彿是一個大城，王陽明從東門攻入，我從西門攻入，攻進去之後，所見城中的真相，彼此都是一樣。人性以告子所說，無善無不善，最為真確。王陽明倡致良知之說，是主張性善的，而他教人提出：「無善無惡心之體，有善有惡意之動」等語，請問此種說法，與告子何異？我民國元年發表《厚黑學》，是性惡說這面的說法。民國九年，我創一條公例：「心理變化，循力學公例而行。」這種說法，即是告子

的說法。告子曰:「性猶湍水也。」湍水之變化,即是循著力學公例走的,所以「性猶湍水也」五個字,換言之,即是「心理變化,循力學公例而行。」

有人難我道:「告子說:『性無善無不善。』陽明說:『無善無惡心之體。』一個言性,一個言心體,何能混為一談?至於你說的『心理變化』,則是就用上言之,更不能牽涉到體上。」我說:我的話不足為憑,請看陽明的話。陽明曰:「心統性情,性,心體也,情,心用也,夫體用一源也,知體之所以為用,則知用之所以為體矣。」心體即是性,這是陽明自己下的定義。我說:「陽明的說法,即是告子的說法。」難道我冤誣了陽明嗎?

告之曰:「性猶湍水也。」決諸東方則東流,決諸西方則西流,請問東流西流,是不是就用上言之?請問水之流東流西,能否逃出力學公例?我說:「『性猶湍水也』五個字,換言之,即是『心理變化,循力學公例而行。』似乎不是穿鑿附會。」

陽明曰:「性,心體也,情,心用也。」世之言心言性者,因為體不可見,故只就用上言之,因為性不可見,故只就情上言之。孟子曰:「孩提之童,無不知愛其親也。」又曰:「今人乍見孺子將入於井,皆有怵惕惻隱之心。」皆是就情上言之。也即是就用上言之。由此知:孟子所謂性善者,乃是據情之善。因以斷定性之善。試問人與人的感情,是否純有善而無惡?所以孟子的話,就會發生問題,故陽明易之曰:「有善有惡意之動。」意之動即用也,即情也。陽明的學力,比孟子更深,故其說較孟子更圓滿。

王陽明從性善說悟入，我從性惡說悟入，同到無善無惡而止。我同人講厚黑學，等於用手指月，人能循著手看去，就可以看見天上之月，人能循著厚黑學研究去，就可以窺見人性之真相。常有人執著厚黑二字，同我刺刺不休，等於在我手上尋月，真可謂天下第一笨人。我的厚黑學，拿與此等人讀，真是罪過。

厚黑叢話卷四

成都《華西日報》民國二十四年十一月十二月

兩月前成都某報總編輯對我說：「某君在宴會席上說道：李宗吾做了一篇《我對於聖人之懷疑》，把孔子的面子太傷了，我當著一文痛駁之。」靜待至今，寂然無聞，究竟我那篇文字，對於孔子的面子，傷莫有傷，尚待討論，原文於民國十六年載入拙著《宗吾臆談》內，某君或許只聽人談及，未曾見過，故無從著筆。茲特重揭報端，凡想打倒厚黑教主者，快快的聯合起來。原文如下：

我先年對於聖人，很為懷疑，細加研究，覺得聖人內面有種種黑幕，曾做了一篇《聖人之黑幕》。民國元年，本想與厚黑學同時發表，因為厚黑學還未登載完，已經眾議譁然，這篇文字更不敢發表了，只好藉以解放自己的思想。現在國內學者，已經把聖人攻擊得體無完膚，中國的聖人，已是日暮途窮。我幼年曾受過他的教育，本不該乘聖人之危，墜井下石，但我要表明我思想之過程，不妨把當日懷疑之點略說一下。底

稿早不知拋往何處，只把大意寫出來。

世間頂怪的東西，要算聖人，三代以上，產生最多，層見迭出，同時可以產出許多聖人，三代以下，就絕了種，並莫產生一個。秦漢而後，想學聖人的，不知有幾千百萬人，結果莫得一個成為聖人，最高的不過到了賢人地位就止了。請問聖人這個東西，究竟學得到學不到？如說學得到，秦漢而後，有那麼多人學，至少也該出一個聖人。如果學不到，我們何苦朝朝日日，讀他的書，拚命去學。

三代上有聖人，三代下無聖人，這是古今最大怪事。我們通常所稱的聖人，是堯舜禹湯文武周公孔子。我們把他分析一下，只有孔子一人是平民，其餘的聖人，盡是開國之君，並且是後世學派的始祖，他的破綻，就現出來了。

原來周秦諸子，各人特創一種學說，自以為尋著真理了，自信如果見諸實行，立可救國救民，無奈人微言輕，無人信從。他們心想，人類通性，都是悚慕權勢的，凡是有權勢的人說的話，人人都肯聽從，世間權勢之大者，莫如人君，尤莫如開國之君；兼之那個時候的書，是竹簡做的，能夠得書讀的很少，所以新創一種學說的人，都說道，我這種主張：是見之書上，是某個開國之君遺傳下來的。於是道家託於黃帝，墨家託於大禹，倡並耕的託於神農，著本草的也託於神農，著醫書的，著兵書的，俱託於黃帝。此外百家雜技，與夫各種發明，無不託始於開國之君。孔子生當其間，當然也不能違背這個公例。他所託的更多，堯舜禹湯文武之外，更把魯國開國的周公加入，所以他是集大成之人。周秦諸子，每人都是這個辦法，拿些嘉言懿行，與古帝王加上去，古帝王坐享大名，無一個不

成為後世學派之祖。

　　周秦諸子，各人把各人的學說發佈出來，聚徒講授，各人的門徒，都說我們的先生是個聖人。原來聖人二字，在古時並不算高貴，依《莊子・天下篇》所說，聖人之上，還有天人、神人、至人等名稱，聖人列在第四等，聖字的意義，不過是「聞聲知情，事無不通」罷了，只要是聰明通達的人，都可呼之為聖人，猶之古時的朕字一般，人人都稱得，後來把朕字、聖字收歸御用，不許凡人冒稱，朕字聖字才高貴起來。周秦諸子的門徒，尊稱自己的先生是聖人。也不為僭妄。孔子的門徒，說孔子是聖人，孟子的門徒，說孟子是聖人，老莊楊墨諸人，當然也有人喊他為聖人。到了漢武帝的時候，表章六經，罷黜百家，從周秦諸子中把孔子挑選出來，承認他一人是聖人，諸子是聖人名號，一齊削奪，孔子就成為御賜的聖人了。孔子既成為聖人，他所尊崇的堯舜禹湯文武周公，當然也成為聖人。所以中國的聖人，只有孔子一人是平民，其餘的都是開國之君。

　　周秦諸子的學說，要依託古之人君，也是不得已而為之。這可舉例證明：南北朝有個張士簡，把他的文字拿與虞訥看，虞訥痛加詆斥。隨後士簡把文改作，託名沈約，又拿與虞訥看，他就讀一句，稱讚一句。清朝陳修園，著了一本《醫學三字經》，其初託名葉天士，及到其書流行了，才改歸己名，有修園的自序可證。從上列兩事看來，假使周秦諸子不依託開國之君，恐怕他們的學說早已消滅，豈能傳到今日？周秦諸子，志在救世，用了這種方法，他們的學說，才能推行，後人受賜不少。我們對於他是應該感謝的，但是為研究真理起見，他們

的內幕是不能不揭穿。

孔子之後，平民之中，也還出了一個聖人，此人就是人人知道的關羽。凡人死了，事業就完畢，惟有關羽死了過後，還幹了許多事業，竟自掙得聖人的名號，又著有《桃園經》，《覺世真經》等書，流傳於世。孔子以前那些聖人的事業與書籍，我想恐怕也與關羽差不多。

現在鄉僻之區偶然有一人得了小小富貴，講因果的，就說他陰功積得多，講堪輿的，就說他墳地葬得好，看相的，算命的，就說他面貌生庚與眾不同。我想古時的人心，與現在差不多，大約也有講因果的人，看那些開基立國的帝王，一定說他品行如何好，道德如何好。這些說法流傳下來，就成為周秦諸子著書的材料了。兼之，凡人皆有我見，心中有了成見，眼中所見東西，就會改變形象，帶綠色眼鏡的人，見凡物皆成綠色，帶黃眼鏡的人，見凡物皆成黃色。周秦諸子，創了一種學說，用自己的眼光去觀察古人，古人自然會改變形象，恰與他的學說符合。

我們權且把聖人中的大禹提出來研究一下。他腓無胈，脛無毛，憂其黔首，顏色黎墨，宛然是摩頂放踵的兼愛家。韓非子說：「禹朝諸侯於會稽，防風氏之君後至而禹斬之。」他又成了執法如山的大法家。孔子說：「禹，吾無間然矣。菲飲食而致孝乎鬼神，惡衣服而致美乎黻冕，卑宮室而盡力乎溝洫。」儼然是恂恂儒者，又帶點栖栖不已的氣象。讀魏晉以後禪讓文，他的行徑，又與曹丕、劉裕諸人相似。宋儒說他得了危微精一的心傳，他又成了一個析義理於毫芒的理學家。雜書上說他娶塗山氏女，是個狐狸精，彷彿是《聊齋》上的公子

書生。說他替塗山氏造敷面的粉，又彷彿是畫眉的風流張敞。又說他治水的時候，驅遣神怪，又有點像《西遊記》上的孫行者，《封神榜》上的姜子牙。據著者的眼光看來，他始而忘親事仇，繼而奪仇人的天下，終而把仇人逼死蒼梧之野簡直是厚黑學中重要人物。他這個人，光怪陸離，真是莫名其妙。其餘的聖人，其神妙也與大禹差不多。我們略加思索，聖人的內幕，也就可以了然了。因為聖人是後人幻想結成的人物，各人的幻想不同，所以聖人的形狀有種種不同。

　　我做了一本《厚黑學》，從現在逆推到秦漢是相合的，又逆推到春秋戰國，也是相合的，可見從春秋以至今日，一般人的心理是相同的。再追溯到堯舜禹湯文武周公，就覺得他們的心理神妙莫測，盡都是天理流行，惟精惟一，厚黑學是不適用的。大家都說三代下人心不古，彷彿三代上的人心，與三代下的人心，成為兩截了，豈不是很奇的事嗎？其實並不奇。假如文景之世，也像漢武帝的辦法，把百家罷黜了，單留老子一人，說他是個聖人，老子推崇的黃帝，當然也是聖人，於是乎平民之中，只有老子一人是聖人，開國之君，只有黃帝一人是聖人。老子的心，「微妙玄通，深不可識」。黃帝的心，也是「微妙玄通，深不可識」。「其政悶悶，其民淳淳」。黃帝而後，人心就不古了，堯奪哥哥的天下，舜奪婦翁的天下，禹奪仇人的天下，成湯文武以臣叛君，周公以弟殺兄。我那本《厚黑學》，直可逆推到堯舜禹而止。三代上的人心，三代下的人心，就融成為一片了。無奈再追溯上去，黃帝時代的人心，與堯舜而後的人心，還是要成為兩截的。

　　假如老子果然像孔子那樣際遇，成了御賜的聖人，我想

孟軻那個亞聖名號,一定會被莊子奪去,我們讀的四子書,一定是老子、莊子、列子、關尹子,所讀的經書,一定是靈樞、素問,孔孟的書與管商申韓的書,一齊成為異端,束諸高閣,不過遇著好奇的人,偶爾翻來看看,大學、中庸在禮記內,與王制、月令並列。人心惟危十六字,混在曰若稽古之內,也就莫得什麼精微奧妙了。後世講道學的人,一定會向道德經中,玄牝之門,埋頭鑽研,一定又會造出天玄人玄、理牝欲牝種種名詞,互相討論。依我想聖人的真相,不過如是(**著者按:後來我偶翻太玄經,見有天玄地玄人玄等名詞,惟理牝欲牝的名詞,我還未看見**)。

儒家的學說,以仁義為立足點,定下一條公例:「行仁義者昌,不行仁義者亡。」古今成敗,能合這個公例的,就引來做證據,不合這個公例的,就置諸不論。舉個例來說,太史公《殷本紀》說:「西伯歸,乃陰修德行善。」《周本紀》說:「西伯陰行善。」連下兩個陰字,其作用就可想見了。齊世家更直截了當地說道:「周西伯昌之脫羑里歸,與呂尚陰謀修德以傾商政,其事多兵權與奇計。」可見文王之行仁義,明明是一種權術,何嘗是實心為民?儒家見文王成了功,就把他推尊得了不得。徐偃王行仁義,漢東諸侯,朝者三十六國,荊文王惡其害己也,舉兵滅之。這是行仁義失敗了的,儒者就絕口不提。他們的論調完全與鄉間講因果報應的一樣,見人富貴,就說他積得有陰德,見人觸電器死了,就說他忤逆不孝,推其本心,固是勸人為善,其實真正的道理,並不是那麼樣。

古來的聖人,真是怪極了,虞芮質成,腳踏了聖人的土地,立即洗心革面,聖人感化人,有如此的神妙。我不解管蔡

的父親是聖人，母親是聖人，哥哥弟弟是聖人，四面八方被聖人圍住了，何以中間會產生鴟鴞？清世宗呼允禩為阿其那，允禟為塞思赫，翻譯出來，是豬狗二字。這個豬狗的父親是聖人，哥哥是聖人，侄兒也是聖人。鴟鴞豬狗，會與聖人錯雜而生，聖人的價值，也就可以想見了。

李自成是個流賊，他進了北京，尋著崇禎帝后的屍，載以宮扉，盛以柳棺，放在東華門，聽人祭奠。武王是個聖人，他走至紂死的地方，射他三箭，取黃鉞把頭斬下來，懸在太白旗上，他們爺兒，曾在紂名下稱過幾天臣，做出這宗舉動，他的品行，連流賊都不如，公然也成為惟精惟一的聖人，真是妙極了。假使莫得陳圓圓那場公案，吳三桂投降了，李自成豈不成為太祖高皇帝嗎？他自然也會成為聖人，他那闖太祖本紀所載深仁厚澤，恐怕比《周本紀》要高幾倍。

太王實始翦商，王季、文王繼之，孔子稱武王纘太王、王季、文王之緒，其實與司馬炎，纘懿師昭之緒何異？所異者，一個生在孔子前，得了世世聖人之名，一個生在孔子後，得了世世逆臣之名。

後人見聖人做了不道德的事，就千方百計替他開脫，到了證據確鑿，無從開脫的時候，就說書上的事跡出於後人附會。這個例是孟子開的。他說：以至仁伐至不仁，斷不會有流血的事，就斷定武成上血流漂杵那句話是假的。我們從殷民三叛，多方大誥那些文字看來，可知伐紂之時，血流漂杵不假，只怕「以至仁伐不仁」那句話有點假。

子貢曰：「紂之不善，不如是之甚也。是以君子惡居下流，而天下之惡皆歸焉。」我也說：「堯舜禹湯文武周公

之善，不如是之甚也。是以君子願居上流，而天下之美皆歸焉。」若把下流二字改作失敗，把上流二字改作成功，更覺確切。

　　古人神道設教，祭祀的時候，叫一個人當尸，向眾人指說：「這就是所祭之神。」眾人就朝著他磕頭禮拜。同時又以聖道設教，對眾人說：「我的學說，是聖人遺傳來的。」有人問：「哪個是聖人？」他就順手指著堯舜禹湯文武周公說道：「這就是聖人。」眾人也把他當如尸一般，朝著他磕頭禮拜。後來進化了，人民醒悟了，祭祀的時候，就把尸撤銷，惟有聖人的迷夢，數千年未醒，堯舜禹湯文武周公，竟受了數千年的崇拜。

　　講因果的人，說有個閻王，問「閻王在何處？」他說：「在地下。」講耶教的人，說有個上帝，問「上帝在何處？」他說：「在天上。」講理學的人，說有許多聖人，問「聖人在何處？」他說：「在古時。」這三種怪物，都是只可意中想像，不能目睹，不能證實。惟其不能證實，他的道理就越是玄妙，信從的人就越是多。在創這種議論的人，本是勸人為善，其意固可嘉，無如事實不真確，就會生出流弊。因果之弊，流為拳匪，聖人之弊，使真理不能出現。

　　漢武帝把孔子尊為聖人過後，天下的言論，都折衷於孔子，不敢違背。孔融對於父母問題略略討論一下，曹操就把他殺了。嵇康非薄湯武，司馬昭也把他殺了。儒教能夠推行，全是曹操、司馬昭一般人維持之力。後來開科取士，讀書人若不讀儒家的書，就莫得進身之路。一個死孔子，他會左手拿官爵，右手拿鋼刀，哪得不成為萬世師表？宋元明清學案中人，

都是孔聖人馬蹄腳下人物，他們的心坎上，受了聖人的摧殘，他們的議論，焉得不支離穿鑿？焉得不迂曲難通？

中國的聖人，是專橫極了，他莫有說過的話，後人就不敢說，如果說出來，眾人就說他是異端，就要攻擊他。朱子發明了一種學說，不敢說是自己發明的，只好把孔門的格物致知加一番解釋，說他的學說是孔子嫡傳，然後才有人信從。王陽明發明一種學說，也只好把格物致知加一番新解釋，以附會己說，說朱子講錯了，他的學說，才是孔子嫡傳。本來朱王二人的學說，都可以獨樹一幟，無須依附孔子，無如處於孔子勢力範圍之內。不依附孔子，他們的學說，萬萬不能推行。他二人費盡心力去依附，當時的人，還說是偽學，受重大的攻擊，聖人專橫到了這個田地，怎麼能把真理研究得出來？

韓非子說得有個笑話：「郢人致書於燕相國，寫書的時候，天黑了，喊：『舉燭。』寫書的人，就寫上舉燭二字，把書送去。燕相得書，想了許久，說道：『舉燭是尚明，尚明是任用賢人的意思。』以此說進之燕王。燕王用他的話，國遂大治。雖是收了效，卻非原書本意。」所以韓非說：「先王有郢書，後世多燕說。」究竟格物致知四字作何解釋，恐怕只有手著《大學》的人才明白，朱王二人中，至少有一人免不脫「郢書燕說」的批評。豈但格物致知四字，恐怕《十三經注疏》，《皇清經解》，宋元明清學案內面許多妙論，也逃不脫「郢書燕說」的批評。

學術上的黑幕，與政治上的黑幕，是一樣的。聖人與君主，是一胎雙生的，處處狼狽相依。聖人不仰仗君主的威力，聖人就莫得那麼尊崇。君主不仰仗聖人的學說，君主也莫得那

麼猖獗。於是君主把他的名號分給聖人。聖人就稱起王來了。聖人把他的名號分給君主，君主也稱起聖來了。君主鉗制人民的行動，聖人鉗制人民的思想。君主任便下一道命令，人民都要遵從；如果有人違背了，就算是大逆不道，為法律所不容。聖人任便發一種議論，學者都要信從；如果有人批駁了，就算是非聖無法，為清議所不容。中國的人民，受了數千年君主的摧殘壓迫，民意不能出現，無怪乎政治紊亂。中國的學者，受了數千年聖人的摧殘壓迫，思想不能獨立，無怪乎學術消沉。因為學說有差誤，政治才會黑暗，所以君主之命該革，聖人之命尤其該革。

我不敢說孔子的人格不高，也不敢說孔子的學說不好，我只說除了孔子，也還有人格，也還有學說。孔子並莫有壓制我們，也未嘗禁止我們別創異說，無如後來的人，偏要抬出孔子，壓倒一切，使學者的思想不敢出孔子範圍之外。學者心坎上，被孔子盤踞久了，理應把他推開，思想才能獨立，宇宙真理才研究得出來。前時，有人把孔子推開了，同時達爾文諸人就闖進來，盤踞學者心坎上，天下的言論，又熱衷於達爾文諸人，成一個變形的孔子，執行聖人的任務。有人違反了他們的學說，又算是大逆不道，就要被報章雜誌罵個不休。如果達爾文諸人去了，又會有人出來執行聖人的任務。他的學說，也是不許人違反的。依我想，學術是天下公物，應該聽人批評，如果我說錯了，改從他人之說，於我也無傷，何必取軍閥態度，禁人批評。

凡事以平為本。君主對於人民不平等，故政治上生糾葛。聖人對於學者不平等，故學術上生糾葛。我主張把孔子降下

來，與周秦諸子平列，我與閱者諸君一齊參加進去，與他們平坐一排，把達爾文諸人歡迎進來，分庭抗禮，發表意見，大家蹉商，不許孔子、達爾文諸人高踞我們之上，我們也不高踞孔子、達爾文諸人之上，人人思想獨立，才能把真理研究得出來。

我對於聖人既已懷疑，所以每讀古人之書，無在不疑。因定下讀書三訣，為自己用功步驟。茲附錄天下：

第一步，以古為敵：讀古人之書，就想此人是我的勁敵，有了他，就莫得我，非與他血戰一番不可。逐處尋他縫隙，一有縫隙，即便攻入；又代古人設法抗拒，愈戰愈烈，愈攻愈深。必要如此，讀書方能入理。

第二步，以古為友：我若讀書有見，即提出一種主張，與古人的主張對抗，把古人當如良友，互相切磋。如我的主張錯了，不妨改從古人；如古人主張錯了，就依著我的主張，向前研究。

第三步，以古為徒：著書的古人，學識膚淺的很多。如果我自信學力在那些古人之上，不妨把他們的書拿來評閱，當如評閱學生文字一般。說得對的，與他加幾個密圈；說得不對的，與他劃幾根杠子。世間俚語村言，含有妙趣的尚且不少，何況古人的書，自然有許多至理存乎其中。我評閱越多，智識自然越高，這就是普通所說的教學相長了。如遇一個古人，智識與我相等，我就把他請出來，以老友相待，如朱晦庵待蔡元定一般。如遇有智識在我上的，我又把他認為勁敵，尋他縫隙，看攻得進攻不進。

我雖然定下三步功夫，其實並莫有做到，自己很覺抱愧。

我現在正做第一步功夫,想達第二步,還未達到。至於第三步,自量終身無達到之一日。譬如行路,雖然把路徑尋出,無奈路太長了,腳力有限,只好努力前進,走一截算一截。

以上就是《我對聖人之懷疑》的原文。這原是我滿清末年的思想,民國十六年才整理出來,刊入《宗吾臆談》內。因為有了這種思想,才會發明厚黑學。此文同《厚黑學》,在我的思想上,算是破壞工作。自民國九年著《心理與力學》起,以後的文字,算是我的建設工作。而《心理與力學》一文,是我全部思想的中心點。

民國九年,我定出一條公例:「心理變化,循力學公例而行。」又繪出甲乙兩圖,以後一切議論,都以之為出發點。批評他人的學說,就以之為基礎,合得到這個方式的,我就說他對,合不到的,我就說他不對。這是我自己造出一把尺子,用以度量萬事萬物。我也自知不脫我見,但我開這間鋪子,是用的這把尺子,不能不向眾人聲明。

我們試就甲乙兩圖,來研究孟荀楊墨四家的學說:孟子講「差等之愛」,層層放大,是很合天然現象的,便他言「親親而仁民,仁民而愛物」與夫「老吾老,以及人之老」一類話,總是從第二圈說起走,對於第一圈之我,則渾而不言。楊子主張為我,算是把中心點尋出了,他卻專在第一圈之我字上用功,第二以下各圈,置之不論。墨子摩頂放踵,是拋棄了第一圈之我,他主張「愛無差等」,是不分大圈小圈,統畫一極大之圈了事。楊子有了小圈,就不管大圈;墨子有了大圈,就不管小圈。他兩家都不知:天然現象,是大圈小圈層層包裹的。孟荀二人,把層層包裹的現象看見了,但孟子說是層層放大,

荀子說是層層縮小，就不免流於一偏了。我們取楊子的我字，作為中心點，在外面加一個差等之愛，就與天然現象相合了。孟言性善，荀言性惡，楊子為我，墨子兼愛，我們只用「擴其為我之心」一語，就可將四家學說折衷為一。

　　孟子言「乍見孺子將入於井，皆有怵惕惻隱之心」。怵惕是自己畏死，惻隱是憫人之死。孟子知道人之天性，能因自己畏死，就會憫人之死，怵惕自然會擴大為惻隱，因教人再擴大之，推至於四海。道理本是對的，只因少說了一句：「惻隱是從怵惕擴充出來」，又未把「我與孺子同時將入井，此心作何狀態」提出來討論，以致生出宋明諸儒的誤會，以為人之天性一發出來，就是惻隱，忘卻惻隱之上還有怵惕二字。一部宋元明清學案，總是盡力發揮惻隱二字，把怵惕二字置之不理，就流弊百出了。

　　怵惕是利己心之表現，惻隱是利人心之表現。怵惕擴大即為惻隱，利己擴大即為利人。荀子知人有利己心，故倡性惡說；孟子知人有利人心，故倡性善說。我們可以說：荀子的學說，以怵惕為出發點；孟子的學說，以惻隱為出發點，譬如竹子，怵惕是第一節，惻隱是第二節。孟子的學說，叫人把利人心擴充出來，即是從第二節生枝發葉。荀子的學說，主張把利己心加以制裁，是怕他在第一節就生枝發葉橫起長，以致生不出第二節。兩家都是勉人為善，各有見地，宋儒揚孟而抑荀，未免不對。我解釋厚黑經，曾經「漢高祖之分杯羹，唐太宗之殺建成、元吉，是充其本然之厚黑。」這即是竹子在第一節，就生枝發葉橫起長。

　　王陽明傳習錄說：「孟子從源頭上說來，荀子從流弊說

來。」荀子所說，是否流弊，姑不深論，怵惕之上，有無源頭，我們也不必深求，惟孟子所講之惻隱，則確非源頭。怵惕是惻隱之源，惻隱是怵惕之流。陽明所下流源二字，未免顛倒了。

孟子的學說，雖不以怵惕為出發點，但人有為我之天性，他是看清了的，怵惕二字，是明明白白提出了的。他對齊宣王說：「王如好貨，與民同之。」又說：「王如好色，與民同之。」知道自己有一個我，同時又顧及他人之我，這本是孟子學說最精粹處。無奈後儒乃以為孟子這類話，是對時君而言，叫人把好貨好色之根搜除盡淨，別求所謂危微精一者，真是捨了康莊大道不走，反去攀援絕壁，另尋飛空鳥道來走。

孟子說：「老吾老，以及人之老；幼吾幼，以及人之幼。」又說：「人人親其親長其長而天下平。」吾字其字，俱是我字的代名詞。孟子講學，不脫我字；宋儒講學，捨去我字。所以孟子的話，極近人情；宋儒的話，不近人情。例如程子說：「婦人餓死事小，失節事大。」這是捨去了我字。韓昌黎羑里操說：「臣罪當誅兮天王聖明。」程子很為歎賞，這也是捨去了我字。其原因就由宋儒讀孺子將入井章，未能徹底研究，其弊流於自己已經身在井中，宋儒還怪他不救孺子。諸君試取宋儒語錄及胡致堂著的《讀史管見》讀之，處處可見。

孟子的學說，不脫我字，所以敢於說：「聞誅一夫紂矣，未聞弒君也。」敢於說：「民為貴，社稷次之，君為輕。」敢於說：「君視臣如草芥，則臣視君如寇仇。」宋儒的學說，捨去我字，不得不說：「臣罪當誅，天王聖明。」

宋儒創出「去人欲存天理」之說，天理隱貼惻隱二字，

把他存起，自是很好，惟人欲二字，界說不清。其流弊至於把怵惕認為人欲，想盡法子去剷除，甚至有身蹈危階，練習不動心，這即是剷除怵惕的工作。於是「去人欲，存天理」變成了「去怵惕，存惻隱」。試思：怵惕為惻隱的來源，把怵惕去了，怎樣會有惻隱？何以故呢？孺子為我身之放大形。惻隱為怵惕之放大形，我者圓心也，圓心既無，圓形安有？怵惕既無，惻隱安有？宋儒呂希哲目睹轎夫墜水淹死，安坐轎中，漠然不動。張魏公苻離之敗，死人三十萬，他終夜鼾聲如雷，其子南軒，還誇其父心學很精。宋儒自稱上承孟子之學，孟子曰：「今有同室之人鬥者救之，雖被髮纓冠而救之可也。」呂希哲的轎夫，張魏公的部下，當然要算同室之人，像他們這樣漠不動心，未免顯違孟氏家法。大凡去了怵惕的人，就會流於殘忍，殺人不眨眼的惡匪，身臨刑場，往往談笑自若，就是明證。

　　我們研究古今人之學說，首先要研究他對於人性之觀察，因為他對於人性是這樣的觀察，所以他的學說，才有這樣的主張。把他學說的出發點尋出了，才能批評他的學說之得失。

　　小孩與母親發生關係，共有三個場所：（1）一個小孩，一個母親，一個外人，同在一處，小孩對乎母親格外親愛。這個時候，可以說小孩愛親；（2）一個小孩，一個母親，同在一處，小孩對乎母親依戀不捨。這個時候，可以說小孩愛親；（3）一個小孩，一個母親，同在一處，發生了利害衝突，例如：有一塊糕餅，母親吃了，小孩就莫得吃，母親放在口中，小孩就伸手取來，放在自己口中。這時候，斷不能說小孩愛親。

孟子看見前兩種現象，忘了第三種，故創性善說。荀子看見第三種現象忘了前兩種，故創性惡說。宋儒卻把三種現象同時看見，但不知這三種現象原是一貫的，乃造出氣質之性的說法，隱指第三種現象；又用義理之性四字，以求合於孟子的性善說。人的性只有一個，宋儒又要顧孟子，又要顧事實，無端把人性分而爲二，越講得精微，越不清。

孟子創性善說，以爲凡人都有爲善的天性，主張把善念擴充之以達於天下。荀子創性惡說，以爲凡人都有爲惡的天性，主張設法制裁，使不至爲害人類。譬諸治水，孟子說水性向下，主張疏瀹，使之向下流去。孟子喜言詩，詩者宣導人之意志，此疏瀹之說也。荀子說水會旁溢，主張築堤，免得漂沒人畜。荀子喜言禮，禮者約束人之行止，此築堤之說也。告子曰：「性猶湍水也。」治水者疏瀹與築堤二者並用。我們如奉告子之說，則知孟荀二家的學說可以同時並用。

蘇東坡作《荀卿論》，以爲：荀卿是儒家，何以他的門下會有李斯，很爲詫異，其實不足怪。荀卿以爲人之性惡，當用禮以制裁之。其門人韓非，以爲禮之制裁力弱，不若法律之制裁力大，於是改而爲刑名之學，主張嚴刑峻法，以制止軌外的行動。李斯與韓非同門，故其政見相同。我們提出性惡二字，即知荀卿之學變而爲李斯，原是一貫的事。所以說：要批評他人的政見，當先考察他對於人性之觀察。蘇東坡不懂這個道理，所以他全集中論時事，論古人，俱有卓見，獨於這篇文字，未免說外行話。

學問是進化的，小孩對於母親有三種現象，孟子只看見前兩種，故倡善性說；荀子生在孟子之後，看見第三種，故倡性

惡說；宋儒生在更後，看得更清楚，看見小孩搶奪母親口中糕餅的現象，故倡物欲說。這物欲二字，是從《禮記》上「感於物而動，性之欲也」兩句話生出來的。物者何？母親口中糕餅是也。感於物而動，即是看見糕餅，即伸手去搶也。宋儒把三種現象同時看見，真算特識。所以朱子注孟子，敢於說：「以事理考之，程子較孟子為密。」其原因就是程子於性字之外，發明了一個氣字，說道「論性不論氣不備。」問：「小孩何以會搶母親口中糕餅？」曰：「氣為之也，氣質之性為之也。」宋儒雖把三種現象同時看見，惜乎不能貫通為一。把小孩愛親敬兄認為天理，搶奪母親口中糕餅認為人欲，把一貫之事剖分為二，此不能不待厚黑先生出而說明也。

宋儒造出物欲的名詞之後，自己細思之，還是有點不妥，何也？小兒見母親口中糕餅，伸手去搶，可說感於物而動，但我與孺子同時將入井，此時只有赤裸裸一個怵惕之心，孟子所謂惻隱之心，忽然不見，這是什麼道理呢？要說是物欲出現，而此時並無所謂物，於是又把物欲二字改為人欲。搶母親口中糕餅是人欲，我與孺子同時將入井，我心只有怵惕而無惻隱，也是人欲，在宋儒之意，提出人欲二字，就可把二者貫通為一了。他們這種組織法，很像八股中做截搭題的手筆。我輩生當今日，把天理人欲物欲氣質等字念熟了，以為吾人心性中，果有這些東西，殊不知這些名詞，是宋儒平空杜撰的。著者是八股先生出身，才把他們的手筆看得出來。

宋儒又見偽古文尚書上有「人心惟危，道心惟微」二語，故又以人心二字替代人欲，以道心二字替代天理。朱子中庸章句序曰：「人莫不有是形，故雖上智不能無人心，亦莫不有是

性，故雖下愚不能無道心。」無異於說：當小孩的時候，就是孔子也會搶母親口中糕餅，我與孺子同時將入井，就是孔子也是只有怵惕而無惻隱。何以故？雖上智不能無人心故。因為凡人必有這種天性，故生下地才會吃乳，井在我面前，才不會跳下去。朱子曰：「人莫不有是形，雖上智不能無人心。」換言之，即是人若無此種心，世界上即不會有人。道理本是對的，無奈這種說法，已經侵入荀子學說範圍去了。據閻百詩考證：人心惟危十六字，是撰偽古文尙書者，竊取荀子之語，故曰侵入荀子範圍。因為宇宙真理，明明白白擺在我們面前，任何人只要留心觀察，俱見得到，荀子見得到，朱子也見得到，故不知不覺與之相合。無如朱子一心一意，想上繼孟子道統，研究出來的道理，雖與荀子暗合，仍攻之不遺餘力，無非是門戶之見而已。

　　細繹朱子之意，小孩搶母親口中糕餅是人心，愛親敬兄是道心，人心是氣，是人欲，道心是性，是天理，人心是形氣之私，道心是性命之正。這些五花八門的名詞，真把人鬧得頭悶眼花。奉勸讀者，與其讀宋元明清學案，不如讀厚黑學，詳玩甲乙二圖，則小孩搶母親口中糕餅也，愛親敬兄也，均可一以貫之，把天人理氣等字一掃而空，豈不大快！

　　最可笑者，朱子中庸章句序又曰：「必使道心常為一身之主，而人心每聽命焉。」主者對僕而言，道心為主，人心為僕。道心者，為聖為賢之心，人心者，好貨好色之心，聽命者，僕人職供驅使，唯主人之命是聽也。細繹朱子之意，等於說，我想為聖為賢，人心即把貨與色藏起，我想吃飯，抑或想「男女居室，人之大倫」，人心就把貨與色獻出來。必如此方

可曰：「道心常為一身之主，而人心每聽命焉。」總而言之，宋儒有了性善說橫亙胸中，又不願抹煞事實，故創出的學說，無在非迂曲難通。此《厚黑叢話》之所以不得不作也。余豈好講厚黑哉，余不得已也。

怵惕與惻隱，同是一物，天理與人欲也同是一物，猶之煮飯者是火，燒房子者也是火。宋明諸儒，不明此理，把天理人欲看作截然不同之二物，創出去人欲之說，其弊往往流於傷害天理。

王陽明傳習錄說：「無事時，將好色好貨好名等私，逐一追究搜尋出來，定要拔去病根，永不復起，方始為快。常如貓之捕鼠，一眼看著，一耳聽著，才有一念萌動，即與克去，斬釘截鐵，不可姑容，與他方便，不可窩藏，不可放他出路，方是真實用功，方能掃除廓清。」這種說法，彷彿是：見了火會燒房子，就叫人以後看見了一星之火，立即撲滅，斷絕火種，方始為快。

傳習錄又載：「一友問：欲於靜坐時，將好名好色好貨等根，逐一搜尋出來，掃除廓清，恐是剜肉做瘡否？先生正色曰：這是我醫人的方子，真是去得人病根。更有大本事人，過了十數年，亦還用得著。你如不用，且放起，不要作壞我的方法，是友愧謝。少間曰，此量非你事，必吾門稍知意思者，為此說以誤汝，在坐者皆悚然。」

我們試思：王陽明是很有涵養的人，他平日講學，任人如何問難，總是勤勤懇懇的講說，從未動氣。何以門人這一問，他會動氣？何以始終未把那門人誤點指出？又何以承認說這話的人，是稍知意思者呢？因為陽明能把知行二者合而為一，能

把明德親民二者合而為一,能把格物、致知、誠意、正心、修身五者看作一事,獨不能把天理人欲看作一物。這是他學說的缺點,他的門人這一問,正擊中他的要害,所以他就動起氣來了。

究竟剜肉做瘡四字,怎樣講呢?肉喻天理。瘡喻人欲,剜肉做瘡,即是把天理認作人欲,去人欲即未免傷及天理。門人的意思,即是說:「我們如果見了一星之火,即把他撲滅,自然不會有燒房子之事,請問拿什麼東西來煮飯呢?換言之,即是把好貨之心連根去盡,人就不會吃飯,豈不餓死嗎?把好色之心連根去盡,就不會有男女居室之事,人類豈不滅絕嗎?」這個問法何等利害!所以陽明無話可答,只好忿然作色。宋明諸儒主張去人欲存天理,所做的即是剜肉做瘡的工作。其學說之不能壓服人心,就在這個地方。

以上一段,是從拙作《社會問題之商榷》第三章「人性善惡之研究」中錄出來的,我當日深疑陽明講學極為圓通,處處打成一片,何至會把天理、人欲歧而為二,近閱《龍溪語錄》所載「天泉證道記」,錢緒山謂「無善無惡心之體,有善有惡意之動,知善知惡是良知,為善去惡是格物」四語,是師門定本。王龍溪謂:「若悟得心是無善無惡之心,意即是無善無惡之意,知即是無善無惡之知,物即是無善無惡之物。」時陽明出征廣西,晚坐天泉橋上,二人因質之。陽明曰:「汝中(龍溪字)所見,我久欲發,恐人信不及,徒增躐等之弊,故含蓄到今。此是傳心秘藏,顏子明道所不敢言,今既是說破,亦是天機該發洩時,豈容復秘」陽明至洪都,門人三百餘人來請益,陽明曰:「吾有向上一機,久未敢發,以待諸君自悟。近

被王汝中拈出,亦是天機該發洩時。」明年廣西平,陽明歸,卒於途中。龍溪所說,即是把天理、人欲打成一片。陽明直到晚年,才揭示出來,由此知:門人提出剜肉做瘡之問,陽明忿然作色,正是恐增門人躐等之弊。傳習錄是陽明早年的門人所記,故其教法如此。

錢德洪極似五祖門下的神秀,王龍溪極似慧能,德洪所說,時時勤拂拭也,所謂漸也。龍溪所說,本來無一物也,所謂頓也。陽明曰:「汝中須用德洪工夫,德洪須透汝中本旨,二子之見,止可相取,不可相病,」此頓悟漸修之說也。《龍溪語錄》所講的道理,幾與六祖壇經無異,成了殊途同歸,何也?宇宙真理,只要研究得徹底,彼此所見,是相同的。

就真正的道理來說,把孟子的性善說、荀子的性惡說合而為一,理論就圓滿了。二說相合,即成為告子性無善無不善之說。人問:孟子的學說,怎樣與荀子學說相合?我說:孟子曰:「人少則慕父母,知好色則慕少艾。」荀子曰:「妻子具而孝衰於親。」請問二人之說,豈不是一樣嗎?孟子曰:「大孝終身慕父母,五十而慕者,予於大舜見之矣。」據孟子所說:滿了50歲的人,還愛慕父母,他眼中只看見大舜一人。請問人性的真相,究是怎樣?難道孟荀之說不能相合嗎?

性善說與性惡說,既可合而為一,則王陽明之致良知,與李宗吾之厚黑學,即可合而為一。人問:怎麼可合為一?我說:孟子曰:「大孝終身慕父母。」《厚黑經》曰:「大好色終身慕少艾。」孟子曰:「五十而慕父母者,予於大舜見之矣。」《厚黑經》曰:「八百歲而慕少艾者,予於彭祖見之矣。」愛親是不學而能,不慮而知的,好色也是不學而能,不

慮而知的。用致良知的方法，能把孩提愛親的天性致出來，做到終身慕父母。同時就可把少壯好色的天性致出來，做到終身慕少艾。昔人說：王學末流之弊，至於蕩檢逾閑，這就是用致良知的方法，把厚黑學致出來的緣故。

依宋儒之意，孩提愛親，是性命之正，少壯好色，是形氣之私。此等說法，真是穿鑿附會。其實孩提愛親，非愛親也，愛其飲我食我也。孩子生下地，即交乳母撫養，則只愛乳母不愛生母，是其明證。愛乳母，與慕少艾，慕妻子，其心理原是一貫的，無非是爲我而已。爲我爲人類天然現象，不能說他是善，也不能說他是惡，故告子性無善無不善之說，最爲合理。告子曰：「食、色性也。」孩提愛親者，食也，少壯慕少艾慕妻子者，色也。食、色爲人類生存所必需，求生存者，人類之天性也。故告子又曰：「生之謂性。」

告子觀察人性，既是這樣，則對於人性之處置，又當怎樣呢？於是告子設喻以明之曰：「性猶湍水也，決諸東方則東流決諸西方則西流。」又曰：「性猶杞柳也，義猶桮棬也，以人性爲仁義，猶以杞柳爲桮棬」，告子這種主張，是很對的。人性無善無惡，也即是可以爲善，可以爲惡。譬如深潭之水，平時水波不興，看不出何種作用。從東方決一個口，則可以灌田畝，利行舟；從西方決一個口，則可以漂房舍，殺人畜。我們從東方決口好了。又譬如一塊木頭，可製爲棍棒以打人，也可製爲碗盞裝食物。我們把他製爲碗盞好了。這個說法，真可合孟荀而一之。

孟子書中載告子言性者五：曰性猶杞柳也，曰性猶湍水也，曰生之謂性，曰食色性也，曰性無善無不善也，此五者原

是一貫的。朱子注食色章曰：「告子之辯屢屈，而屢變其說以求勝。」自今觀之，告子之說，始終未變，而孟子亦卒未能屈之也。朱子注杞柳章，以為告子言仁義，必待矯揉而後成，其說非是。而注公都子章則曰：「氣質所禀，雖有不善，而不害性之本善。性雖本善，而不可以無省察矯揉之功。」忽又提出矯揉二字，豈非自變其說乎？

朱子注「生之謂性」章曰：「杞柳湍水之喻，食色無善無不善之說，縱橫繆戾，紛紜舛錯，而此章之誤，乃其本根。」殊不知告子言性者五，原是一貫說下，並無所謂縱橫繆戾，紛紜舛錯。「生之謂性」之生字，作生存二字講，生存為人類重心，是世界學者所公認的。告子言性，以生存二字為出發點，由是而有「食色性也」之說，有「性無善無不善」之說，又以杞柳湍水為喻，其說最為合理。宋儒反認為根本錯誤，一切說法，離開生存立論，所以才有「婦人餓死事小，失節事大」一類怪話。然朱子能認出「生之謂性」一句為告子學說根本所在，亦不可謂非特識。

宋儒崇奉儒家言，力闢釋道二家之說，在《尚書》上尋得「人心惟危，道心惟微，惟精惟一，允執厥中」四語，詫為虞廷十六字心傳，遂自謂生於一千四百年之後，得不傳之學於遺經。嗣經清朝閻百詩考出，這四句出諸偽古文尚書，作偽者係採自荀子，荀子又是引用道經之語。閻氏的說法，在經學界中，算是已定了的鐵案。這十六字是宋儒學說的出發點，根本上就雜有道家和荀學的元素，反欲借孔子以排道家，借孟子以排荀子，遂無往而不支離穿鑿。朱子曰：「氣質所禀，雖有不善，而不害性之本善。性雖本善，而不可以無省察矯揉之功」

又要顧事實，又要迴護孟子，真可謂「縱橫繆戾，紛紜舛錯」也。以視告子扼定生存二字立論，明白簡易，何啻天淵。

告子不知何許人，王龍溪說是孔門之徒，我看不錯。孔子贊易，說：「天地之大德曰生」，告子以生字言性，可說是孔門嫡傳。孟子學說，雖與告子微異，而處處仍不脫生字。如云：「黎民不飢不寒，然而不王者，未之有也。」又云：「內無怨女，外無曠夫，於王何有？」仍以食色二字立論，竊意孟子與告子論性之異同，等於子夏、子張論交之異同，其大旨要不出孔氏家法。孟子與告子之交誼，當如子夏與子張之交誼，平日辨疑析難，互相質證。孟子曰：「告子先我不動心。」心地隱微之際亦知之，交誼之深可想。宋儒有道統二字橫亙在胸，左袒孟子，力詆告子為異端，而其自家之學說，則截去生字立論，叫婦人餓死，以殉其所謂節，叫臣子無罪受死，以殉其所謂忠。孟子有知，當必引告子為同調，而斥程朱為叛徒也。

孟子說：「人少則慕父母，知好色則慕少艾，有妻子則慕妻子，仕則慕君。」全是從需要生出來的。孩提所需者食也，故慕飲我食我之父母；少壯所需者色也，故慕能滿色欲之少艾與妻子，出仕所需者功名也，君為功名所自出，故慕君。需要者目的物也，亦即所謂目標，目標一定，則只知向之而趨，旁的事物，是不管的。目標在功名，則吳起可以殺其妻，漢高祖可以分父之羹，樂羊子可以食子之羹。目標在父母，則郭巨可以埋兒，姜詩可以出妻，伍子胥可以鞭平王之屍。目標在色欲，則齊襄公可以淫其妹，衛宣公可以納其媳，晉獻公可以烝父妾。著者認為：人的天性，既是這樣，所以性善性惡問題，

我們無須多所爭辯，負有領導國人之責者，只須確定目標，糾正國人的目標就是了。我國現在的大患，在列強，壓迫，故當提出列強為目標，手有指，指列強，口有道，道列強，使全國人之視線集中在這一點。於是乎吳起也、漢高祖也、樂羊子也、郭巨也、姜詩也、伍子胥也、齊襄公也、衛宣公也、晉獻公也，一一向目標而趨。救國之道，如是而已。全國四萬萬人，有四萬萬根力線，根根力線，直達列強。根根力線，挺然特立，此種主義，可名之曰「合力主義」，而其要點。則從人人思想獨立開始。

有人問我道：「你既自稱厚黑教主，當然無所不通，無所不曉。據你說：你不懂外國文，有人勸你看西洋心理學譯本，你也不看，像你這樣的孤陋寡聞，怎麼夠得上稱教主？」我說道：「我試問，你們的孔夫子，不惟西洋譯本未讀過，連西洋這個名詞，都未聽過，怎樣會稱至聖先師？你進文廟去把他的牌位打來燒了，我這厚黑教主的名稱，立即登報取消。我再問：西洋希臘三哲，不惟連他們西洋大哲學家康得諸人的書一本未讀過，並且恐怕現在英法德美諸國的字，一個也認不得，怎麼會稱西洋聖人？更奇者：釋迦佛，中國字、西洋字一個都認不得，中國人的姓名，西洋人的姓名，一個都不知道，他之孤陋寡聞，萬倍於我這個厚黑教主，居然成為五洲萬國第一個大聖人，這又是什麼道理？吁，諸君休矣！道不同不相為謀，我正在劃出厚黑區域，建立厚黑哲學，我行我是，固不暇同諸君曉曉置辯也。」

我是八股學校的修業生，生平所知者，八股而已。常常有人向我說道：「可惜你不懂科學，所以你種種說法，不合科

學規律。」我說：「我在講八股，你怎麼同我講起科學來了？我正深恨西洋的科學家不懂八股，一切著作，全不合八股義法。我把達爾文的《種源論》，斯密士的《原富》，孟德斯鳩的《法意》，以評八股之法評之，每書上面，大批二字，曰：「不通」……

天下文章之不通，至八股可謂至矣盡矣，蔑以加矣，而不謂西洋科學家文章之不通，乃百倍於中國之八股。現在全世界紛紛擾擾，就是幾部死不通的文章釀出來的。因為達爾文和斯密士的文章不通，世界才會第一次大戰，第二次大戰。因為孟德斯鳩的文章不通，我國過去廿四年，才會四分五裂，中央政府，才會組織不健全。人問：「這部書也不通，那部書也不通，要什麼書才通？」我說：「只有厚黑學，大通而特通。」

幸哉！我只懂八股而不懂科學也！如果我懂了科學，恐怕今日尚在朝朝日日地喊：「達爾文聖人也，斯密士聖人也，孟德斯鳩聖人也，墨索里尼，希特勒，無一非聖人也。怎麼會寫《厚黑叢話》呢！如果要想全世界太平，除非以我這《厚黑叢話》為新刑律，把古之達爾文、斯密士、孟德斯鳩，今之墨索里尼、希特勒，一一處以槍斃，而後國際上、經濟上、政治上，乃有曙光之可言。

中國的八股研究好了，不過變成迂腐不堪的窮骨頭，如李宗吾一類人是也。如果把西洋科學家，達爾文諸人的學說研究好了，立即要「屍骨成山，血水成河」。等我把中國聖人的話說完了，再來懷疑西洋聖人。

我之所以成為厚黑教主者，得力處全在不肯讀書，不惟西洋譯本不喜讀，就是中國書也不認真讀。凡與我相熟的朋友，

都曉得我的脾氣,無論什麼書,抓著就看,先把序看了,或只看首幾頁,或從末尾倒起看,或隨在中間亂翻來看,或跳幾頁看,略知書中大意就是了。如認為有趣味的幾句,我就細細的反覆咀嚼,於是一而二,二而三,就想到別個地方去了。無論什麼高深的哲學書和最粗淺的戲曲小說,我心目中都是一例視之,都是一樣讀法。

我認為世間的書有三種,一為宇宙自然的書,二為我腦中固有的書,三為古今人所著的書。我輩當以第一種、第二種融合讀之,至於第三種,不過藉以引起我腦中蘊藏之理而已或供我之印證而已。我所需於第三種者,不過如是。中國之書,已足供我之用而有餘,安用疲敝精神,讀西洋譯本為?

我讀書的秘訣,是「跑馬觀花」四字,甚至有時跑馬而不觀花。中國的花園,馬兒都跑不完,怎能說到外國?人問:「你讀書既是跑馬觀花,何以你這《厚黑叢話》中,有時把書縫縫裏細微事說得津津有味?」我說:「說了奇怪!這些細微事,一觸目即刺眼。我打馬飛跑時,瞥見一朵鮮豔之花,即下馬細細賞玩。有時覺得芥子大的花兒,反比斗大的牡丹更有趣味,所以書縫縫裏細微事,也會跳入《厚黑叢話》中來。」

我是懶人,懶則不肯苦心讀書,然而我有我的懶人哲學。古今善用兵者,莫如項羽,七十餘戰,戰無不勝,到了烏江,身邊只有二十八騎,還三戰三勝。然而他學兵法,不過略知其意罷了。古今政治家,推諸葛武侯為第一,他讀書也是只觀大略。陶淵明在詩界中,可算第一流,他乃是一個好讀書不求甚解的人。反之,熟讀兵書者莫如趙括,長平之役,一敗塗地。讀書最多者莫如劉歆,輔佐王莽,以周禮治天下,鬧得天怒人

怨。注《昭明文選》的李善，號稱書簏，而作出的文章就不通。

書這個東西，等於食物一般，食所以療饑，書所以療愚。飲食吃多了不消化，會生病，書讀多了不消化，也會作怪。越讀得多，其人越愚，古今所謂書呆子是也。王安石讀書不消化，新法才行不走。程伊川讀書不消化，才有洛蜀之爭。朱元晦讀書不消化，才有慶元黨案，才有朱陸之爭。

世界是進化的，從前的讀書人是埋頭苦讀，進化到項羽和諸葛武侯，發明了讀書略觀大意的法子。夫所謂略觀大意者，必能了解大意也。進化到了陶淵明，好讀書不求甚解，則並大意亦未必了解。再進化到厚黑教主，不求甚解，而並且不好讀書。將來再進化，必至一書不讀，一字不識，並且無理可解。嗚呼，世無慧能，斯言也，從誰印證？

我寫《厚黑叢話》，遇著典故不夠用，就杜撰一個來用。人問：何必這樣幹？我說：自有宇宙以來，即應該有這種典故，乃竟無這種典故出現，自是宇宙之罪，我杜撰一個所以補造化之窮。人說：這類典故，古書中原有之，你書讀少了，宜乎尋不出。我說：此乃典故之罪，非我之罪。典故之最古者，莫如天上之日月，晝夜擺在面前，舉目即見。既是好典故，我寫《厚黑叢話》時，為什躲在書堆中，不會跳出來？既不會跳出，即是死東西，這種死典故，要他何用！

近日有人向我說：「你主張思想獨立，講來講去，終逃不出孔子範圍。」我說：豈但孔子，我發明厚黑學，未逃出荀子性惡說的範圍；我說「心理變化，循力學公例而行，」未逃出告子「性猶湍水也」的範圍；我做有一本《中國學術之趨

勢》，未逃出我家聘大公的範圍；格外還有一位說法四十九年的先生，更逃不出他的範圍。

宇宙真理，明明擺在我們面前，任何人只要能夠細心觀察，得出的結果，俱是相同。我主張思想獨立，揭出宗吾二字，以為標幟，一切道理，經我心考慮而過。認為對的即說出，不管人曾否說過。如果自己已經認為是對的了，因古人曾經說過，我就別創異說，求逃出古人範圍。則是：非對古人立異，乃是對我自己立異，是為以吾叛吾，不得謂之宗吾。孔子也、荀子也、告子也、老子也、釋迦也，甚至村言俗語，與夫其他等等也，合一爐而冶之，無畛域，無門戶，一一以我心衡之，是謂宗吾。

宗吾者，主見之謂也。我見為是者則是之，我見為非者則非之。前日之我以為是，今日之我以為非，則以今日之我為主。如或回護前日之我，則今日之我，為前日之我之奴，是曰奴見，非主見，仍不得謂之宗吾。

老子曰：「上士聞道，勤而行之；中士聞道，若存若亡；下士聞道則大笑，不笑不足以為道。」滔滔天下，皆周程朱張信徒也，皆達爾文諸人信徒也，一聽見厚黑學三字，即破口大罵。吾因續老子之語曰：「下下士聞道則大罵，不罵不足以為道。」

日前我同某君談話，引了幾句孔子的話。某君道：「你是講厚黑學的，怎麼講起孔子的學說來了？」我說：從前孔子出遊，馬吃了農民的禾，農民把馬捉住。孔子命子貢去說，把話說盡了，不肯把馬退還。回見孔子，孔子命馬夫去，幾句話說得農民大喜，立即退還。你想：孔門中，子貢是第一個會說

的,當初齊伐魯,孔子命子貢去遊說,子貢一出而卻齊存魯,破吳霸越。以這樣會說的人,獨無奈何農民何。其原因是子貢智識太高,說的話,農民聽不入耳,馬夫的智識與之相等,故一說即入。觀世音曰:應以宰官身得度者,現宰官身而為說法。應以婆羅門身得度者,現婆羅門身而為說法。你當過廳長,我現廳長身而說法,你口誦孔子之言,我現孔子身而說法。一般人都說:「今日的人,遠不如三代以上。」果然不錯。鄙人雖不才,自問可以當孔子的馬夫,而民國時代的廳長,不如孔子時代的農民。

　　有一次我同友人某君談話,旁有某君警告之曰:你少同李宗談些「謹防把你寫入《厚黑叢話》!」我說:「兩君放心,我這《厚黑叢話》中人物,是預備將來配享厚黑廟的,兩君自問,有何功德,可以配享?你怕我把你們寫入《厚黑叢話》,我正怕你們將來混入厚黑廟。」因此我寫這段文字,記其事而隱其名。

　　我生怕我的厚黑廟中,五花八門的人,鑽些進來,鬧得來如孔廟一般。我撰有敬臨食譜序一篇,即表明此意,錄之如下:

　　我有個六十六歲的老學生,黃敬臨,他要求入厚黑廟配享,我業已允許,寫入《厚黑叢話》第一卷。讀者想還記得,他在成都百花潭側開一姑姑筵。備具極精美的肴饌,招徠顧主,讀者或許照顧過。昨日我到他公館,見他正在凝神靜氣,楷書《資治通鑒》。我詫異道:「你怎麼幹這個事?」他說:「我自四十八歲以後,即矢志寫書,已手寫十三經一通,補寫新舊唐書合鈔,李善注文選,相台禮記、坡門唱和集各一通,

現打算再寫一部《資治通鑑》，以完夙願而垂示子孫。」我說：「你這種主意就錯了。你從前歷任射洪、巫溪、滎經等縣知事，我游蹤所至，詢之人民，你政聲很好，以為你一定在官場努力，幹一番驚人事業。歸而詢知，退為庖師，自食其力，不禁大贊曰：『真吾徒也。』特許入厚黑廟配享，不料你在幹這個生活。須知：古今幹這一類生活的人，車載斗量，有你插足之地嗎？庖師是你特別專長，棄其所長而與人爭勝負，何若乃爾！鄙人所長者厚黑學，故專讀厚黑學，你所長者庖師，不如把所寫十三經與夫《資治通鑑》等等，一火而焚之，撰一部食譜，倒還是不朽的盛業。」

敬臨聞言，頗以為然，說道：「往所在成都省立第一女子師範學校充烹飪教師，曾分『薰、蒸、烘、爆、烤、醬、酢、鹵、糟』十門教授學生，今打算就此十門條分縷析，作為一種教科書。但滋事體大，苦無暇晷，奈何！」我說：「你又太拘了，何必一做就想做完善。我為你計，每日高興時，任寫一二段，以隨筆體裁出之，積久成帙，有暇再把他分出門類，如不暇，既有底本，他日也有人替你整理。倘不及早寫出，將來老病侵尋，雖欲寫而力有不能，悔之何及？」敬臨深感余言，乃著手寫去。

敬臨的烹飪學，可稱家學淵源。其祖父由江西宦遊到川，精於治饌，為其子聘婦，非精烹飪者不合選。聞陳氏女，在室，能製鹹菜三百餘種，乃聘之，即敬臨母也。於是以黃陳兩家烹飪法冶為一爐。清末，敬臨宦遊北京，慈禧后賞以四品銜，供職光祿寺三載，復以天廚之味，融合南北之味。敬臨之於烹飪，真可謂集大成者矣。有此絕藝，自己乃不甚重視，不

以之公諸世而傳諸後，不亦大可惜乎？敬臨勉乎哉！

古者有功德於民則祀之。我嘗笑：孔廟中七十子之徒，中間一二十人有言行可述外，其大半則姓名亦在若有若無之間，遑論功德？徒以依附孔子末光，高坐吃冷豬肉，亦可謂僭且濫矣。敬臨撰食譜嘉惠後人，有此功德，自足廟食千秋，生前具美饌以食人，死後人具美饌以祀之。此固報施之至平，正不必依附厚黑教主而始可不朽也。人貴自立，敬臨勉乎哉！

孔子平日飯蔬飲水，後人以其不講肴饌，至今以冷豬肉祀之，腥臭不可向邇。他日厚黑廟中，有敬臨配享，後人不敢不以美饌進，吾可傲於眾曰：吾門有敬臨，冷豬肉可不入於口矣！是爲序。民國二十四年十二月六日，李宗吾，於成都。

近有某君發行某種月刊，叫我做文一篇。我說：我做則做，但有一種條件，我是專門講厚黑學的，三句不離本行，文成直署我名，你則非刊不可。他惶然大嚇，婉言辭謝。我執定非替他做不可，他沒法，只好「王顧左右而言他」。讀者只知我會講厚黑學，殊不知我還會作各種散文。諸君如欲表章先德，有墓誌傳狀等件，請我作，包管光生泉壤，絕不會蹈韓昌黎諛墓之嫌。至於作壽文，尤是我的拿手好戲，壽星老讀之，必多活若干歲。君如不信，有謝慧生壽文爲證。壽文曰：

慧生謝兄，六旬大慶，自撰徵文啓事云：「知舊矜之而錫之以言，以糾過去六十年之失，乃所願承。苟過愛而望其年之延，多爲之辭，乃多持（慧生名）之慚且悚，益不可仰矣。」等語。慧生與我同鄉，前此之失，惟我能糾之，若欲望其年之延，我也有妙法。故特撰此文爲獻。

民國元年二三月，我在成都報上發表《厚黑學》。其時

張君列五,任四川副都督,有天見著我,說道:「你瘋了嗎?什麼厚黑學,天天在報上登載,成都近有一夥瘋子,巡警總監楊莘友,成都府知事但怒剛,其他如盧錫卿、方琢章等,朝日跑來同我吵鬧,我將修一瘋人院,把這些瘋子一齊關起。你這個亂說大仙,也非關在瘋人院不可。」我說:「噫!我是救苦救難的大菩薩,你把他認為瘋子,我很替你的甑子擔憂。」後來列五改任民政長,袁世凱調之進京,他把印交了。第二天會著我,說道:「昨夜謝慧生說:『下細想來,李宗吾那個說法,真是用得著。』」我拍案叫道:「田舍奴,我豈妄哉!瘋子的話,都聽得嗎?好倒好,只是甑子已經倒了。今當臨別贈言,我告訴你兩句:往者不可諫,來者猶可追。」哪知他知道不篤,後在天津織襪,被袁世凱逮京槍斃。他在天牢內坐了幾個月,不知五更夢醒之時,會想及四川李瘋子的學說否?宣佈死刑時,列五神色夷然,負手旁立,作微笑狀。同刑某君,呼冤怨罵。列五呼之曰:「某君!不說了!今日之事,你還在夢中。」大約列五此時,大夢已醒,知道今日之死,實係違反瘋子學說所致。

　　同學雷君鐵崖,留學日本,賣文為活,滿肚皮不合時宜,滿清末年跑在西湖白雲寺去做和尚。反正時,任孫總統秘書,未幾辭職。作詩云:「一笑飄然去,霜風透骨寒。八年革命黨,半月秘書官。稷下竽方濫,邯鄲夢已殘。西湖山色好,莫讓老僧看。」他對時事非常憤懣,在上海,曾語某君云:「你回去告訴李宗吾,叫他厚黑學少講些。」旋得瘋癲病,終日抱一酒瓶,逢人即亂說,常常獨自一人,倒臥街中,人事不省。警察看見,把他弄回,時瘥時發,民國九年竟死。我這種學

說，正是醫他那種病的妙藥，他不惟不照方服藥，反痛詆醫生，其死也宜哉！

列五、鐵崖，均係慧生兄好友，渠二人反對我的學說，結果如此。獨慧生知道，瘋子的學說，用得著，居然活了六十歲。倘循著這條路走去，就再活六十歲也是很可能的。我發明厚黑學二十餘年，私淑弟子遍天下，盡都轟轟烈烈，做出許多驚天動地的事業，偏偏同我講學的幾個朋友，列五、鐵崖而外，如廖君緒初、楊君澤溥、王君簡恒、謝君綏青、張君荔丹，對於吾道，均茫無所得，先後憔悴憂傷以死。慧生於吾道似乎有明瞭的認識了，獨不解何以蟄居海上，寂然無聞？得非過我門而不入我室耶？然因其略窺涯涘，亦獲享此高壽，足征吾道至大，其用至妙，進之可以幹驚天動地的事業，退之亦可延年益壽。今者遠隔數千里，不獲登堂拜祝，謹獻此文，為慧生兄慶，兼為吾黨勸。想慧生兄讀之，當亦掀髯大笑，滿飲數觴也。民國二十四年元月，弟宗吾拜撰。

後來我在重慶，遇著慧生侄又華新自上海歸來，說道：「家叔見此文，非常高興，說道：『李先生說我，還要再活六十歲，那個時候，你們都八九十歲了，恐怕還活我不贏！』」子章骷髏不過瘉瘧疾而已，陳琳檄文不過瘉頭風而已，我的學說，直能延年益壽。諸君試買一本讀讀，比吃紅色補丸、參茸衛生丸，功效何啻萬倍！

民國二年，討袁失敗後，我在成都會著一人，瘦而長，問其姓名，為隆昌黃容九。他問了我的姓名，而現驚愕色，說道：「你是不是講厚黑學那個李某？」我說：「是的，你怎麼知道？」他說：「我在北京聽見列五說過。」我想：列五能在

北京宣傳吾道，一定研究有得，深爲之慶幸。民三下半年，我在中壩省立第二中校，列五由天津致我一信，歷敘近況及織襪情形，並說當局如何如何與他爲難，中有云：「復不肯仡仡睍睍，乞憐於心性馳背之人！」我讀了，失驚道：「噫！列五死矣，知而不行，奈何！奈何！」不久，即聞被逮入京。此信我已裱作手卷，請名人題跋，以爲信道不篤者戒。

列五是民國四年一月七日在天津被逮，三月四日在北京槍斃，如今整整的死了二十一年。我這瘋子的徽號，最初是他喊起的。諸君旁觀者清，請批評一下：「究竟我是瘋的，他是瘋的？」宋朝米芾，人呼之爲「米癲」。一日蘇東坡請客，酒酣，米芾起言曰：「人呼我爲米癲，我是否癲？請質之子瞻。」東坡笑曰：「吾從眾。」我請諸君批評，我是不是瘋子？諸君一定說：「吾從眾。」果若此，吾替諸君危矣！且替中華民國危矣！何以故？曰：「有張列五的先例在，有民國過去二十四年的歷史在。」

厚黑叢話卷五

成都《華西日報》民國二十五年一月二月

去歲元旦，華西報的元旦增刊上，我作有一篇文字，題曰《元旦預言》。我的預言，是「中國必興，日本必敗」八個字，這是從我的厚黑史觀推論出來，必然的結果，不過其中未提明厚黑二字罷了。今年華西報發元旦增刊，先數日總編輯請我做篇文字。我說：做則必做，但我做了，你則非刊上不可，

我的題目，是「厚黑年」三字。他聽了默然不語，所以二十五年華西報元旦增刊，諸名流都有文字，獨莫得厚黑教主的文字，就是這個原因，我認為民國廿五年，是中國的厚黑年，也即是1936年，為全世界的厚黑年。諸君不信，且看事實之證明。

昔人說：「丈夫不能流芳百世，亦當遺臭萬年。」我民國元年發表《厚黑學》，至今已二十五年，遺臭萬年的工作，算是做了四百分之一，俯仰千古，常以自豪。所以民國二十五年，在我個人方面，也可說是厚黑年，是應該開慶祝大會的。我想我的信徒，將來一定會仿耶穌紀年的辦法，以厚黑紀年，使厚黑學三字與國同休，每二十五年，開慶祝大會一次，自今以後，再開三百九十九次，那就是民國萬年了。我寫至此處，不禁高呼曰：中華民國萬歲！厚黑學萬歲！

去年吳稚暉在重慶時，新聞記者友人毛暢熙，約我同去會他。我說：「我何必去會他呢？他讀盡中外奇書，獨莫有讀過厚黑學。他自稱是大觀園中的劉姥姥，此次由重慶，到成都，登峨眉，遊嘉定，大觀園中的風景和人物，算是看遍了，獨於大觀園外面，有一個最清白的石獅子，他卻未見過。歡迎吳先生，我也去了來，他的演說，我也聽過，石獅子看見劉姥姥在大觀園進進出出，劉姥姥獨未看見石獅子！我不去會他，特別與他留點憾事。」

有人聽見厚黑學三字，即罵曰：「李宗吾是壞人！」我即還罵之曰：「你是宋儒。」要說壞，李宗吾與宋儒同是壞人，要說好，李宗吾與宋儒同是聖人。就宋學言之，宋儒是聖人，李宗吾是壞人，就厚黑學言之，李宗吾是聖人，宋儒是壞人。

故罵我爲壞人者,其人即是壞人,何以故?是宋儒故。

　　我所最不了解者,是宋儒去私之說。程伊川身爲洛黨首領,造成洛蜀相攻,種下南渡之禍,我不知他的私字去掉了莫有?宋儒講性善,流而爲洛黨,在他們目中視之,人性皆善,我們洛黨,盡是好人,惟有蘇東坡,其性與人殊,是一個壞人。王陽明講致良知,滿街都是聖人,一變而爲東林黨。吾黨盡是好人,惟有力抗滿清的熊廷弼是壞人,是應該拿來殺的。清朝的皇帝,披覽廷弼遺疏,認爲他的計畫實行,滿清斷不能入關,憫其忠而見殺,下詔訪求他的後人,優加撫恤。而當日排擠廷弼最力,上疏請殺他的,不是別人,乃是至今公認爲忠

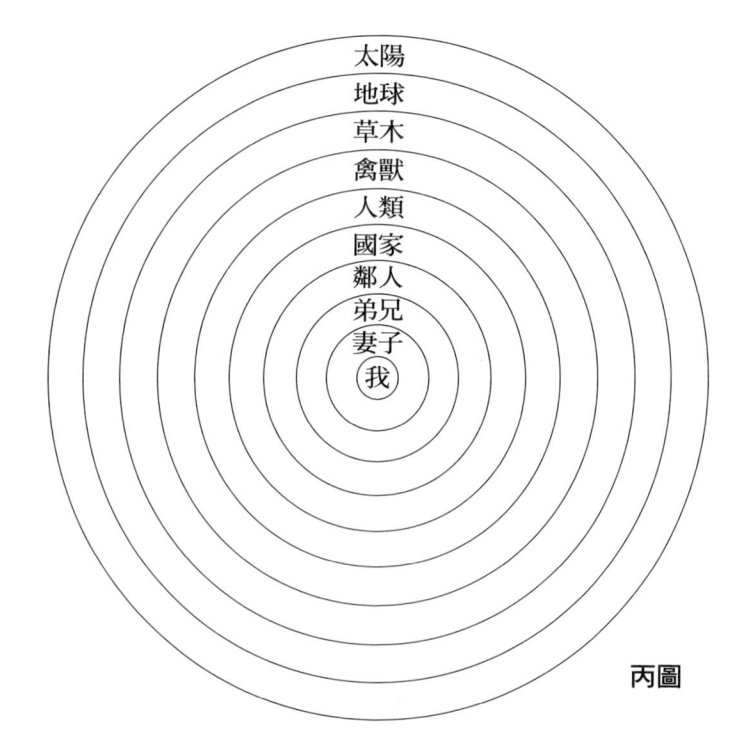

太陽
地球
草木
禽獸
人類
國家
鄰人
弟兄
妻子
我

丙圖

臣義士的楊漣、左光斗等。這個道理，拿來怎講？嗚呼洛黨！嗚呼東林黨！我不知倉頡夫子，當日何苦造下一個黨字，拿與程伊川、楊漣、左光斗一般賢人君子這樣用！奉勸讀者諸君，與其研究宋學，研究王學，不如切切實實的研究厚黑學。研究厚黑學，倒還可以做些福國利民的事。

宋儒主張去私，究竟私是個什麼東西，非把他研究清楚不可。私字的意義，許氏說文，是引韓非子之語來解釋。韓子原文，是「倉頡作書，自環者謂之私，背私謂之公。」環即是圈子。私字古文作厶，篆文是厶，畫一個圈圈。公字，從八從厶，八是把一個東西破為兩塊的意思，故八者背也。「背私謂之公」，即是說：把圈子打破了，才謂之公。

假使我們只知有我，不顧妻子，這是環吾身畫一個圈；妻子必說我徇私，我於是把我字這個圈子撤去，環妻子畫一圈；但弟兄在圈之外，弟兄又要說我徇私，於是把妻子這個圈撤去，環弟兄畫一個圈；但鄰人在圈之外，又要說我徇私，於是把弟兄這個圈撤去，環鄰人畫一個圈，但國人在圈外，又說我徇私，於是把鄰人這個圈撤去，環國人畫一個圈；但他國人在圈外，又要說我徇私，這只好把本國人這個圈撤了，環人類畫一個大圈，才可謂之公。但還不能謂之公。假使世界上動植礦都會說話，禽獸一定說：你們人類為什麼要宰殺我們？未免太自私了！草木問禽獸道：你為什麼要吃我們？你也未免自私。泥土沙石問草木道：你為什麼要吸取我的養料？你草木未免自私。並且泥土沙石可以問地心道：你為什麼把我們向你中心牽引？你地心也未免自私。地球又問太陽道：你為什麼把我向你牽引？你未免自私。太陽又可問地球道：我牽引你，你為什麼

不攏來！時時想向外逃走，並且還暗暗的牽引我？你也未免自私。再反過來說：假令太陽怕地球說他徇私，他不牽引地球，地球也不知飛向何處去了。地心怕泥土沙石說他徇私，也不牽引了，這泥土沙石，立即灰飛而散，地球也就立即消滅。

我們從上項推論，繪圖如丙，就可得幾個要件如下：

（1）遍世界尋不出公字。通常所謂公，是畫了範圍的，範圍內人謂之公，範圍外人，仍謂之私。

（2）人心之私，通於萬有引力，私字除不掉，等於萬有引力之除不掉，如果除掉了，就會無人類，無世界。無怪宋儒去私之說，行之不通。

（3）我們討論人性善惡問題，曾繪出甲乙兩圖，說：「心理的現象，與磁場相像，與地心引力相像。」現在討論私字，繪出丙圖，其現象仍與甲乙兩圖相合。所以我們提出一條原則：「心理變化，循力學公例而行」，想來不會錯。

我們詳玩丙圖，中心之我，彷彿一塊磁石，周圍是磁場，磁力之大小，與距離成反比例。孟子講的差等之愛，是很合天然現象的。墨子講兼愛，只畫一個人類的大圈，主張愛無差等，內面各小圈俱無之，宜其深爲孟子駁斥。

墨子志在救人，摩頂放踵以利天下。楊朱主張爲我，叫他拔一毛以利天下，他都不肯。在普通人看來，墨子的品格，宜乎在楊朱之上，乃孟子曰：「逃墨必歸於楊，逃楊必歸於儒。」認爲楊子在墨子之上，去儒家爲近，豈非很奇的事嗎？這正是孟子的卓見，我非宜下細研究。

凡人在社會上做事，總須人己兩利，乃能通行無礙。孔孟的學說，正是此等主張。孔子所說：「己立立人，己達達

人。」《大學》所說:「修齊治平。」孟子所說:「王如好貨,與民同之。」「王如好色,與民同之」等語,都是本著人己兩利的原則立論。叫儒家損人利己,固然絕對不做,就叫他損己利人,他也認爲不對。觀於孔子答宰我「井有人焉」之問,和孟子所說「君視臣如草芥,則臣視君如寇仇」等語,就可把儒家真精神看出來,此等主張,最爲平正通達。墨子摩頂放踵以利天下,捨去我字,成爲損己利人之行爲,當然爲孔門所不許。

楊子爲我,是尋著了中心點,故孟子認爲他的學說,高出墨子之上。楊子學說中最精粹的,是「智之所貴,存我爲貴;力之所賤,侵物爲賤」四語(見《列子》)。他知道自己有一個我,把他存起;同時知道,他人也有一個我,不去侵犯他。這種學說,真是精當極了,然而尚爲孟子所斥,這是什麼道理呢?因爲儒家的學說,是人己兩利,楊子只做到利己而無損於人,失去人我之關聯。孔門以仁字爲主,仁字從二人,是專在人我間做工作,以我之所利,普及於人人。所以楊子學說,亦爲孟子所斥。

我因爲窮究厚黑之根源,造出甲乙丙三圖,據三圖以評判各家之學說,就覺得若網在綱,有條不紊了。即如王陽明所講的「致良知」,與夫「知行合一」,都可用這圖解釋。把圖中之我字作爲一塊磁石,磁性能相推用引,是具有離心向心兩種力量。陽明所說的良知,與孟子所說的良知不同:孟子之良知,指仁愛之心而言,是一種引力;陽明之良知,指是非之心而言,是者引之使近,非者推之使遠,兩種力量俱具備了的。故陽明的學說,較孟子更爲圓通。陽明所謂致良知,在我個人

的研究，無非是把力學原理應用到事事物物上罷了。

王陽明講「知行合一」，說道：「知是行的主意，行是知的工夫；知是行之始，行是知之成。」這個道理，用力學公例一說就明白了。例如我聞友人病重想去看他，我心中這樣想，即是心中發出一根力線，直射到友人方面。我由家起身，走到病人面前，即是沿著這根力線一直前進。知友人病重，是此線之起點，走到病人面前，是此線的終點，兩點俱一根直線上，故曰：「知行合一」。一聞友病，即把這根路線畫定，故曰「知是行的主意」。畫定了，即沿著此線走去，故曰：「行是知的工夫。」陽明把明德親民二者合為一事，把博學、審問、慎思、明辨、篤行五者合為一事，把格致誠正、修齊治平八者合為一事，即是用的這個方式，都是在一根直線上，從起點說至終點。

王陽明解釋《大學‧誠意章》「如好好色，如惡惡臭」二句，說道：「見好色屬知，好好色屬行。只見好色時，已自好了，不是見後又立個心去好。聞惡臭屬知，惡惡臭屬行。只聞惡臭時，已自惡了，不是聞後別立一個心去惡。」他這種說法，用磁電感應之理一說就明白了。異性相引，同性相推，是磁電的定例。能判別同性異性者知也，推之引之者行也。我們在講室中試驗，即知磁電一遇異性，立即相引，一遇同性，立即相推，並不是判定同性異性後，才去推之引之，知行二者，簡直分不出來，恰是陽明所說「即知即行」的現象。

歷來講心學者，每以鏡為喻，以水為喻，我們用磁電來說明，尤為確切。倘再進一步，說：「人之性靈，與地球之磁電同出一源。」講起來更覺圓通。人事與物理，就可一以貫之。

科學家說：「磁電見同性自然相推，見異性自然相引。」王陽明說：「凡人見父自然知孝，見兄自然知弟。」李宗吾說：「小孩見母親口中有糕餅，自然會取來放在自己口中，在母親懷中吃乳吃糕餅，見哥哥近前來，自然會推他打他。」像這樣的講，則致良知也，厚黑學也，就成為一而二，二而一了。

萬物有引力，萬物有離力，引力勝過離力，則其物存，離力勝過引力，則其物毀。目前存在之物，都是引力勝過離力的，故有「萬有引力」之說。其離力勝過引力之物，早已消滅，無人看見，所以「萬有離力」一層，無人注意。地球是現存之物，故把外面的東西向內部牽引；心是現存之物，故把六塵緣影向內部牽引。小兒是求生存之物，故見外面的東西，即取來放入自己口中；人類是求生存之物，故見有利之事，即牽引到自己身上。我們曠觀宇宙，即知天然現象，無一不是向內部牽引，地球也，心也，小兒也，人類也，將來本是要由萬有離力的作用，消歸烏有的，但是未到消滅的時候，他那向內牽引之力，無論如何是不能除去的。宋儒去私之說，等於想除去地心吸力，怎能辦得到？只好承認其私，提出生存二字為重心，人人各遂其私，使人人能夠生存，天下自然太平。此鄙人之厚黑學所以不得不作，閱者諸君所以不得不研究也。

人人各遂其私，可說是私到極點。也即是公到極點。楊朱的學說，即是基於此種學理生出來的。他說道：「智之所貴，存我為貴」，即是「各遂其私」的說法；同時他又恐各人放縱其私，妨害他人之私，所以跟著即說：「力之所賤，侵物為賤。」這種學說，真是精當極了，施之現今，最為適宜，我們應當特別闡揚。所以研究厚黑學的人，同時應當研究楊朱的學

說。楊氏之學,在吾道雖為異端,然亦可借證,對鈍根人不能說上乘法,不妨談談楊朱學說。

地球是一個大磁石,磁石本具有引之推之兩種力量,其被地球所推之物,已不知推到何方去了,出了我們視覺之外,只能看見他引而向內的力量,看不出推而向外的力量,所以只能說地球有引力,不能說地球有推力。人心猶如一塊磁石,是具備了引之推之兩種力量,由這兩種力相推相引,才構成一個社會,其組織法,絕像太空中眾星球之相推相引一般。人但知人世相賊相害,是出於人心之私。不知人世相親相愛,也出於人心之私,人但知私心擴充出來,可以造成戰爭,擾亂世界和平;殊不知人類由漁獵,而遊牧,而農業,而工商業,造成種種文明,也由於一個私字在暗中鼓蕩。斯義也,彼程朱諸儒,烏足知之!此厚黑學所以為千古絕學也。

厚黑二字,是從一個私字生出來的,不能說他是好,也不能說他是壞,這就是我那個同學朋友謝綬青跋《厚黑學》所說的:「如利刃然,用以誅盜賊則善,用以屠良民則惡,善與惡何關於刃,故用厚黑以為善則為善人,用厚黑以為惡,則為惡人……。」我發明厚黑學,等於瓦特發明蒸汽,無施不可。利用蒸汽,造成火車,駕駛得法,可以日行千里,駕駛不得法,就會跌下岩去。我提出「厚黑救國」的口號,就是希望司機先生駕駛火車,向列強衝去,不要向前日朝岩下開,也不要在街上橫衝直撞,碾死行人。

物質不滅,能力不滅,這是科學家公認的定律。吾人之性靈,算是一種能力,請問:其生也從何而來,其死也從何而去,豈非難解的問題嗎?假定:吾人之性靈,與地球之磁電,

同出而異名，這個問題，就可解釋了。其生也，地球之物質，變為吾身之毛髮骨血，同時地球之磁電，變為吾之性靈；其死也，毛髮骨血，退還地球，仍為泥土，是謂物質不滅。同時性靈退還地球，仍為磁電，是謂能力不滅。我們這樣的解釋，則昔人所謂「浩氣還太虛」，所謂「天地有正氣，下為河嶽，上為日星，於人曰浩然」，所謂「自其不變者而觀之，則物與我皆無盡也？」種種說法，就不是得空談了。倘有人問，靈魂是否存在？我們可以說：「這是在各人的看法：吾人一死，此身化為泥土，性靈化為磁電，可謂之靈魂消滅。然吾身雖死，物質尚存，磁電尚存，即謂之靈魂尚存，亦無不可。性靈者吾人之靈魂也，磁電者地球之靈魂也，性靈與磁電，同出一源。我所繪甲乙丙三圖，即基於此種觀察生出來的，是為厚黑哲學的基礎。至於實際的真理是否如此，我不知道，我只自己認為合理，就寫出來，是之謂宗吾。

　　我雖講厚黑學，有時亦涉獵外道諸書，一一以厚黑哲理繩之。佛氏說：佛性是不生不滅，不增不減，無邊際，無終始；楞嚴七處征心，說心不在內，不在外，不在中間。我認為吾人之性靈，與地球之磁電，同出而異名，則佛氏所說，與太空磁電何異？佛說：「本性圓融，周遍法世。」又說：「非有非無。」推此與磁電中和現象何異？黃宗羲著《明儒學案》自序，開口第一句曰：「盈天下皆心也。」高攀龍自序為學之次弟云：「程子謂：『心要在腔子裏』，不知腔子何所指，果在方寸間否耶？覓注不得，忽於小學中見其解曰：『腔子猶言身子耳』，以為心不專在方寸，渾身是心也。」我們要解釋黃高二氏之說，可假定宇宙之內，有一致靈妙之物，無處不是灌滿

了的。就其灌滿全身軀殼言之，名之曰心，就其灌滿宇宙言之，名之曰磁電，二者原是二而一，一而二的。佛氏研究心理，西人研究磁電，其途雖殊，終有溝通之一日。佛有天眼通，天耳通，能見遠處之物，能聞遠處之語。西人發明催眠術，發明無線電，也是能見遠處之物，能聞遠處之語，這即二者溝通之初基。

我們把物質的分子加以分析，即得原子，把原子再分析，即得電子。電子是一種力，這是科學家業已證明了的。我們的身體，是物質集合而成，也即是電子集合而成。身與心本是一物，所以我們心理的變化，逃不出磁電學的規律，逃不脫力學的規律。

人類有誇大性，自以為萬物之靈，彷彿心理之變化，不受物理學的支配。其實只能說，人是物中之較高等者，終逃不出物理學的大原則。我們試驗理化，溫度變更或摻入他種藥品，形狀和性質均要改變。吾人遇天氣大熱，心中就煩燥，這是溫度的關係。飲了酒，性情也會改變，這是摻入一種藥品，起了化學作用。從此等地方觀察，人與物有何區別？故物理學中的力學規律，可適用到心理學上。

王陽明說「知行合一」，即是「思想與行為合一」。如把知字改作思想二字，更為明瞭。因為人的行為，是受思想的支配，所以觀察人的行為，即可窺見其心理，知道他的心理，即可預料其行為，古人說：「誠於中，形於外。」又說：「中心達於面目。」又說：「根於心，見於面，盎於背，施於四體。」這都是心中起了一個念頭，力線一發動，即依著直線進行的公例，達於面目，跟著即見於行事了。但有時心中起了一

個念頭,竟未見諸實行,這是什麼緣故呢?這是心中另起一種念頭,把前線阻住了,猶如我起身去看友人之病,行至中途,因事見阻一樣。

陽明說的「知行合一」,不必定要走到病人面前才算行,只要動了看病人的念頭,即算行了。他說:「見好色屬知,好好色屬行。」普通心理學,分知、情、意三者,這「好好色」,明明是情,何以謂之行呢!因為一動念,這力線即注到色字上去了,已經是行之始,故陽明把情字看作行字。他說的「知行合一」,可說是「知情合一」。

人心如磁石一般。我們學過物理,即知道:凡是鐵條,都有磁力,因為內部分子凌亂,南極北極相消,才顯不出磁力來。如用磁石在鐵條上引導一下,內部分子,南北極排順,立即發出磁力。我國四萬萬人,本有極大的力量,只因內部凌亂,致受列強的欺凌。我們只要把內部力線排順,四萬萬人的心理,走在同一的線上,發出來的力量,還了得嗎?問:內部分子,如何才能排順?我說:你只有研究厚黑學,我所寫的《厚黑叢話》,即是引導鐵條的磁石。

我國有四萬萬人,只要能夠聯為一氣,就等於聯合了歐洲十幾國。我們現受日本的壓迫,與其哭哭啼啼,跪求國聯援助,跪求英美諸國援助,毋寧哭哭啼啼,跪求國人,化除意見,協助中央政府,先把日本驅逐了,再說下文。人問:國內意見,怎能化除?我說:你把厚黑學廣為宣傳,使一般人了解厚黑精義及厚黑學使用法,自然就辦得到了。

我發明厚黑學,一般人未免拿來用反了,對列強用厚字,搖尾乞憐,無所不用其極;對國人用黑字,排擠傾軋,無所不

用其極,以致把中國鬧得這樣糟。我主張翻過來用,對國人用厚字,事事讓步,任何氣都受,任何舊帳都不算;對列強用黑字,凡可以破壞帝國主義者,無所不用其極,一點不讓步,一點氣都不受,一切舊帳,非算清不可。然此非空言所能辦到,其下手方法,則在調整內部,把四萬萬根力線排順,根根力線,直射列強,這即是我說「厚黑救國」。

　　人問我:對外的主張如何?我說:我無所謂主張,日本是入室之狼,俄國是當門之虎,歐美諸強國,是宅左宅右之獅豹,請問諸君,處此環境,室內人當如何主張?

　　世界第二次大戰,迫在眉睫,有主張聯英美以抗日本的,有主張聯合日本以抗俄國的,又有主張如何如何的,若以我的厚黑哲學推論之,都未免錯誤。我寫的《厚黑叢話》第二卷內面,曾有「厚黑國」這個名詞,邇來外交緊急,我主張將「厚黑國」從速建立起來,即以厚黑教主兼充厚黑國的國王,將來還要欽頒厚黑憲法。此時東鄰日本,有什麼水鳥外交、啄木外交,我先把我的厚黑外交提出來,同我的厚黑弟子討論一下:

　　我們學物理化學,可先在講室中試驗。惟有國家這個東西,不能在講室中試驗,據我看來,還是可以試驗,現在五洲之中,各國林立,諸大強國,互相競爭,與我國春秋戰國時代是一樣的。我們可以說:現在的五洲萬國,是春秋戰國的放大形,當日的春秋戰國,即是我們的試驗品。

　　春秋戰國,賢人才士最多,他們研究出來的政策,很可供我們的參考。那個時候,共計發生兩大政策:第一是春秋時代,管仲「尊周攘夷」的政策。第二是戰國時代,蘇秦「聯六國以抗強秦」的政策。自從管仲定下「尊周攘夷」的政策,齊

國遂崛起為五霸之首；後來晉文稱霸，也沿襲他的政策；就是孔子修春秋，也不外「尊周攘夷」的主張。這個政策，很值得我們的研究。戰國時，蘇秦倡「聯六國以抗強秦」之議，他的從約成功，秦人不敢出關者十五年，這政策，更值得研究。我國現在情形，既與春秋戰國相似，我主張把管仲、蘇秦的兩個法子融合為一，定為厚黑國的外交政策。管仲的政策，是完全成功的，蘇秦的政策，是始而成功，終而失敗。究竟成功之點安在？失敗之點安在？我們可以細細討論。

　　春秋時，周天子失了統御能力，諸侯互相攻伐，外夷乘間侵入，弱小國很受蹂躪，與現在情形是一樣的。楚國把漢陽諸姬滅了，還要問鼎中原，與日本滅了琉球、高麗，進而佔據東北四省，進而佔據平津，是一樣的。

　　那個時候，一般人正尋不著出路，忽然跳出一個大厚黑家，名曰管仲，霹靂一聲，揭出「尊周攘夷」的旗幟，用周天子的名義驅逐外夷，保全弱小國家的領土，大得一般人的歡迎。他的辦法，是九合諸侯，把弱小民族的力量集中起來，向外夷攻打，伐山戎以救燕，伐狄以救衛邢。這是用一種合力政策，把外夷各個擊破。以那時國際情形而論，楚國是第一強國，齊雖泱泱大國，但經襄公荒淫之後，國內大亂。桓公即位之初，長勺之戰，連魯國這種弱國都戰不過，其衰弱情形可想。召陵之役，竟把楚國屈伏，全由管仲政策適宜之戰。我國在世界弱小民族中，弱則有之，小則未也，絕像春秋時的齊國，天然是盟主資格。當今之世，「管厚黑」復生，他的政策，一定是：「擁護中央政府，把全國力量集中起來，然後進而聯合弱小民族，把全世界力量集中起來，向諸大強國攻

打。」基於此種研究，我國當九一八事變之後，早就該使下厚黑學，退出國際聯盟，另組一個「世界弱小民族聯盟」，與那個分贓集團的國聯成一個對抗形勢，由我國出來，當一個齊桓公，領導全世界被壓迫民族，對諸大強國奮鬥。

　　到了戰國，國際情形又變，齊楚燕趙韓魏秦，七雄並立，周天子已經扶不起來，紙老虎成了無用之物，尊周二字，說不上了。秦楚在春秋時，為夷狄之國，到了此時，攘夷二字更不適用。七國之中，秦最強，駸駸乎有併吞六國之勢，於是第二個大厚黑家蘇秦，挺身出來，倡議聯合六國，以抗秦國，即是聯合眾弱國，攻打一強國，仍是一種合力政策，可說是「管厚黑政策的變形」。基於此種研究，我們可把日俄英美法意德諸國，合看為一個強秦，把全世界弱小民族看作六國，當然組織一個「弱小民族聯盟」，以與諸強國周旋。

　　諸君莫把蘇秦的法子小視了，他是經過引錐刺股的工夫，揣摩期年，才研究出來。他這個法子，含有甚深的學理。他讀的是太公陰符，陰符是道家之書。古陰符不傳，現行的陰符，是偽書。我們既知是道家之書，就可借老子的《道德經》來說明。《老子》一書，包藏有很精深的厚黑原理。戰國時厚黑大家文種、范蠡，漢初厚黑大家張良、陳平等，都是從道家一派出來的。管子之書，《漢書‧藝文志》列入道家，所以管仲的內政外交，暗中以厚黑二字為根據。鄙人發明厚黑學，進一步研究，創一條定理：「心理變化，循力學公例而行。」還讀老子之書，就覺得處處可用力學公例來解釋，將來我講「中國學術」時，才來逐一說明。此時談厚黑外交，談到蘇秦，我只能說，蘇大厚黑的政策，與老子學說相合，與力學公例相合。

老子曰：「天之道，其猶張弓歟？高者抑之，下者舉之，有餘者損之，不足者補之。」這明明是歸到一個平字上。力學公例，兩力平衡，才能穩定。水不平則流，人不平則鳴。蘇秦窺見這個道理，遊說六國，抱定一個平字立論，與近世孫中山學說相合。他說六國，每用「寧爲雞口，無爲牛後」和「稱東藩，築帝宮，受冠帶，祠春秋」一類話，激動人不平之氣。孫中山說：中國人，連高麗、安南等亡國人都不如，位置在「殖民地」之下，當名曰「次殖民地」。其論調是一樣的，無非是求歸於平而已。蘇秦的對付秦國的法子，是「把六國聯合起來，秦攻一國，五國出兵相救」。此種辦法，合得到克魯泡特金「互助」之說。秦雖強，而六國聯合起來，力量就比他大，合得到達爾文「強權競爭」之說。他把他的政策定名爲「合縱」，更可尋味。齊楚燕趙韓魏六國，發出六根力線，取縱的方向，向強秦攻打，明明是力學上的合力方式。他這個法子，較諸管仲政策，含義更深，所以必須揣摩期年，才研究得出來。他一研究出來，自己深信不疑地說道：「此真可以說當世之君矣。」果然一說就行，六國之君，都聽他的話。《戰國策》曰：「當此之時，天下之大，萬民之眾，王侯之威，謀臣之權，皆決于蘇秦之策。」又曰：「廷說諸侯之王，杜左右之口，天下莫之能抗。」你想：戰國時候，百家爭鳴，是學術最發達時代，而蘇厚黑的政策，能夠風靡天下，豈是莫得真理嗎？

管蘇兩位大厚黑家定下的外交政策。形式雖不同，裏子是一樣的，都是合眾弱國以攻打強國，都是合力政策，然而管仲之政策成功，蘇秦之政策終歸失敗，縱約終歸解散，其原因安

在呢？管仲和蘇秦，都是起的聯軍，大凡聯軍，總要有負責的首領。唐朝九節度相州之敗，中有郭子儀、李光弼諸名將，卒至潰敗者，就由於莫得負責的首領。齊國是聯軍的中堅分子，戰爭責任，一肩擔起，其他諸國，立於協助地位。六國則彼此立於對等地位，不相統轄，缺乏重心。蘇秦當縱約長，本然是六國的重心，無奈他這個人，莫得事業心，當初只因受了妻不下機，嫂不為炊的氣，才發憤讀書，及佩了六國相印，可以驕傲父母妻嫂，就志滿意得，不復努力。你想當首領的人，都這個樣子，怎能成功？假令管大厚黑來當六國的縱約長，是決定成功的。

　　蘇秦的政策，確從學理上研究出來，而後人反鄙視之，其故何也？這只怪他早生了二千多年，未克復領教李宗吾的學說。他陳書數十篋，中間缺少了一部《厚黑叢話》，不知道「厚黑為裏，仁義為表」的法子。他遊說六國，純從利害上立論，赤裸裸的把厚黑表現出來，忘卻在上面糊一層仁義，所以他的學說，就成為邪說，無人研究，這是很可惜的。我們用厚黑史觀的眼光看去，他這個人，學識有餘，實行不足，平生事跡，可分兩截看：從刺股至當縱約長，為一截，是學理上之成功；當縱約長以後，為一截，是實行上之失敗。前一截，我們當奉以為師；後一截，當引以為戒。

　　我們把春秋戰國外交政策研究清楚了，再來研究魏蜀吳三國的外交政策。三國中，魏最強，吳、蜀俱弱。諸葛武侯，在隆中，同劉備定的大政方針，是東聯孫吳，北攻曹魏，合兩弱國以攻一強國，仍是蘇大厚黑的法子。史稱：孔明自比管、樂。我請問讀者一下：孔明治蜀，略似管仲治齊，自比管仲，

尚說得去，惟他平生政績，無一點與樂毅相似，以之自比，是何道理？這就很值得研究了。考之《戰國策》：燕昭王伐齊，是合五國之兵，以樂毅爲上將軍。他是聯軍的統帥，與管仲相桓公，帥諸侯之兵以攻楚是一樣。燕昭王欲伐齊，樂毅獻策道：「夫齊霸國之餘教，而驟勝之遺事也，閑於兵甲，習於戰攻，王若欲攻之，則必舉天下而圖之。」因主張合趙楚魏宋以攻之。孔明在隆中，對劉先帝說道：「曹操已擁百萬之眾，挾天子以令諸侯，此誠不可與爭鋒。」因主張：西和諸戎，南撫夷越，東聯孫權，然後北伐曹魏，其政策與樂毅完全一樣。樂毅曾奉昭王之命，親身赴趙，把趙聯好了，再合楚魏宋之兵，才把齊打破。孔明奉命入吳，說和孫權，共破曹操於赤壁，其舉動也是一樣，此即孔明自比樂毅所由來也。至於管仲糾合眾弱國，以討伐最強之楚，與孔明政策相同，更不待言。由此知孔明聯吳伐魏的主張，不外管仲、樂毅的遺策。

　　東漢之末，天子失去統御能力，群雄並起，與春秋戰國相似。孔明隱居南陽時，與諸名士討論天下大勢，大家認定：曹操勢力最強，非聯合天下之力，不能把他消滅，希望有春秋時的管仲和戰國時的樂毅這類人才出現。於是孔明遂自許：有管仲、樂毅的本事，能夠聯合群雄，攻打曹魏。這是所謂「自比管樂」了。不過古史簡略，只記「自比管仲樂毅」一句，把他和諸名士的議論概行刪去了，及到劉先帝三顧草廬時，所有袁紹、袁術、呂布、劉表等，一一消滅，僅剩一個孫權，所以隆中定的政策，是東聯孫吳，北攻曹魏。這種政策，是同諸名士細細討論過的，故終身照著這個政策行去。

　　「聯合眾弱國攻打強國」的政策，是蘇秦揣摹期年研究

出來的，是孔明隱居南陽，同諸名士討論出來的，中間含有絕大的道理。人稱孔明為王者之才，殊不知：孔明澹泊寧靜，頗近道家，他生平所讀的，是最粗淺的兩部厚黑教科書，第一部是《韓非子》，他治國之術，純是師法申韓，曾手寫申韓以教後主，申子之書不傳，等我講厚黑政治時再談。第二部是《戰國策》，他的外交政策，純是師法蘇秦。《戰國策》載：蘇秦說韓王曰：「臣聞鄙諺曰：『寧為雞口，無為牛後。』今大王西面交臂而臣事秦，何以異於牛後乎？」韓王忿然作色，攘臂按劍，仰天太息曰：「寡人雖死，必不能事秦。」《三國志》載：孔明說孫權，叫他案兵束甲，北面降曹，孫權勃然曰：「吾不能舉全吳之地，十萬之眾，受制於人！」我們對照觀之，孔明的策略，豈不是與蘇厚黑一樣？

「聯眾弱國，攻打強國」的政策，非統籌全局從大處著眼看不出來。這種政策，在蜀只有孔明一人能了解，在吳只有魯肅一人能了解。魯肅主張捨出荊州，以期與劉備聯合，其眼光之遠大，幾欲駕孔明而上之。蜀之關羽，吳之周瑜，呂蒙、陸遜，號稱英傑，俱只見著眼前小利害，對於這種大政策全不了解。劉備孫權有相當的了解，無奈認不清，拿不定，時而聯合，時而破裂，破裂之後，又復聯合。最了解者，莫如曹操。他聽見孫權把荊州借與劉備，二人實行聯合了，正在寫字手中之筆都落了。其實孫劉聯合，不過抄寫蘇厚黑的舊文章，曹操是千古奸雄，聽了都要心驚膽戰，這個法子的厲害，也就可想而知了。

從上面的研究，可得一結論曰：「當今之世，諸葛武侯復生，他的政策，決定是：退出國聯，組織世界弱小民族聯盟，

向諸大強國進攻。」

我們倡出「弱小民族聯盟」之議，聞者必惶然大駭，以為列強勢力這樣的大，我們組織弱小民族聯盟，豈不觸列強之怒，豈不立取滅亡？這種疑慮，是一般人所有的。當時六國之君，也有這樣疑慮。張儀知六國之君膽怯，就乘勢恐嚇之，說道：「你們如果這樣幹，秦國必如何如何的攻打你。我勸你還是西向事秦，將來有如何的好處。」六國聽他的話，遂連袂事秦，卒至一一為秦所滅。歷史俱在，諸君試取戰國策細讀一過，看張儀對六國的話，像不像拿現在列強勢力，去恐嚇弱小國一般？六國信張儀的話而滅亡，然則為小民族計，何去何從，不言而決。

蘇秦說六國聯盟，是從利害立論，說得娓娓動聽；張儀勸六國事秦，也是從利害立論，也是說得娓娓動聽。同是就利害立論，二說極端相反，何以俱能動聽呢？其差異之點：蘇秦所說利害，是就大者遠者言之，張儀是就小者近者言之。常人目光短淺，只看到眼前利害，雖以關羽、周瑜、呂蒙、陸遜這類才俊之士，尚不免為眼前小利害所惑，何況六國昏庸之主？所以張儀之言，一說即入。由後日的事實來證明，從張儀之說而亡國，足知蘇秦之主張是對的。今之論者，怕觸怒列強，不敢組織弱小民族聯盟，恰走入張儀途徑。願讀者深思之！深思之！

蘇秦與張儀同學，自以為不及儀，後來回到家中，引錐刺股，揣摩期年，加了一番自修的苦功，其學力遂超出張儀之上，說出的話，確有真理。孟子對齊宣王曰：「海內之地，方千里者九，齊集有其一，以一服八，何以異於鄒敵楚哉？」這

種說法，宛然合縱聲口。孟子譏公孫衍、張儀以順為正，是妾婦之道，獨未說及蘇秦。我們細加研究，公孫衍、張儀教六國事秦，儼如妾婦事夫，以順為正，若蘇秦之反抗強秦，正是孟子所謂「威武不能屈」之大丈夫。

孟子之學說，最富於獨立性。我們讀孟子答滕文公「事齊事楚」之問，答「齊人築薛」之問，答「事大國則不得免焉」之問，獨立精神，躍然紙上。假令孟子生今之世，絕不會仰承列強鼻息，絕不會接受喪權辱國的條件。

宇宙真理，只要能夠徹底研究，得出的結果，彼此是相同的，所以管仲「尊周攘夷」的政策，律以孔子的《春秋》是合的，蘇秦「合眾弱國以抗一個強國」的政策，律以孟子的學說，也是合的，司馬光著《資治通鑑》，也說合縱是六國之利，足征蘇秦的政策是對的。我講厚黑學有兩句秘訣：「厚黑為裏，仁義為表。」假令我們明告於眾曰：「我們應當師法蘇秦聯合六國之法，聯合世界弱小民族。」一般人必詫異道：「蘇秦是講厚黑學的，是李瘋子一流人物，他的話都信得嗎？信了立會亡國。」我們改口說道：「此孔孟遺意也，此諸葛武侯之政策也，此司馬溫公之主張也。」聽者必歡然接受。

大丈夫寧為雞口，無為牛後，寧為玉碎，無為瓦全。我國以四萬萬民眾之國，在國聯中求一理事而不可得，事事惟列強馬首是瞻，亡國之禍，迫於眉睫。與其坐以待斃，孰若起而攻之？與其在國聯中仰承列強鼻息，受列強之宰割，曷若退而為弱小民族之盟主，與列強為對等之周旋？春秋之義，雖敗猶榮，而況乎斷斷不敗也。

晉時李特入蜀，周覽山川形勢，歎曰：「劉禪有如此江山

而降於人,豈非庸才?」我國有這樣的土地人民,而受制於東鄰三島,千秋萬歲後,讀史者將謂之何!余豈好講厚黑哉,余不得已也,凡我四萬萬民眾,快快的厚黑起來,一致對外!全世界被壓迫民族,快快的厚黑起來,向列強進攻。

　　孫中山演說集,載有一段故事,日俄戰爭的時候,俄國把波羅的海的艦隊調來,繞過非洲,走入日本對馬島,被日本打得全軍覆沒。這個消息傳出來,孫中山適從蘇彝士河經過,有許多土人,看見孫中山是黃色人,現出很喜歡的樣子來問道:「你是不是日本人呀?」孫中山說道:「我是中國人。你們為什麼這樣的高興呢?」他答應道:「我們東方民族,總是被西方民族壓迫,總是受痛苦,以為沒有出頭的日子。這次日本打敗俄國,我們當如自己打勝仗一樣,這是應該歡喜的,所以我們便這樣的高興。」我們試想:日本打敗俄國,與蘇彝士河邊的土人何關?日本又從莫說過要替他們解除痛苦的話。他們現出這種樣子,世界弱小民族心理,也就可想見了。威爾遜提出「民族自決」的口號,大受弱小民族的歡迎。我們組織弱小民族聯盟,於「民族自決」之外,再加以「弱小民族互助」的口號,對內自決,對外互助,當然更受歡迎。且威爾遜不過徒呼口號而已,我們組織弱小民族聯盟,有特設之機關提挈之,更容易成功。

　　威爾遜「民族自決」之主張,其所以不能成功者,由於本身上是矛盾的。弱小民族,是被壓迫者,威爾遜代表美國,美國是列強之一,是站在壓迫者方面。威爾遜個人雖有這種主張,其奈美國之立場不同何?我國與弱小民族是站在一個立場,出來提倡民族自決,組織弱小民族聯盟,彼此互助,是決

定成功的。

　　至於和會上威爾遜之所以失敗者，則由威爾遜是教授出身，不脫書生本色，未曾研究過厚黑學。美國參戰之初，提出十四條原則，主張民族自決。巴黎和會初開，全世界弱小民族，把威爾遜當如救世主一般，以為他們的痛苦可以在和會上解除了。哪知英國的路易·喬治，法國的克利滿梭，都是精研厚黑學的人，就說克利滿梭，綽號「母大蟲」，尤為兇悍，初聞威爾遜鼎鼎大名，見面之後，才知黔驢無技，時時奚落他，甚至說道：「上帝只有十誡，你提出十四條，比上帝還多了四條，只好拿在天國去行使。」威爾遜只好忍受。後來義大利全權代表下旗歸國，日本全權代表也要下旗歸國，就把威爾遜嚇慌了，俯首貼耳，接受他們要求，而民族自決四字遂成泡影。

　　假令我這個厚黑教主是威爾遜，我就裝癡賣呆，聽憑他們奚落，坐在和會席上，一言不發，直待義大利下旗歸國，日本下旗歸國，已經出了國門，猝然站起來，在席上一拍巴掌說道：「你們要這樣幹嗎？我當初提出十四條原則，主張民族自決，你們認了可，我美國才參戰，而今你們這樣幹，使我失信於美國人民，失信於全世界弱小民族，而今只好領率全世界弱小民族，向你們英法義日四國決一死戰，才可見應諒於天下後世。你母大蟲說我這十四條應拿在天國行使，你看我於一個星期內，用鮮血將這個地球染紅，就從這鮮血中現出一個天國，與你母大蟲看！」說畢，退出和會，應用我的補鍋法，把鍋敲破了再說，三十分鐘內，通電全世界，叫所有弱小民族一致起來，對列強反戈相向，由美國指揮作戰。這樣一來，請問英法敢開戰嗎？

當日事實俱在,我們不妨研究一下,德國戰鬥力並未損失,最感痛苦者,食料被列國封鎖耳。只要接濟他的糧食,單是一個德國,已夠英法對付。大戰之初,英法許殖民地許多權利,弱小民族拋棄舊日嫌怨,一致贊助。印度甘地,也叫他的黨徒幫助英國,原想戰勝之後,可以抬頭,哪知和會上,列強食言,弱小民族,正在含血噴天。有了威爾遜這樣的主張,他們在戰地,還有不立即倒戈嗎?兼之美國是生力軍,國家又富,英法已是精疲力倦,如果實行開戰,可斷定:一個星期,把英法打得落花流水。這個戰火,請問英法敢打嗎?如果要我美國不打,除非十四條條條實行,並須加點利息,格外增加兩條。何以故呢?因為你英法諸國,素無信義,明明白白的承認了的條件,都要翻悔,所以十四條之外,非增加兩條,以資保障不可。威爾遜果然這樣幹,難道民族自決之主張,不能實現嗎?無奈威爾遜一見義大利和日本的使臣下旗歸國,就手忙腳亂,用「鋸箭法」了事,竟把千載一時之機會失去,惜哉!惜哉!不久箭頭在內面陸續發作,我國東北四省,無端失去,阿比西尼亞,無端受義大利之摧殘。世界第二次大戰,行將爆發。凡此種種,都由威爾遜在和會席上少拍了一巴掌之故。甚矣,厚黑學之不可不講也!

　　上述的辦法,以威爾遜的學識,難道見不到嗎?就說威爾遜是書呆子,不懂厚黑學,同威爾遜一路到和會的,有那麼多專門人才,那麼多外交家,一個個都是在厚黑場中來來往往的人,難道這種粗淺的厚黑技術都不懂得,還待李瘋子來說嗎?他們懂是懂得的,只是不肯這樣幹,其原因就是弱小民族是被壓迫者,美國是壓迫者之一,根本上有了這種大矛盾,美國怎

能這樣幹呢？

威爾遜提出「民族自決」四字，與他本國的立場是矛盾的。日本是精研厚黑學的，窺破威爾遜有此弱點，就在和會上提出「人種平等」案，朝著他的弱點攻去，意若曰：「你會唱高調，等我唱個高調，比你更高。」這本是厚黑學的妙用，果然把威爾遜制住了。然而威爾遜畢竟是天稟聰明，他並莫有讀過厚黑學譯本，居然懂得厚黑哲理，他明知民族自決之主張，為列強所不許，為本國所不許，竟大吹大擂起來，鬧得舉世震驚，此即是鄙人「辦事二妙法」中之「補鍋法」也，把鍋之裂痕，敲得長長的，乘勢大出風頭，迨至義大利和日本全權代表要下旗歸國，他就馬馬虎虎了事，此「辦事二妙法」中之「鋸箭法」也。威爾遜可以昭告世界曰：「民族自決之主張，其所以不能貫徹者，非我不盡力也，其奈環境不許何！其奈英法義日之不贊成何。」是無異外科醫生對人說道：「我之只鋸箭幹而不取箭頭者，非外科醫生不盡力也，其奈內科醫生袖手旁觀何！」噫，威爾遜真厚黑界之聖人哉！

中國八股先生有言曰：「東海有聖人，西海有聖人，此心同，此理同也。」鄙人發明補鍋法鋸箭法，此先知先覺之東方聖人也。威爾遜實行補鍋法、鋸箭法，不勉而中，不思而得，雖欲不謂之西方聖人，不可得已。

我當日深疑：威爾遜是個老教書匠出身，是一個書呆子，何以會懂得補鍋法，鋸箭法？後來我多方考察，才知他背後站有一位軍師，豪斯大佐，是著名的陰謀家，是威爾遜的腦筋。威爾遜之當總統，他出力最多。威爾遜的閣員，大半是他推薦的。所有美國絕交參戰也，山東問題也，都是此公的主張。他

專門唱後臺戲，威爾遜不過登場之傀儡罷了。威爾遜聽信此公的話，等於劉邦之聽信張子房。我們既承認劉邦為厚黑聖人，就呼威爾遜為厚黑聖人，也非過譽。

　　一般人都以為巴黎和會，威爾遜厚黑學失敗，殊不知威爾遜之失敗，即是威爾遜之成功；他當美國第二十八屆的總統，試問：從前二十七位總統，讀者諸君，記得幾人姓名？我想除了華盛頓、林肯二人，鼎鼎大名而外，第三恐怕要數威爾遜了。任人如何批評，他總算是歷史上有名人物。問其何修而得此，無非是善用補鍋法、鋸箭法罷了，假使他不懂點厚黑學，不過混在從前二十七位總統中間，姓名若有若無，威爾遜三字，安能赫赫在人耳目？由是知：厚黑之功用大矣哉！成則建千古不朽之盛業，敗亦留宇宙大名，讀者諸君快快的與我拜門，只要把臉兒弄得厚厚的，心兒弄得黑黑的，跳上國際舞臺，包管你名垂宇宙，包管你把世界列強打得棄甲曳兵而逃。

　　巴黎和會，聚世界厚黑家於一堂，鉤心鬥角，彷彿一群拳術家在擂臺上較技。我們站在台下，把他們的拳法看得清清楚楚，當用何種拳法才能破他，台下人了了然然，臺上人反漠然不覺。當初威爾遜提出「民族自決」之主張，大得弱小民族之歡迎，深為英法義日所不喜，可知「民族自決」四字，可以擊中列強的要害。及後日本提出「人種平等」案，威爾遜就啞口無言，而「民族自決」案就無形打消，可知「人種平等」四字，可以擊中歐美人的要害。我國如出來提倡「弱小民族聯盟」，把威爾遜的「民族自決」案和日本的「人種平等」案合一爐而冶之，豈不更足以擊中他們的要害嗎？

　　美國和日本，是站在壓迫者方面的，威爾遜主張的「民

族自決」，日本主張的「人種平等」，不過口頭拿來說說，並無實行的決心，已經鬧得舉世震驚，列強大嚇；我國是站在被壓迫者方面，循著這個路子做去，口頭這樣說，實際上就這樣做，並且猛力做，當然收很大的效果。

譬之打戰，先要偵探一下，再用兵略略攻打一下，才知敵人某處虛、某處實，既把虛實明瞭了，然後才向著他的弱點猛攻。陸遜大破劉先帝，就是用的這個法子。劉先帝連營七百里，陸遜先攻一營不利，對眾人說道：「他的虛實，我已知道了，自有破之之法。」於是縱火燒之，劉先帝遂全軍潰敗。威爾遜提出「民族自決」案，舉世震動，算替弱小民族偵探了一下，日本提出「人種平等」案，就把威爾遜夾持著了，算是向列強略略攻了一下。他們幾位厚黑家，把自家的弱點盡情暴露，我們就向著這個弱點猛力攻去，他們的帝國主義，當然可以一舉而摧滅之。

劉先帝之失敗，是由於連營七百里，戰線太擺寬了。陸遜令軍士每人持一把茅，隔一營，燒一營，同時動作，劉先帝首尾不能相顧，遂至全軍潰敗。列強殖民地太寬，彷彿劉先帝連營七百里一般。我們糾約世界弱小民族，同時動作，等於陸遜燒連營，遍地是火，列強首尾不能相顧，他們的帝國主義，當然潰敗。英國自誇：凡是太陽所照之地，都有英國的國旗。我們把「弱聯會」組織好了，可說：凡是太陽所照之地，英國人都該挨打。劉先帝身經百戰，矜驕極了，以為陸遜是個少年，不把他放在眼裏。不知陸遜能夠忍辱負重，是厚黑界後起之秀，猝然而起，出其不意，把這位老厚黑打得一敗塗地。列強自恃軍械精利，把我國看不在眼，矜驕極了。我國備受欺凌，

事事讓步，忍辱負重，已經到了十二萬分，當然學陸遜，猝然而起，奮力一擊。

有人謂：弱小民族，極形渙散，不易聯合。這也不必慮，以歷史證之；嬴秦之末，天下苦秦苛政，陳涉振臂一呼，山東豪俊，群起回應，立即嬴秦滅了。這是什麼道理呢？因為人人積恨嬴秦已久，人人都想推倒他，心中發出的力線，成為方向相同的合力線，所以陳涉起事之初，並未派人去聯絡山東豪俊，而山東豪俊，自然與之行動一致。現在列強壓迫弱小民族，苛虐情形，較諸嬴秦，有過之無不及，嬴秦亡國條件，列強是具備了的。我國出來，當一個陳涉，振臂一呼，世界當然聞風回應。

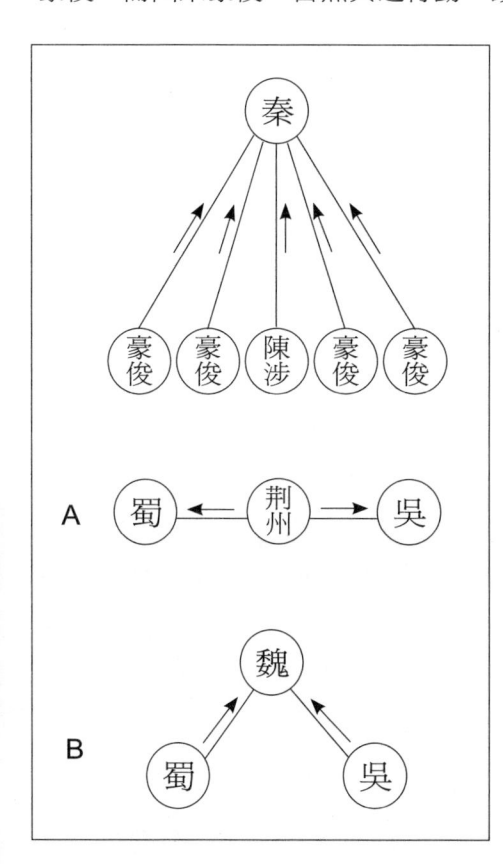

劉備、孫權兩位厚黑家，本是郎舅之親，大家的眼光注射在荊州上，劉備把他向西拖，孫權把他向東拖，力線相反，其圖如（A）。於是郎舅決裂，夫婦生離，關羽被殺，七百里之連營被燒，劉先帝東

征兵敗，身死白帝城，吳蜀二國，幾成了不共戴天之仇。後來諸葛亮遣鄧芝入吳，約定同齊伐魏，目標一變，心理即變，其圖如（B）。於是仇讎之國，立即和好。心理變化，循力學公例而行。（A）圖力線，是橫的方向，彼此是衝突的，（B）圖的力線，是縱的方向，是合力的方式，彼此不生衝突。

我國連年內亂，其原因是由國人的目光注射在國內之某一點，彼此的力線，成了橫的方向，當然生衝突。我們應當師法諸葛武侯，另提目標，使力線成縱的方向，國內衝突，立即消滅。問：「提什麼目標？」答曰：提出組織弱小民族聯盟之主張，全國人一致去幹這種工作。譬之射箭，以列強為箭垛，四萬萬人，有四萬萬支箭，支支箭向同一支箭垛射去，成了方向相同之合力線，每支箭是不生衝突的。於是安內也，攘外也，就成為二而一、一而二了。奉勸讀者諸君，如果有志救國，非研究我的厚黑學不可。

我們學過物理學，即知道凡是鐵條，都有磁力。只因內部分子凌亂，南極北極相消，才顯不出磁力來。如用磁石在鐵條上引導了一下，內部分子，南北極排順，立即發出磁力。我國四萬萬人，本有極大的力量，只因內部凌亂，故受外人的欺凌。我們只要把內部排順了，四萬萬人的心理，走在同一的線上，發出來的力量，還了得嗎？問：「四萬萬人的心理，怎能走在同一的線上呢？」我說：我發明的厚黑學，等於一塊磁石，你把他向國人宣傳，就等於在鐵條上引導了一下，全國分子，立可排順，以此制敵，何敵不摧？以此圖功，何功不克？只要把厚黑學研究好了，何畏乎日本？何畏乎列強？

日本的厚黑家，可以反詰我道：據你說，吳蜀二國結下不

解之深仇，諸葛武侯提出伐魏之說，以魏為目標，二國立即和好。而今你們中國人仇視日本，我日本提出「中日聯合，抵抗蘇俄」的主張，以蘇俄為目標，豈不與諸葛武侯聯吳伐魏的政策一樣嗎？怎麼你這個厚黑教主，還說要攻打日本呢？我說：你這話可謂不通之極！荊州本是孫權借與劉備的，孫權取得荊州，物歸原主，吳蜀二國，立於對等地位，故能說聯合伐魏的話。日本佔據東四省，進窺平津，純是劫賊行為，世間哪有同劫賊聯合之理？必須恢復了九一八以前的狀況，荊州歸還了孫權，才能說聯合對俄的話。日本是入室之狼，俄國是臥門之虎，歐美列強，是宅左宅右之獅豹，必須把室中之狼驅逐出去了，才能說及門前之虎，才能說及宅左宅右之獅豹。

厚黑叢話卷六

成都《華西日報》二十五年三月四月

我是八股學校的修業生，中國的八股，博大精深，真所謂宗廟之美，百官之富。我寢饋數十年，只能說是修業。不敢言畢業。我作八股有兩個秘訣：一曰：抄襲古本；二曰：作翻案文字。先生出了一道題，尋一篇類似的題文，略略改換數字，沐手敬書的寫去，是曰抄襲古本。我主張弱小民族聯盟，這是抄襲管仲、蘇秦和諸葛亮三位的古本。人說冬瓜做不得甑子，我說，冬瓜做得甑子並且冬瓜做的甑子，比世界上任何甑子還要好些。何以故呢？世界上的甑子，只有裏面蒸的東西吃得，甑子吃不得，惟有冬瓜做的甑子，連甑子都可以當飯吃。此種

說法，即所謂翻案文字也。我說：厚黑可以救國，等於說冬瓜可以做甑子，所以我的學說最切實用，是可以當飯吃的。

剿襲陳言，為作文之大忌，俾斯麥唱了一齣鐵血主義的戲，全場喝采，德皇威廉第二，重演一齣，一敗塗地，日本接著再演，將來決定一敗塗地。諸君不信，請拭目以觀其後。

抄襲古本，總要來得高明，諸葛武侯，治國師法申韓，外交師法蘇秦，明明是縱橫雜霸之學，反人反說他有儒者氣象，明明是霸佐之才，反說他是王佐之才。此公可算是抄襲古本的聖手。

剿寫文字的人，每喜歡剿寫中式之文，殊不知應當剿寫落卷，鐵血主義四字，俾斯麥中式之文也，我們萬不可剿寫，民族自決四字，是威爾遜的落卷，人種平等四字，是日本的落卷，如果沐手敬書出來，一定高高中式。九一八這類事，與其訴諸國聯，訴諸英美，無寧訴諸非洲澳洲那些野蠻人，訴諸高麗、臺灣那些亡國民，表面看去，似是做翻案文字，實在是抄寫威爾遜的落卷，抄寫日本的落卷。

川省未修馬路以前，我每次走路，見著推車的、抬轎的、邀馱馬的、挑擔子的，來來往往，如螞蟻一般，寬坦的地方，安然過去，一到窄路，就彼此大罵，你怪我走得不對，我怪你走得不對。我心中暗暗想道：何嘗是走得不對，無非是路窄了的關係。我國組織、政權集中在上面，任你有何種抱負，非握得政權施展不出來，於是你說我不對，我說你不對。其實非不對也，政治舞臺，地位有限，容不了許多人，等於走入窄路一般。無怪乎全國中志士和志士，吵鬧不休。

以外交言之，我們當闢一條極寬的路來走，不能把責任

屬諸當局的幾個人。什麼是寬路呢？提出組織弱小民族聯盟的主張，這個路子就極寬了，舞臺就極大了，任有若干人，俱容得下。在國外的商人、留學生和遊歷家，可以直接向弱小民族運動；在國內的，無論在朝在野，無論哪一界，都可擔任種種工作。四萬萬人的目標，集中於弱小民族聯盟之一點，根根力線，不相衝突，不言合作，而合作自在其中。有了這種寬坦的大路可走，政治舞臺，只算一小部分，不須取得政權，救國的工作，也可表現出來，在野黨、在朝黨，也就無須吵吵鬧鬧的了。

　　民主國人民是皇帝，無奈我國四萬萬人，不想當英明的皇帝，大家都以阿斗自居，希望出一個諸葛亮，把日本打倒，把列強打倒，四萬萬阿斗，好坐享其成。我不禁大呼道：陛下誤矣！阿斗者，亡國之主也！有阿斗就有黃皓，諸葛亮千載不一出，且必三顧而後出，黃皓則遍地皆是，不請而自來。我國之所以瀕於危亡者，正由全國人以阿斗自居所致。我只好照抄一句《出師表》曰：「陛下不宜妄自菲薄。」我們何妨自己就當一個諸葛亮，自己就當一個劉先帝。我這個厚黑教主，不揣冒昧，自己就當起諸葛亮來，我寫的《厚黑叢話》，即是我的「隆中對」，我希望讀者諸君，大家都來當諸葛亮，各人提出一種主張，四萬萬人就有四萬萬篇「隆中對」。同時我們又化身為劉先帝，成了四萬萬劉先帝，把四萬萬篇「隆中對」。加意選擇。假令把李厚黑的「弱小民族聯盟」選上了，我們四萬萬劉先帝，就親動聖駕，做聯吳伐魏的工作，想出種種法子，去把非洲澳洲那些野蠻國，與夫高麗、臺灣、安南、緬甸那些亡國民聯為一氣，向世界列強進攻。

欲求我國獨立？必先求四萬萬人能獨立，四萬萬根力線挺然特立，根根力線，直射列強，欲求國之不獨立，不可得已。問：四萬萬力線何以能獨立？曰：先求思想獨立。能獨立乃能合作，我國四萬萬人不能合作者，由於四萬萬人不能獨立之故。不獨立則為奴隸，奴隸者，受驅使而已，獨立何有！合作何有！

野心家辦事，包攬把持，視眾人如奴隸，彼所謂抗日者，率奴隸以抗日以謂也。日本在東亞，包攬把持，視中國人如奴隸，彼所謂抗俄者，率奴隸以抗俄之謂也。既無獨立的能力，哪有抵抗的能力，所以我們要想抵抗日本，抵抗列強，當培植人民的獨立性，不當加重其奴隸性。我寫這部《厚黑叢話》，千言萬話，無非教人思想獨立而已。故厚黑國的外交，是獨立外交，厚黑國的政策，是合力政策。軍商政學各界的厚黑家，把平日的本事直接向列強行使，是之謂厚黑救國。

孔子謂子夏曰：「汝為君子儒，無為小人儒。」我教門弟子曰：「汝為大厚黑，無為小厚黑。」請問大小厚黑，如何分別？張儀教唆六國互相攻打，是小厚黑。孫權和劉備，互爭奪荊州，是小厚黑。要管仲和蘇秦的法子，才算大厚黑。日本佔據東北四省，佔據平津，是小厚黑。歐美列強，掠奪殖民地，是小厚黑。鄙人主張運動全世界弱小民族，反抗日本和列強，才算大厚黑。孟子曰：「小固不可以敵大。」我們的大厚黑成功，日本和列強的小厚黑，當然失敗。

我國只要把弱小民族聯盟明定為外交政策，政府與人民打成一片，全國總動員，一致去做這種工作，全國目光，注射國外，成了方向相同的合力線，不但內爭消滅，並且抵抗日本和

列強，也就綽綽然有餘裕了，開戰也可，不開戰也可。惜乎諸葛武侯死了，恨不得起斯人於地下，而與之細細商榷。

我們一談及弱小民族聯盟，反抗列強，聞者必疑道：列強有那樣的武力，弱小民族如何敵得過？殊不知戰爭的方式最多，武力只占很小一部分。以戰爭之進化言之，最初只有戈矛弓矢，後來進化，才有槍彈，這是舊式戰爭。再進化有飛機炸彈，這是日本在淞滬之役用以取勝的，是墨索里尼在阿比西尼亞用以取勝的。再進化則為化學戰爭，有毒瓦斯、毒菌、死光等等，這是第二次世界大戰，一般人所凜凜畏懼的。再進化則為經濟戰爭，英國對意制裁，即算是用這種戰術。人問：經濟戰爭之上，還有戰術莫得？我答道：還有，再進化則為心理戰爭。三國時馬謖曾說：「用兵之道，攻心為上，攻城為下，心戰為上，兵戰為下。」這即是心理戰爭。心理戰爭的學說我國發明最早。戰國時，孟子說：「天時不如地利，地利不如人和。」此心理戰爭之說也。又云：「……則鄰國之民，仰之若父母矣，率其子弟，攻其父母，自生民以來，未有能濟者也，如此則無敵於天下。」此心理戰爭之說也。我們從表面上看去，這種說法，豈非極迂腐的怪話嗎？而不知這是戰術中最精深的學說，一般人特未之思耳。

現在列強峙立的情形，很像春秋戰國時代。春秋戰國，為我國學術最發達時代，賢人才士最多。一般學者所倡的學說，都是適應環境生出來的，都是經過苦心研究，想實際的解決時局，並不是徒托空談，所以他們的學說很可供我們今日之參考。即以兵爭一端而論，春秋時戰爭劇烈，於是孫子的學說應運而生，他手著的十三篇，所談的是軍事上最高深的學理。

這是中外軍事家所公認的。到了戰國時代，競爭更激烈，孫子的學說已經成了普通常識。於是孟子的學說，又應運而生，發明了心理戰爭的原則，說道：「可使制挺，以撻秦楚之堅甲利兵。」無奈這種理論太高深了，一般人都不了解，以為世間哪有這類的事！哪知孟子死後，未及百年，陳涉揭竿而起，立把強秦推倒，孟子的說法居然實現，豈非很奇的事嗎？

現在全世界兵爭不已，識者都認為非到世界大同，人民是不能安定的。戰國時情形也是這樣，所以梁襄王問：「天下惡乎定？」孟子對曰：「定於一。」也認為：非統一是不能安定的。然則用何種方法來統一呢？現今的人，總是主張武力統一，而孟子的學說則恰恰相反。梁襄王問：「孰能一之？」孟子曰：「不嗜殺人者能一之。」主張武力統一者，正是用殺字來統一，孟子的學說，豈非又是極迂腐的怪話嗎？後來秦始皇併吞六國，算是用武力把天下統一了，迨至漢高入關，除秦苛政，約法三章，從「不嗜殺」三字做去，竟把秦的天下奪了。孟子的學說，又居然實現，豈不更奇嗎？楚項羽坑秦降卒二十餘萬人於新安城南，又屠咸陽，燒秦宮室，火三月不絕，其手段之殘酷，豈不等於墨索里尼在阿比西尼亞種種暴行嗎？然而項羽武力統一的迷夢，終歸失敗，死在漢高祖手裏。這是什麼道理呢？因為高祖的謀臣，是張良、陳平，他二人是精研厚黑學的，懂得心理戰爭的學理，應用最高等戰術，故把項羽殺死。這是歷史上的事實，很可供我們的研究。

秦始皇和楚項羽，純恃武力，是用一個殺字來統一；漢高祖不嗜殺人，是用一個生字來統一。生與殺二者，極端相反，然而俱有統一之可能，這是什麼道理呢？因為凡人皆怕死，你

不服從我，我要殺死你，所以殺字可以統一；凡人皆貪生，你如果擁護我，我可以替你謀生路，所以生字也可以統一。孟子說的：「不嗜殺人者能一之」，完全是從利害二字立論，律以我的厚黑學，是講得通的，所以他的學說，能夠生效。

當舉世戰雲密佈的時候，各弱小國的人民，正在走投無路，不知死所，忽然有一個國家，定出一種大政方針，循著這個方針走去，是惟一的生路，這個國家，豈不等於父母替子弟謀生路嗎？難道不受弱小國的人民熱烈擁戴嗎？孟子說：「鄰國之民，仰之若父母，率其子弟，攻其父母，自生民以來，未有能濟者也。」就是基於這種原則生出來的。不過我這種說法，道學先生不承認的，他們認為：「孟子的學說，純是道德化人，若參有利害二字，未免有損孟子學說的價值。」這種說法，我也不敢深辯，只好同我的及門弟子和私淑弟子研究研究！

秦始皇、楚項羽，用殺字鎮懾人民，漢高祖用生字歆動人民，人之天性，好生而惡死，故秦皇、項羽為人民所厭棄，漢高祖為人民所樂戴。秦項敗，而漢獨成功，都是勢所必至，理有固然。由此知殺字政策，敵不過生字政策。日本及列強，極力擴張軍備，用武力鎮壓殖民地，是走的秦皇、項羽的途徑。大戰爆發在即，全世界弱小民族，正在走投無路，我們趁此時機，提倡弱小民族聯盟，向他們說道：「這是惟一的生路，所謂民族自決也，人種平等也，掃滅帝國主義也，惟有走這條路，才能實現。你們如果跟著列強走，將來大戰爆發，還不是第一次大戰一樣，只有越是增加你們的痛苦的。」我們倡出這種論調，弱小民族還有不歡迎的嗎？我們獲得弱小民族的同

情,把弱聯會組織起,以後的辦法就很多很多,外交方面,就進退裕如了。

楚漢相爭,項羽百戰百勝,其力最強,高祖百戰百敗,其力最弱,而高祖卒把項羽打敗者,他有句名言:「吾寧鬥智不鬥力。」這即是楚漢成敗的關鍵。漢高祖是厚黑界的聖人,他的聖訓,我們應該細細研究。日本和歐美列強,極力擴張軍備,是為鬥力,我們組織世界弱小民族聯盟,採用經濟戰爭和心理戰爭,是為鬥智。我們也不是廢去武力不用,只是專門研究經濟和心理兩種戰爭的方術,輔之以微弱的武力,就足以打倒帝國主義而有餘了。

請問:漢高祖鬥智,究竟用的什麼法子呢?他從彭城大敗而回,問群臣有什麼策略,張良勸他把關以東之地捐與韓信、彭越、黥布三人,信為齊王,越為梁王,黥布為九江王。高祖聯合他們,仍是一種聯軍方式。高祖用主力兵,在滎陽成,與項羽相持,而使信、越等三人,從他方面進攻,項羽遂大困。鴻溝議和後,項羽引兵東還,高祖追之,項羽還擊,高祖大敗,乃用張良之計,把睢陽以北之地劃歸彭越,陳以東之地劃歸韓信,於是諸侯之師,會於垓下,才把項羽殺死。由是知:漢高祖所謂鬥智者,還不是襲用管厚黑、蘇厚黑的故智,起一種聯軍罷了。

我們從歷史上研究,得出一種公例:「凡是列國紛爭之際,弱國惟一的方法,是糾合眾弱國,攻打強國。」任是第一流政治家,如管仲、諸葛武侯諸人,第一流謀臣策士,如張良、陳平諸人,都只有走這一條路,已成了歷史上的定例。然而同是用這種法子,其結果則有成有敗,其原因安在呢?我們

可再加研究。

我們在前面，曾舉出五個實例：（1）管仲糾合諸侯，以伐狄，伐戎，伐楚，這是成了功的。（2）樂毅合五國之兵以伐齊，這是成了功的。（3）蘇秦聯合六國以攻秦，卒之六國爲秦所滅，這是失敗了的。（4）漢高祖合諸侯之兵以攻項羽，這是成了功的。（5）諸葛亮倡吳蜀聯盟之策，諸葛亮和孫權在時，尚能支持曹魏，他二人死後，後人秉承遺策做去，而吳蜀二國，終爲司馬氏所滅，這也算是失敗了的。我們就這五種實例推求成敗之原因，又可得出一種公例：「各國聯盟，中有一國爲主幹，其餘各國爲協助者，則成功；各國立於對等對位，不相統屬者，則失敗。」齊之稱霸，是齊爲主幹，其他諸侯則爲協助；燕之伐齊，燕爲主幹，其他四國則爲協助；漢之滅楚，漢高祖爲主幹，眾諸侯爲協助，所以皆能成功。六國聯盟，六國不能統屬；吳蜀聯盟，二國也不相統屬，所以俱爲敵人所滅。我國組織弱聯會，我國當然是主幹，當然成功。

現在國際的情形，既與春秋戰國相似，我們就應該把春秋時管厚黑的方法和戰國時蘇厚黑的方法，融合爲一而用之，管仲的政策，是尊周攘夷，先揭出尊周的旗幟，一致擁護周天子，把全國力量集中起來，然後才向外夷攻打，伐狄，伐戎，伐楚，各個擊破。蘇秦的政策，是合六個弱國，攻打一個強秦。我們可把全世界弱小民族，看作戰國時之六國，把英法德美義俄日諸強國，合看爲一個強秦，先用管仲的法子，把全國力量集中起來，擁護中央政府，以整個的中國與全世界弱小民族聯合，組織一個聯盟會；迨至這種聯盟組織成功，即用堂堂之鼓，正正之旗，向列強一致進攻，他們赤白兩色帝國主義，

自然崩潰。

有人問：中國內部這樣的渙散，全國力量，怎能集中起來？我說：我所謂集中者，是思想集中，全國人的心理，走在一條線上，不必定要有何種形式。例如：我李瘋子提出「弱小民族聯盟」之主張，有人說：這種辦法是對的，又有人說不對，大家著些文字，在報章雜誌上討論，結果一致認爲不對，則不用說，如一般人認爲對，政府也認爲對，我們就實行幹去。如此，則不言擁護中央政府，自然是擁護中央政府，不言全國力量集中，自然是全國力量集中。所以我們要想統一全國，當先統一全國思想。所謂統一思想者，不是強迫全國人之思想必須走入某一條路，乃是使人人思想獨立，從學理上、事勢上徹底研究，大家公認爲某一條路可以走，才謂之思想統一。

有人難我道：你會講厚黑學，聯合弱小民族，向列強進攻，難道列強不能講厚黑學，一齊聯合起來，向弱小民族進攻嗎？我說：這是不足慮的，證以過去的歷史，他們這種聯合，是不能成功的。

戰國時，六國聯盟，有人批評他：「連雞不能俱飛。」六國之失敗，就是這個原因。如果列強想聯合起來，對付弱小民族，恰犯了連雞不能俱飛之弊。語曰：「蛇無頭而不行。」列強不相統屬，尋不出首領，是謂無頭之蛇。我們出來組織弱小民族聯盟，我國是天然的首領，是謂有頭之蛇。列強與列強，利害衝突，矛盾之點太多，步調斷不能一致，要聯合，是聯合不起的。弱小民族，利害共同，彼此之間，尋不出絲毫衝突之點，一經聯合，團體一定很堅固。

前次大戰，列強許殖民地許多權利，戰後食言，不惟所許利益不能得，反增加許多痛苦。殖民地含恨在心，如果大戰重開，斷難得殖民地之贊助，且或乘機獨立，這是列強所深慮的。日本精研厚黑學，窺破此點，所以九一八之役，悍然不顧，硬以第二次大戰相威脅，列強相顧失色。就中英國殖民地更寬，怕得更厲害，因此國聯只好犧牲我國的滿州，任憑日本為所欲為。德國窺破此點，乘機撕毀和約，英法也無如之何。墨索里尼窺破此點，以武力壓迫阿比西尼亞，英國也無如之何。其惟一之方法，無非是以第二次大戰相威脅而已，無非是實厚黑學而已。

　　世界列強，大講其厚黑學，看這個趨勢，第二次世界大戰是斷不能避免的。戰爭結果，無論誰勝誰負，弱小民族總是供他們犧牲的。我們應該應用厚黑哲理，趁大戰將發未發之際，趕急把弱小民族聯盟組織好，乘機予列強一種威脅，這個大戰，與其由列強造成，弱小民族居於被動地位，毋寧由弱小民族造成，使列強居於被動地位。明明白白告訴列強道：「你不接受我們弱小民族的要求，我們就把第二次大戰與你們造起來。」請問世界弱小民族，哪個敢談這個話呢？這恐怕除了我中華民國，再莫有第二個。請問我中國怎敢談這類強硬話呢？則非聯合世界弱小民族為後盾不要。

　　從前陳涉起事，曾經說過：「逃走也死，起事也死，同是一死，不如起事好了。」弱小民族今日所處地位，恰與陳涉相同，大戰所以遲遲未發者，由於列強內部尚未準備完好，我們與其坐受宰割，毋寧先發制人，約集全世界弱小民族，死中求生。不然他們準備好了，大戰一開，弱小民族就永無翻身之日

了。

全世界已劃爲兩大戰線，一爲壓迫者，一爲被壓迫者，孫中山講民族主義，已斷定第二次世界大戰是被壓迫者對壓迫者作戰，是十二萬萬五千萬人對二萬萬五千萬人作戰，無奈……日本人口，除去臺灣、高麗而外，全國約計六千萬，也辜負孫中山之期望，變爲明火劫搶之惡賊。所以我們應當秉承孫中山遺教，糾集被壓迫之十萬萬四千萬人，向赤白兩色帝國主義四萬萬六千萬人作戰，才算順應進化之趨勢。現在這夥強盜，互相火拚，乃是全世界被壓迫民族同時起事的好機會，我們平日練習的厚黑本事，正好拿出來行使，以大厚黑破他的小厚黑。不然，第二次大戰：仍是列強與列強作戰，弱小民族，牽入漩渦，受無謂之犧牲，豈不違反中山遺訓嗎？豈不違反進化公例嗎？

我講厚黑學，分三步工夫，諸君想還記得。第一步：面皮之厚，厚如城牆；心子之黑，黑如煤炭。第二步：厚而硬，黑而亮。第三步：厚而無形，黑而無色。日本對於我國，時而用劫賊式，武力侵奪，時而用娼妓式，大談親善，狼之毒，狐之媚，二者俱備。所謂厚如城牆，黑如煤炭，他是做到了的，厚而硬，也是做到了的，惟有黑而亮的工夫，他卻毫未夢見。曹操是著名的黑心子，而招牌則透亮，天下豪俊奔集其門，明知其爲絕世奸雄，而處處覺得可愛，令人佩服。日本則「心子與招牌同黑」，成了世界公敵，如蛇蠍一般，任何人看見，都喊「打！打！」所以日本人的厚黑學越講得好，將來失敗越厲害。何以故？黑而不亮故。它只懂得厚黑學的下乘法，不懂上乘法，他同不懂厚黑學的人交手，自然處處獲勝，若遇著名

手,當然一敗塗地。

我們組織弱小民族聯盟,向列強攻打,用以消滅赤白兩色帝國主義,本是用的黑字訣,然而這種方法,是從威爾遜「民族自決」四字抄襲出來,全世界都歡迎,是之謂黑而亮。聞者必起來爭辯道:「威爾遜主義,是和平之福音,是大同主義之初基,豈是面厚心黑的人幹得來嗎?實行這種主義,尚得謂之厚黑嗎?」李瘋子聞而歎曰:「然哉!然哉!是謂『厚而無形,黑而無色』。」

有人難我道:「你主張聯合弱小民族,向列強攻打。我請問,一個日本,我國都對付不了,何敢去惹世界列強?日本以武力壓迫我國,歐美列強,深抱不平,很同情於我國,我們正該聯合他們,去攻打日本,你反要聯合世界弱小民族,去攻打列強,這種外交,豈非瘋子外交嗎?你這類話,前幾年說可以,再過若干年後來說也可以,現在這樣說,真算是瘋子。」

我說:我歷來都是這樣說,不是今日才說,數年前我寫有一篇《世界大戰:我國應走的途徑》,即是這樣說的。四川省立國書館,存有原印本,可資考證。這個話,前幾年該說,現在更該說,再過若干年,也就無須說。你說是瘋子外交,這是由於你不懂厚黑學的緣故。我講厚黑學,不是有鋸箭法和補鍋法嗎?我們把弱小民族聯盟組織好了,就應用補鍋法中之敲鍋法,手執鐵錘,向某某諸國說道:「信不信,我這一錘敲下去,叫你這鍋立即破裂,再想補也補不起!」口中這樣說,而手中之鐵錘則欲敲下不敲下,這其間有無限妙用。如列強不睬,就略略敲一下,使鍋上裂痕增長一點;再不睬,再敲一下。如果日本和列強,要倒行逆施,宰割弱小民族,供他們的

欲鑿，我們就一錘下去，把裂痕增至無限長，糾合全世界被壓迫人類，一齊暴動起來，十萬萬四千萬被壓迫者，對四萬六千萬壓迫者作戰，而孫中山先生之主張，於是乎實現。但是我們著手之初，則在組織弱小民族聯盟，把弱聯會組織好，然後鐵錘在手，操縱自如，在國際上才能平等自由。

敲鍋要有藝術，輕不得，重不得。輕了鍋上裂痕不能增長，是無益的；敲重了，裂痕太長補不起。要想輕重適宜，非精研厚黑學不可。戲劇中有《補缸》一齣，一錘下去，把缸子打得粉碎。這種敲法，未免太不高明。我們在國際上，如果這樣幹，真所謂瘋子外交，豈足以言厚黑學！

我講厚黑學，曾說：「管仲勸齊桓公伐楚，是把鍋敲爛了來補。」他那種敲法，是很藝術的。講到楚之罪名共有二項，一為周天子在上，他敢於稱王；二為漢陽諸姬，楚實盡之，這本是彰彰大罪。乃楚遣使問出師理由，桓公使管仲對曰：「爾貢包茅不入，王祭不共，無以縮酒，寡人是征。」又曰：「昭王南征而不復，寡人是問。」捨去兩大罪，而責問此極不要緊之事，豈非滑天下之大稽？昭王渡漢水，船覆而死，與楚何關？況且事隔數百年，更是毫無理由。

管子為天下才，這是他親自答覆的，難道莫得斟酌嗎？他是厚黑名家，用補鍋法之初，已留鋸箭法地步。假令把楚國真實罪狀宣佈出來，叫他把王號削去，把漢陽諸姬的地方退出來，楚國豈不與齊拚命血戰嗎？你想長勺之役，齊國連魯國這種弱國都戰不過，他敢與楚國打硬戰嗎？只好借周天子之招牌，對楚國輕輕敲一下罷了。楚是堂堂大國，管仲不敢傷他的面子，責問昭王不復一事，故意使楚國有抗辯的餘地。楚王可

以對臣下說道：「他責問二事，某一事，我與他罵轉去，罵得他啞口無言，包茅是河邊上蘆葦一類東西，周天子是我的舊上司，砍幾捆送他就是了。」這正是管仲的妙用，口罵無憑，貢包茅有實物表現，齊桓公於是背著包茅，進之周天子，作爲楚國歸服之實證。

古者國之大事惟祀與戎，周天子祭祀的時候，把包茅陳列出來，貼一紅紙簽，寫道：「這是楚國貢的包茅」。助祭的諸侯看見，周天子面上豈不光輝光輝？楚國都降伏了，眾小國敢有異議嗎？我寫《厚黑傳習錄》曾說：「召陵一役，以補鍋法始，以鋸箭法終。」其妙用如是如是。我們把弱小民族聯盟組織好了，就用鐵錘在列強的鍋上輕輕敲他一下，到達相當時機，就鋸箭幹了事。到某一時期，再敲一下，箭幹出來一截，又鋸一截。像這樣不斷的敲，不斷的鋸，待到終局，箭頭退出來了，輕輕用手拈去，於是乎鋸箭法告終，而鍋也補起了。

外交上，原是鋸箭法、補鍋法二者互用，如車之雙輪，鳥之雙翼，不可偏廢。我國外交之失敗，其病根在專用鋸箭法。自五口通商以來，所有外交，無一非鋸箭幹了事。九一八以後，尤爲顯著。應該添一個補鍋法，才合外交方式。我們組織弱小民族聯盟，即是應用補鍋法的學理產生出來的。

現在日本人的花樣，層出不窮，殺得我國只有招架之功，並無還兵之力，並且欲招架而不能。我們就應該還他一手，揭出「弱小民族聯盟」的旗幟。你會講「大亞細亞主義」，想把中國吞下去，進而侵略亞洲各國，進而窺伺全世界，我們就進「弱小民族聯盟」，以中國爲主幹，而臺灣，而琉球，而高麗，而安南、緬甸，而暹羅、印度，而澳洲、非洲一切野蠻民

族。日本把一個大亞細亞主義大吹大擂，我們也把一個弱小民族聯盟大吹大擂，這才是旗鼓相當，才足以濟補鍋法之窮。

民國二年，我在某機關任職，後來該機關裁撤，我與同鄉陳健人借銀五十元，以作歸計。他回信說道：「我現無錢，好在為數無多，特向某某人轉借，湊足五十元，與你送來。」信末附一詩云：「五十塊錢不為多，借了一坡又一坡，我今專人送與你，格外再送一道歌。」我讀了，詩興勃發，不可遏止，立覆一信道：「捧讀佳作，大發詩興。奉和一首，敬步原韻。辭達而已，工拙不論。君如不信，有詩為證。詩曰：『厚黑先生手藝多，哪怕甑子滾下坡。討口就打蓮花落，放牛我會唱山歌』。」詩既成，餘興未已，又作一首：「大風起兮甑滾坡，收拾行李兮回舊窩，安得猛士兮守沙鍋。」我出東門，走至石橋趕船，望見江水滔滔，詩興又來了，又作一首曰：「風蕭蕭兮江水寒，甑子一去兮不復還。」千古倒甑子的人，聞此歌，定當同聲一哭。

近來軍政各機關，常常起大風，甑子一批一批的向坡下滾去，許多朋友，向我歎息道：「安得猛士兮守沙鍋。」我說道：我的學問，而今長進了，沙鍋無須守，也無須請猛士，只須把你的手杖向對方的沙鍋一敲，他的沙鍋打破，你的沙鍋遂巋然獨存。你如果莫得敲破對方沙鍋的本事，自己的沙鍋斷不能保存。

東北四省，被日本占去，國人都有「甑子一去兮不復還」的感想，見日本在華北華南積極進行，又同聲說道：「安得猛士兮守沙鍋。」這都是我先年的見解，應當糾正。甑子與沙鍋，是一物之二名，日本人想把我國的甑子打破，把裏面的飯

貯入他的沙鍋內，國人只知雙手把甑子掩護，真是幹的笨事！我們四萬萬人，每人拿一根打狗棒，向日本的沙鍋敲去，包管發生奇效。問：「打狗棒怎樣敲法？」曰：組織弱小民族聯盟。

我們對於日本，應該取攻勢，不該取守勢，對於列強，取威脅式，不取乞憐式。我們組織弱小民族聯盟，即是對日本取攻勢，對列強取威脅式。日本侵略我國，列強抱不平，對我國表同情，難道是懷好意嗎？豈真站在公理立場上嗎？日本希望的是獨佔，列強希望的是共管，方式雖不同，其為厚黑則一也。為我國前途計，應該極力聯合世界弱小民族，努力促成世界大戰，被壓迫者對壓迫者作戰，全世界弱小民族，同齊暴動，把列強的帝國主義打破，即是把列強的沙鍋打破，弱小民族的沙鍋，才能保存。

威爾遜播下「民族自決」的種子，一天一天的潛滋暗長，現在快要成熟了。我國出來當一個陳涉，振臂一呼，揭出弱小民族聯盟的旗幟，與威爾遜主義遙遙相應，全世界弱小民族，當然聞風回應。嬴秦亡國條件，列強是具備了的，而以日本具備尤多。一般人震於日本和列強之聲威，反抗二字，生怕出諸口，這是由於平日不研究厚黑學，才會這樣的畏懼。如果把我的《厚黑學》單行本熟讀一萬遍，立即發生一種勇氣來，區區日本和列強，何足道哉！他們都是外強中乾，自身內部，矛盾之點太多，譬諸築牆，基礎莫有穩固。我們組織弱小民族聯盟，直向牆腳攻打，「弱聯」一成功，日本和列強的帝國主義，當然崩潰。

我們聯合弱小民族之初，當取甘地不抵抗主義，任他何種

壓迫俱不管，只埋頭幹「弱聯」的工作，並且加緊工作，哪有閒心同他開戰？等到「弱聯」組織成功了，任何不平等條約，撕了即是，到了那時，他們敢於不接受我們的要求，就糾合全世界弱小民族，同時動作，以武力解決，由我國當主帥，指揮作戰，把蘇秦的老法子拿來行使，「秦攻一國，五國出兵助之或出兵撓秦之後」。像這樣幹去，赤白兩色帝國主義，哪有不崩潰之理！以英國言之，他自誇凡是太陽所照之地，都有英國人的國旗，我們的「弱聯」組織成功，可以說：凡是太陽所照之地，英國人都有挨打的資格。這樣幹，才是圖謀和平的根本辦法。機會一成熟，立把箭頭取出，無須再用鋸箭法。我們不從此種辦法著手，徒悻悻然對日作戰，從武力上同他決勝負，真是蘇東坡所說的：「匹夫見辱，拔劍而起，挺身而鬥」了，律以我的厚黑哲理，是違反的。日本倡言親善，如果就同他親善，事事仰承日本鼻息，不敢反抗，不敢組織弱小民族聯盟，更是厚黑界之小丑，夠不上談厚黑哲理。

　　日本是我國室中之狼，俄國是門前之虎，歐美列強，是宅左宅右之獅豹。日本是我國的仇國，當然無妥協餘地，其他列強，為敵為友，尚不能預定，何也？因其尚在門前，尚在宅左宅右也。

　　威爾遜倡民族自決，想成一個國際聯盟，以實現他的主張。哪知一成立，就被列強利用，成為分贓的集團，與威爾遜主義背道而馳。孫中山曾講過大亞細亞主義，意在為黃種人吐氣，哪知日本就想利用這種主張，以遂他獨霸東亞之野心。所以我們成立弱小民族聯盟，首先聲明，英美德法義俄日等國永無入會之資格，日本不用說了。我們把英美等國劃在會外，也

不一定視為敵人，為敵為友，視其行為而定。如能贊助弱聯，我們也可視為良友，但只能在會外，不能在會中說話，使他莫得利用操縱之機會。

我們對日抗戰，當發揮自力，不能依賴某某強國，請他幫助。即使有時想列強幫助，也不能向他作乞憐語，更不能許以絲毫權利，只是埋頭幹「弱小民族聯盟」的工作，一眼覷著列強的沙鍋，努力攻打。要我不打破你的沙鍋，除非幫助我把日本驅出東北四省，恢復九一八以前狀況，我們也可以鋸箭幹了事。因為九一八之變，是國聯不能執行任務釀出來的，當然尋國聯算帳，當然成一個「弱聯」，推翻現在的「國聯」。所以對付列強，當如對付橫牛，牽著鼻子走，不能同他善說。問：列強的鼻子，怎能受我們的牽？曰努力的聯合弱小民族，即是牽列強的鼻子，如列強扭著鼻子不受我們牽，我們就實行把沙鍋與他打爛，實現孫中山之主張，十萬萬四千萬被壓迫者，對四萬萬六千萬壓迫者實行作戰，忍一下痛苦，硬把箭頭取出，廢去鋸箭法不用，更是直截了當。我認為這種辦法，是我國惟一的出路，請全國厚黑同志研究研究。

和平是整個的，現在世界關聯密切，一處發生戰事，就波動全世界，就有第二次世界大戰的可能。列強殖民地太寬，弱小民族受了威爾遜的宣傳，早已蠢蠢欲動，大戰爭一發生，列強的沙鍋就有破裂的危險。這一層，日本和列強都是看得很清楚的。日本自九一八以後，一切事悍然不顧，墨索里尼侵佔阿比西尼亞，也悍然不顧，都是看清此點，以世界大戰相威脅，料定國聯不敢動作。果然國聯顧忌此點，不敢實行制裁，只好因循敷衍，犧牲弱小民族利益，以飽橫暴者之貪囊，暫維目

前狀況，於是國際聯盟，就成為列強的分贓集團。我們看清此點，知道「國聯」已經衰朽不適用了，就乘機推翻他，新興一個「弱聯」，以替代「國聯」這種機構，催促威爾遜之主張早日實現。這種辦法，才適合時代之要求。這種責任，應由我國出來擔負，除了我國，其他國家是擔負不起的。

我們組織弱小民族聯盟，把甘地辦法擴大之，改良之，當然發生絕大的效果。印度是亡了國的，甘地是赤手空拳，尚能有那樣的成績。我國是堂堂的獨立大國，有強大的戰鬥力，淞滬之役，已經小小的表現一下，有這樣的戰鬥力，而卻不遽然行使，只努力幹「弱聯」工作，所得效果，當然百倍甘地。這種辦法，我想一般厚黑同志，決定贊成的。

我是害了兩重病的，一曰瘋病，二曰八股病，而我之瘋病，是從八股病生出來的。八股家遇著長題目，頭緒紛繁，抑或合數章為一題，其作法，往往取題中一字，或一句，或一章作主，用以貫穿全題。曾國藩者，八股之雄也，其論作文之法曰：「萬山磅礡，必有主峰，龍袞九章，但挈一領。」斯言也，通於治國，通於厚黑學。我國內政外交，處處棘手，財政軍政，紛如亂絲，這就像八股家遇著了合數章書的長題目，頭緒紛繁，無從著筆。如果枝枝節節而為之，勢必費力不討好，所以我們解決時局，就該應用八股，尋出問題之中心點，埋頭幹去，紛亂的時局，自必厘然就緒。我們做這篇八股，應該提出抗日二字為中心點，基於抗日之主張，生出內政外交之辦法。內政外交的方針既定了，一切措施，都與這個方針適應，是之謂：「萬山磅礡，必有主峰，龍袞九章，但挈一領。」我以後所寫文字，就本此主張寫去，但我從滿清末年，就奔走

宦場，發明求官六字真言，做官六字真言，八股一道，荒廢已久，寫出的文字，難免不通，希望八股老同志糾正糾正。

科舉時代的功令，作八股必遵朱注，試場中片紙不准夾帶，應考的人，只好把朱子的《四書集注》讀來背得，所以朱子可稱為八股界之老祖宗。而他解決時局的辦法，是很合八股義法的。他生當南宋，初見宋孝宗即說道：「當今之世，要首先認定：金人是我不共戴天之敵，斷絕和議，召還使臣，這層決定了，一切事才有辦法。一般懷疑的人，都說根本未固，設備未周，進不能圖恢復，退不能謀防禦，故不得已而暫與金人講和，以便從容準備，殊不知這話大錯了。其所以根本不固，設備不周，進不能攻，退不能守者，正由有講和之說的緣故。一有講和之說，則進無決死之心，退有遷延之計，其氣先餒，而人心遂渙然離沮。故講和之說不罷，天下事無一可成。為今之計，必須閉門絕和，才可激發忠勇之氣，才可言恢復。」這是朱子在隆興元年對孝宗所說的話。他這篇文字，很合現在的題目，我們可以全部抄用。首先認定日本是仇國，使全國人有了公共的目標，然後才能說「對內團結，對外抵抗」的話。我國一般人，對於抗日，本下了最大決心，不過循著外交常軌，口頭不能不說說親善和調整這類話，不知親善和調整這類名詞，是西洋的八股話，對於中國全不適用，其弊害，朱子說得很明白。

國人見國勢日危，主張保存國粹，主張讀經，這算是從根本上治療了。八股是國粹的結晶體，我的厚黑學，是從八股出來的，算是根本之根本。我希望各校國文先生，把朱子對孝宗說的這段文字選與學生讀，培養點中國八股智識，以便打倒西

洋八股。

　　中國的八股，有甚深的歷史，一般文人，涵濡其中，如魚在水，所以今人文字，以鼻嗅之，大都作八股氣，酸溜酸溜的。章太炎文字，韓慕廬一類八股也；嚴又陵文字，管韞山一類八股也；康有爲文字，「十八科闈墨」一類八股也；梁啓超文字，「江漢炳靈」一類八股也；鄙人文字，小試場中，截搭題一類八股也；當代文豪，某某諸公，則是《聊齋》上的賈奉雉，得了仙人指點，高中經魁之八股也。「諸君莫笑八股酸，八股越酸越革命。」黃興、蔡松坡，秀才也；吳稚暉、于右任，舉人也；譚延闓、蔡元培，進士翰林也。我所知的同鄉同學，幾個革命專家，廖緒初舉人也；雷鐵崖、張列五、謝彗生，秀才也；曹叔實，則是一個屢試不售的童生。猗歟！盛哉！八股之功用大矣哉！滿清末年，一夥八股先生，起而排滿革命，我甚願今之愛國志士，把西洋八股一火焚之，返而研究中國的八股，才好與我們的仇國日本奮鬥到底。

　　唐宋八家中，我最喜歡三蘇，因爲蘇氏父子，俱懂得厚黑學。老泉之學，出於申韓。申子之書不傳，老泉《嘉祐集》，一切議論，極類韓非，文筆之峭厲深刻，亦復相似。老泉喜言兵，他對於孫子也很有研究。東坡之學，是戰國縱橫者流，熟於人情，明於利害，故辯才無礙，嬉笑怒罵，皆成文章。其爲文詼詭恣肆，亦與戰國策文字相似。子由深於老子，著有《老子解》。明李卓吾有言曰：「解老子者衆矣，而子由獨高。」子由文汪洋淡泊，在八家中，最爲平易。漸於黃老者深，其文固應爾爾。《孫子》、《韓非子》和《戰國策》，可說是古代厚黑學教科書。《老子》一書，包涵厚黑哲理，尤爲宏富。諸

君如想研究孔子的學說，則孔子所研習的詩經書經易經，不可不熟讀；萬一想研究厚黑學，只讀我的作品，不過等於讀孔子的《論語》，必須上讀《老子》、《孫子》、《韓非子》和《戰國策》諸書，如儒家之讀《詩》、《書》、《易》諸書，把這些書讀熟了，參之以廿五史和現今東西洋事變，融會貫通，那就有得厚黑博士之希望了。

有人問我：厚黑學三字，宜以何字作對？我說：對以道德經三字。李老子的道德經和李瘋子的厚黑學，不但字面可以相對，實質上，二者原是相通，於何徵之呢？有朱子之言可證。《朱子全書》中有云：「老氏之學最忍，他閒時似個虛無卑弱底人，莫教緊要處，發出來，更教你支格不住，如張子房是也。子房皆老氏是學，如嶢關之戰，與秦將連和了，忽乘其懈擊之。鴻溝之約，與項羽講和了，忽回軍殺之。這個便是他卑弱之發處，可畏可畏。他計策不須多，只消兩三處如此，高祖之業成矣。」依朱子這樣說：老子一部道德經，豈不明明是一部厚黑學嗎？我在《厚黑叢話》卷二之末，曾說：「蘇東坡的《留侯論》，全篇是以一個厚字立柱。」朱子則直將子房之黑字揭出，並探本窮源，說是出於老子，其論尤為精到。朱子認為嶢關、鴻溝，這些狠心事，是卑弱之發處，足知厚黑二者，原是一貫之事。

厚與黑，是一物體之二面，厚者可以變而為黑，黑者亦可變而為厚。朱子曰：「老氏之學最忍。」他以一個忍字，總括厚黑二者。忍於己之謂厚。忍於人之謂黑。忍於己，故閉時虛無卑弱；忍於人，故發出來教你支持不住。張子房替老人取履，跪而納之，此忍於己也；嶢關鴻溝，敗盟棄約，置人於

死，此忍於人也。觀此則知厚黑同源，二者可以互相為變。我特告訴讀者諸君，假如有人在你面前脅肩諂笑，事事要好，你須謹防他變而為黑。你一朝失勢，首先墜井下石，即是這類人。又假如有人在你面前肆意凌侮，諸多不情，你也不須怨恨，你若一朝得志，他自然會變而為厚，在你面前，事事要好。歷史上這類事很多，諸君自去考證。

　　我發明厚黑學，進一步研究，得出一條定理：「心理變化，循力學公例而行。」有了這條定理，厚黑學就有哲理上之根據了。水之變化，純是依力學公例而變化。有時徐徐而流，有物當前，總是避之而行，總是向低處流去，可說是世間卑弱之物，無過於水。有時怒而奔流，排山倒海，任何物不能阻之，阻之則立被摧滅，又可說世間兇悍之物，無過於水。老子的學說，即是基於此種學理生出來的。其言曰：「天下莫柔弱於水，而攻堅強者，莫之能勝。」諸君能把這個道理會通，即知李老子的道德經和鄙人的厚黑學，是莫得什麼區別的。

　　忍於己之謂厚，忍於人之謂黑，在人如此，在水亦然。徐徐而流，避物而行，此忍於己之說也；怒而奔流，人物阻擋之，立被摧滅，此忍於人之說也。避物而行和摧滅人物，現象雖殊，理實一貫，人事與物理相通，心理與力學相通，明乎此，而後可以讀李老子的道德經，而後可以讀李瘋子的厚黑學。

　　老子學說，純是取法於水道德經中，言水者不一而足，如曰：「上善若水，水善利萬物而不爭，處眾人之所惡，故幾於道。」又曰：「江海所以能為百谷王者，以其善下之，故能為百谷王。」水之變化，循力學公例而行，老子深有契於水，故

其學說，以力學公例繩之，無不一一吻合。惟其然也，宇宙事事物物，遂逃不出老子學說的範圍。

老子曰：「吾言甚易知，甚易行，天下莫能知，莫能行。」這幾句話，簡直是他老人家替厚黑學做的讚語。面厚心黑，哪個不知道？哪個不能做？是謂「甚易知，甚易行」。然而厚黑學三字，載籍中絕未一見，必待李瘋子出來才發明，豈非「天下莫能知」的明證嗎？我國受日本和列強的欺凌，管厚黑、蘇厚黑的法子俱在，不敢拿來行使，厚黑聖人勾踐和劉邦對付敵人的先例俱在，也不一加研究，豈非「天下莫能行」的明證嗎？

我發明的厚黑學，是一種獨立的科學，與諸子百家的學說絕不相類，但是會通來看，又可說諸子百家的學說無一不與厚黑學相通，我所講一切道理，無一不經別人說過，我也莫有新發明。我在厚黑界的位置，只好等於你們儒家的孔子。孔子祖述堯舜，憲章文武，述而不作，信而好古，他也莫得什麼新發明。然而嚴格言之，儒家學說與諸子百家，又絕不相類，我之厚黑學，亦如是而已。孔子曰：「知我者，其惟春秋乎！罪我者，其惟春秋乎！」鄙人亦曰：「知我者，其惟厚黑學乎！罪我者，其惟厚黑學乎！」

老子也是一個「述而不作，信而好古」的人，他書中如「建言有之」，如「用兵有言」，如「古所謂」……一類話，都是明明白白的引用古書。依朱子的說法，《老子》一書，確是一部厚黑學，而老子的說法，又是古人遺傳下來的，可見我發明的厚黑學，真是貫通古今，可以質諸鬼神而無疑，百世以俟聖人而不惑。

據學者的考證，周秦諸子的學說，無一人不淵源於老子，因此周秦諸子，無一不帶點厚黑氣味。我國諸子百家的學說，當以老子為總代表。老子之前，如伊尹，如太公，如管子諸人，《漢書‧藝文志》都把他列入道家，所以前乎老子和後乎老子者，都脫不了老子的範圍。周秦諸子中，最末一人，是韓非子。與非同時，雖有《呂覽》一書，但此書是呂不韋的食客纂集的，是一部類書，尋不出主名，故當以韓非為最末一人。非之書有《解老》、《喻老》兩篇，把老子的話一句一句解釋，呼老子為聖人。他的學問，是直接承述老子的，所以說：「刑名原於道德。」由此知周秦諸子，徹始徹終，都是在研究厚黑這種學理，不過莫有發明厚黑這個名詞罷了。

韓非之書，對於各家學說俱有批評，足知他於各家學說，都一一研究過，然後才獨創一派學說。商鞅言法，申子言術，韓非則合法、術而一之，是周秦時代法家一派之集大成者。據我看來，他實是周秦時代厚黑學之集大成者。不過其時莫得厚黑這個名詞，一般批評者，只好說他慘刻少恩罷了。

老子在周秦諸子中，如昆侖山一般，一切山脈，俱從此處發出；韓非則如東海，為眾河流之總匯處。老子言厚黑之體，韓非言厚黑之用，其他諸子，則為一支山脈或一支河流，於厚黑哲理，都有發明。

道法兩家的學說，根本上原是相通，斂之則為老子之清靜無為，發之則為韓非之慘刻少恩，其中關鍵，許多人都看不出來。朱子是好學深思的人，獨看破此點。他指出張子房之可畏，是他卑弱之發處，算是一針見血之語。卑弱者，斂之之時也，所謂厚也；可畏者，發之之時，所謂黑也。即厚即黑，原

不能歧而爲二。

　　道法兩家，原是一貫，故史遷修《史記》，以老莊申韓合爲一傳，後世一孔之儒，只知有一個孔子，於諸子學術源流，茫乎不解，至有謂李耳與韓非同傳，不倫不類，力詆史遷之失，真是夢中囈語。史遷父子，是道家一派學者，所著《六家要指》，字字是內行話。史遷論大道則先黃老，老子是他最崇拜的人。他把老子與韓非同列一傳，豈是莫得道理嗎？還待後人爲老子抱不平嗎？世人連老子與韓非的關係都不了解，豈足上窺厚黑學？宜乎李厚黑又名李瘋子也。

　　厚黑這個名詞，古代莫得，而這種學理，則中外古今，人人都見得到。有看見全體的，有看見一部分的，有看得清清楚楚的，有看得依稀恍惚的，所見形態千差萬別。所定的名詞，亦遂千差萬別。老子見之，名之曰道德，孔子見之，名之曰仁義，孫子見之，名之曰廟算，韓非見之，名之曰法術，達爾文見之，名之曰競爭，俾斯麥見之，名之曰鐵血，馬克思見之，名之曰唯物，其信徒威廉氏見之，名之曰生存，其他哲學家，各有所見，各創一名，真所謂「橫看成嶺側成峰，遠近高低無一同，不識廬山真面目，只緣身在此山中」。

　　有人詰問我道：「你主張『組織弱小民族聯盟，向列強攻打。』這本是一種正義，你何得呼之爲厚黑？」我說：「這無須爭辯，即如天上有兩個亮殼，從東邊溜到西邊，從西邊溜到東邊，溜來溜去，晝夜不停。這兩個東西，我們中國人呼之爲日月，英國人則呼之爲Sun或Moon，名詞雖不同，其所指之物則一。我們看見英文中之Sun、Moon二字，即譯爲日月二字。讀者見了我的厚黑二字，把他譯成正義二字可也，即譯之爲道

德二字或仁義二字，也無不可。

周秦諸子，無一人不是研究厚黑學理，惟老子窺見至深，故其言最爲玄妙。非有朱子這類好學深思的人，看不出老子的學問。非有張子房這類身有仙骨的人，又得仙人指點，不能把老子的學問用得圓轉自如。

周秦諸子，表面上，眾喙爭鳴，裏子上，同是研究厚黑哲理，其學說能否適用，以所含厚黑成分多少爲斷。《老子》和《韓非》二書，完全是談厚黑學，所以漢文行黃老之術，致治爲三代下第一；武侯以申韓之術治蜀，相業爲古今所豔稱。孫吳蘇張，於厚黑哲理，俱精研有得，故孫吳之兵，戰勝攻取，蘇秦、張儀，出而遊說，天下風靡。由是知：凡一種學說，含有厚黑哲理者，施行出來，社會上立即發生重大影響。儒家高談仁義，仁近於厚，義近於黑，所得者不過近似而已。故用儒術治國，不癢不痛，社會上養成一種大腫病，儒家強爲之解曰：「王道無近功。」請問漢文帝在位，不過二十三年，武侯治蜀，亦僅二十年，於短時間收大效，何以會有近功？難道漢文帝是用的霸術嗎？諸葛武侯，豈非後儒稱爲王佐之才嗎？究竟是什麽道理？請儒家有以語我來，厚黑是天性中固有之物，周秦諸子無一不窺見此點，我也不能說儒家莫有窺見，惜乎窺見太少，此其所以「博而寡要，勞而少功」也。此其所以「迂遠而闊於事情」也。

老莊申韓，是厚黑學的嫡派。孔孟是反對派。吾國二千餘年以來，除漢之文景、蜀之諸葛武侯、明之張江陵而外，皆是反對派執政，無怪乎治日少而亂日多也。

我深恨厚黑之學不明，把好好一個中國鬧得這樣糟，所

以奮然而起,大聲疾呼,以期喚醒世人。每日報紙上,寫厚黑叢話一二段,等於開辦一個厚黑學的函授學校。經我這樣的努力,果然生了點效。許多人向我說道:「我把你所說的道理,證以親身經歷的事項,果然不錯。」又有個朋友說道:「我把你發明的原則,去讀《資治通鑒》,讀了幾本,覺得處處俱合。」我聽見這類話,知道一般人已經有了厚黑常識,程度漸漸增高,我講的學理,不能不加深點,所以才談及周秦諸子,見得我發明的厚黑學,不但證以一部二十五史,處處俱合,就證以周秦諸子的學說,也無一不合。讀者諸君,尚有志斯學,請細細研究。

教授學生,要用啟發式、自修式,最壞的是注入式。我民國元年發表《厚黑學》,只舉曹操、劉備、孫權、劉邦、司馬懿幾人為例,其餘的,叫讀者自去搜尋,我寫的《厚黑學》和《厚黑傳習錄》,也只簡簡單單的舉出綱要,不一一詳說,恐流於注入式,致減讀者自修能力。此次我說:周秦諸子的學說,俱含厚黑哲理,也只能說個大概,讓讀者自去研究。

詩經、書經、易經、周禮、儀禮等書,是儒門的經典,凡想研究儒學的,這些書不能不熟讀。周秦諸子的書,是厚黑學的經典,如不能遍讀,可先讀《老子》和《韓非子》二書,知道了厚黑的體用,再讀諸子之書,自然頭頭是道。凡是研究儒家學說的人,開口即是「詩曰、書曰」,鄙人講厚黑哲理,不時也要說幾句「老子曰、韓非曰」。

四書五經,雖是外道的書,苟能用正法眼讀之,也可尋出許多厚黑哲理。即如孟子書上的「孩提愛親」章、「孺子將入井」章,豈非儒家學說的基礎嗎?鄙人就此兩章書,繪出甲乙

兩圖，反成了厚黑學的哲學基礎，這是鄙人治厚黑學的秘訣。諸君有志斯學，不妨這樣的研究。

厚黑原理

（心理與力學）

自序一

　　民國元年,我在成都《公論日報》上發表一文,題曰《厚黑學》,謂:古今成功之英雄,無一非面厚心黑者。這本是一種遊戲文字,不料自此以後,厚黑學三字,遂傳播四川,成一普通名詞。我自己也莫名其妙,心想:此等說法,能受一般人歡迎,一定與心理學有關係,繼續研究下去,始知厚黑學是淵源於性惡說,在學理上是有根據的,然私心終有所疑。遍尋中外心理學讀書讀之,均不足解我之疑,乃將古今人說法盡行掃去,另用物理學的規律來研究心理學覺得人心之變化,處處是跟著力學規律走的。從古人事跡上、今日政治上、日用瑣事上、自己心坎上、理化數學上、中國古書上、西洋學說上、四面八方,印證起來,處處可通,乃創一臆說:「心理依力學規律而變化。」民國九年,寫一文曰《心理與力學》,藏之篋中,未敢發表,十六年方刊入拙著《宗吾臆談》內。茲特重加整理,擴大為一單行本。

　　我這《心理與力學》一書,開始於民國九年,今為民國二十七年,歷時十八年,而此書淵源於厚黑學。我研究厚黑學,始於滿清末年,可說此書之成,經過三十年之久。記得唐朝賈島做了兩句詩,「獨行潭底影,數息樹邊身。」自己批道:「二句三年得,一吟雙淚流。」我今日發表此書,真有他那種感想。

　　我的思想,好比一株樹;厚黑學是思想之出發點,等於樹根;因厚黑學而生出一條臆說:「心理依力學規律而變化」,

等於樹身；其他所寫《社會問題之商榷》、《考試制度之商榷》、《中國學術之趨勢》，與夫最近所寫的《制憲與抗日》等書，都是以「心理依力學規律而變化」這條臆說為根據，等於樹上生出的枝葉花果。故我所寫的文，雖種種不同，實是一貫。

去歲遇川大教授福建江超西先生，是專門研究物理的，並且喜歡研究易學，是博通中外的學者。我把稿子全部拿與他看，把所有疑點提出請教。承蒙一一指示，認為我這種說法講得通，並賜序一篇，我是非常感激。然而我終不敢自信，請閱者不客氣的賜教。

我研究這個問題，已經鬧得目迷五色，文中種種說法，對與不對，自己無從知道。我重在解釋心中疑團：閱者指駁越嚴，我越是感激，絕不敢答辯一字。諸君賜教的文字，可在任何報章雜誌上發表，發表後，請惠贈一份，交成都《華西日報》轉交，以便改正。

民國二十七年一月十三日，富順李宗吾，於成都

自序二

我發表此書後,得著不少的批評,使我獲益匪淺,至爲感謝。除全部贊成和全部否認者外,其有認爲大致不差,某某點尙應該改者,我已遵照修改。有些地方,雖經指示,而我認爲尙應商酌者,則暫仍其舊,請閱者再加指正。所有賜教文字,請交重慶《國民公報》轉交,以便再加修改。

讀者常駁我道:「人之心理,變化不測,哪裏會有規律?」我說:物理也是變化不測,何以又有規律?今之科學家,研究物理,可謂極精了。我們試取一瓷杯,置之地上,手執一鐵錘,請問:此錘擊下去,此杯當成若干塊?每塊形狀如何?恐怕聚世界科學家研究之,無一人能預知,所可知者,鐵錘擊下,此杯必破裂而已。何也?杯子內部分子之構造,無從推測也,我們不能因此就說,物理變化,無有規律。人藏其心,不可測度,與瓷杯之分子相同,所以心理變化,如珠走盤,橫斜曲直,不可得知,所可知者,必不出此盤而已。人持弓箭,朝東射,朝西射,我們不能預知,但一射出來,其箭必依抛物線進行,這即是力之規律。我所謂心理變化有規律可尋者,亦就是也。

我說「心理依力學規律而變化」,原是一種臆說,不能說是公例。公例者,無一例外之謂也。當初牛頓發明萬有引力,定出三例,許多人都不承認,後來逐漸證明,逐漸承認,最後宇宙各種現象,俱合牛頓規律,惟天王星不合,有此例外,仍不能成爲公例。直到1846年,有某天文家,將天王星合牛頓規

律這部分提出，將其不合規律之部分加以研究，斷定天王星之外，另有一行星，其形狀如何，位置如何，加入此星之引力，天王星即合規律了。此說一發表出來，眾天文家，依其說以搜求之，立把海王星尋出，果然絲毫不差錯，牛頓之說，乃成為公例。心理之變化，較物理更複雜，更奇妙。我之說法，不為一般人所承認者，因為例外之事太多也。我不認為我之臆說有錯，而認為人心中之海王星太多。我們亦能只握著大原則，以搜求各人心中之海王星耳。

　　有人說：你想把人事與物理溝通為一，從前許多人都做過這種工作，無奈這條路走不通。我說：蘇彝士運河，從前許多人都說鑿不通，卒之鑿通。巴拿馬運河，許多人都說鑿不通，卒之也鑿通。我認為自然界以同一原則生人生物，物理上之規律，必可適用於人事，不過我個人學識不夠，不能把他溝通為一罷了。學術者，世界公物，當合全世界研究之，非一人之力所能勝也。尚望讀者諸君共同研究，如我這種方式走不通，希望讀者另用他種方式把他弄通。我研究這個問題，如墮五里霧中，諸君其亦憐我之愚，而有以教之乎！

　　物理紛繁極矣，牛頓尋出規律，紛繁之物理，厘然就諸，而科學因之大進步。世界紛亂極矣，我們在人事上如能尋出規律，則世界學說，可歸一致，人世之糾紛，可以免除，而文明自必大進步。此著者所為希望諸君共同研究者也。

中華民國三十一年十月八日，李宗吾，於陪都

一　性靈與磁電

科學上許多定理，最初都是一種假設，根據這種假設，從各方試驗，都是合的，這假設就成為定理了。即如地球這個東西，自開闢以來就有的，經過了若干萬萬年，人民生息其上，視為固然，於地球之構成，不求甚解，距今二三百年前，出了一個牛頓，發明萬有引力，說：「地心有引力，把泥土沙石吸成一團，成為一個地球。」究竟地心有無引力，無人看見，牛頓這個說法，本是假定的。不過根據他的說法，任如何試驗，俱是合的，於是他的假說，就成了定理。從此一般人都知道：凡是有形有體之物，都要受引力的吸引。

到愛因斯坦出來，發明相對論，把牛頓之說擴大之，說：「太空中的星球發出的光線，經過其他星球，也要受其吸引，由於天空中眾星球互相吸引之故，於是以直線進行之光線，就變成彎彎曲曲的形狀。」這也是一種假說，然經過實地測驗，證明不錯，也成了定理。從此一般人又知道：有形無體之光線，也要受引力之吸引。我們研究心理學，何妨把愛因斯坦之說再擴大之，說：「我們的心中，也有一種引力，能把耳聞目睹，無形無體之物吸引來成為一個心，心之構成，與地球之構成相似。」我們這樣的設想，則牛頓三例和愛因斯坦的相對論，就可適用到心理學方面，而人事上一切變化，就可本力學規律去考察他了。

通常所稱的心，是由於一種力，經過五官出去，把外邊的事物牽引進來，集合而成的。例如有一物在我面前，我注目視

之，即是一種力從目透出去，與那個物連結。我將目一閉，能夠回憶那物的形狀，即是此力把那物拖進來縮住了。由於這種方式，把耳聞目睹，與夫身所經歷的事項，一一拖進來，集合為一團，就成為一個心，所以心之構成，與地球之構成，完全相似。

一般人都說：自己有一個心，佛氏出來，力辟此說，說：人莫得心，通常所謂心，是假的，乃是六塵的影子。圓覺經曰：「一切眾生，無始以來，種種顛倒，妄認四大，為自身相，六塵緣影，為自心相。」我們試思：假使心中莫得引力，則六塵影子之經過，亦如雁過長空，影落湖心一般，雁一去，影即不留了。而我們見雁之過，能記憶雁之影相者，即是心中有一種引力，能把雁影縮住的緣故。

佛家說：「六塵影子，落在八識田中，成為種子，永不能去。」這正如穀子豆子落在田土中，成為種子一般。我們知：穀子豆子，落在田土中，是由於地心有引力，即知六塵影子落在八識田中，是由於人心有引力。因為有引力縮住，所以穀子豆子落在田土中，永不能去，六塵影子，落在八識田中，也永不能去。

我們如把心中所有知識，一一考察其來源，即知無一不從外面進來，其經過路線，不外眼耳鼻舌身，雖說人能發明新理，然仍靠外面收來的知識作基礎，猶之修房子者，必須購買外面的磚瓦木料，才能建築新房子一樣。我們如把心中各種知識的來源，一一清出來，從目進來者，仍令從目退出去，從耳進來者，仍令從耳退出去，其他一一從來路退出去，此心即空無所有了。人的心，果然能夠空無所有，對於外物無貪戀，無

嗔恨，有如湖心雁影，過而不留，這即是佛家所說，還我本來面目。

地球之構成，源於引力，意識之構成，源於種子。試由引力再進一步，推究到天地未有以前，由種子再進一步，推究到父母未生以前，則只有所謂寂兮寥兮的狀況，而二者就會歸於一了。由寂兮寥兮生的引力，而後有地球，而後有物。由寂兮寥兮生出種子，而後有意識，而後有人。我們這樣的研究，覺得心之構成，與地球之構成相似，而物理學的規律，就可適用於人事了。

我們把物體加以分析，就得原子，把原子加以分析，就得電子。電子是一種力，這是科學家業已證明了的。人是物中之一，我們的身體，是電子集合而成，身與心本是一物，所以我們的心理，不能逃磁電學的規律，不能逃力學的規律。

心的現象，與磁電的現象，是很相似的。人有七情，大別之，只有好惡二種，心所好的東西，就引之使近，心所惡的東西，就推之使遠，這種現象，豈不與磁電相似嗎？

人的心，分知、情、意三者，意是知與情合併而成，其元素只有知、情二者。磁電同性相推，異性相引，其相推相引，有似吾人之情，其能夠判別同性異性，更是顯然有知，足見磁電這個東西，具有知、情，與人之心理相同。

陽電所需要的是陰電，忽然來了一個陽電，要分他的陰電，他當然要把他推開；陰電所需要的是陽電，忽然來了一個陰電，要分他的陽電，他當然也要把他推開。這就像小孩食乳食糕餅的時候，見哥哥來了，用手推他打他一般，所以成了同性相推的現象。至於磁電異性相引，猶如人類男女相愛，更是

不待說的。由此知磁電現象，與心理現象，完全相同。

佛說：「真佛法身，映物現形。」宛然磁電感應現象。又說：「性靈本融，周遍法界。」宛然磁電中和現象。又說：「不生不滅，不增不減。」簡直是物理學家所說：「能力不滅」。因此之故，我們用力學規律去考察人性，想來不會錯。

物質不滅，能力不滅，是科學上之定律。吾身之物質，是從地球之物質轉變而來，身死埋之地中，物質退還地球。物質不滅之說，算是講得通，獨是吾人之性靈，是一種能力，請問此種能力，生從何處來？死往何處去？我們要答覆這個問題。可以創一臆說，曰：「人之性靈從地球之磁電轉變而來。」吾人一死，身體化爲地球之泥土，同時性靈化爲地球之磁電，如此則性靈生有自來，死有所去，能力不滅之說，就講得通了。世言成仙成佛者，或許是用一種修養力，能將磁電凝聚不散耳。俗云「冤魂不散」，當是一種嗔恨心，將磁電凝住，迨至冤仇已報，嗔恨心消失，磁電無從凝聚，其鬼即歸消滅。

有了「性靈由磁電轉變而來」這條臆說，則靈魂存滅問題，就可以答覆了。吾人一死，身上的物質，退還地球，性靈化爲磁電，則靈魂即算消滅。然而吾身雖死，物質尙存，磁電尙存，亦可謂之靈魂尙存。此莊子所說：「天地與我並生，萬物與我爲一」也。

禪家最重「了了常知」四字，吾人靜中，此心明明白白，迨至事務紛乘，此明明白白之心，消歸烏有。學力深者，事務紛乘，此心仍所明明白白，是謂「動靜如一」。然而白晝雖明明白白，晚間夢寐中，則復昏迷。學力更深者，夢寐中亦明明白白，是謂「寤寐如一」。學力極深者，死了亦明明白白，是

謂「死生如一」。到了死後明明白白，則謂之靈魂永存可也。

楞嚴經曰：「如來從胸卐字，湧出寶光，其光昱昱，有千百色，十方微塵，普佛世界，一時周遍。」此寶光，蓋即電光也。阿難白佛言：「我見如來，三十二相，勝妙殊絕，形體映徹，猶如琉璃。嘗自思惟，此相非是欲愛所生，何以故？欲氣粗濁，腥臊交遘，膿血雜亂，不能發生勝淨妙明，紫金光聚。」釋迦修養功深，已將血肉之軀變而爲磁電凝聚體，故能發出寶光，遍達十方世界。佛氏有天眼通、天耳通之說，今者無線電發明，已可證明其非誣。釋迦本身即是一無線電臺，將來電學進步，必能證明釋迦所說，一一不虛，而「性靈由磁電轉變而來」之臆說，或亦可證明其不虛。

老子言道，屢以水爲喻，佛氏說法，亦常以水爲喻，我們不妨以空氣爲喻，所謂不生不滅、不垢不淨、不增不減，無古今、無邊際、無內外，種種現象，空氣是具備的。倘進一步，以中和磁電爲喻，尤爲確切。若更進一步，假定：「人之性靈，由磁電轉變而來。」用以讀老佛之書，覺得處處迎刃而解。

吾人自以爲高出萬物，這不過人類自己誇大的話，實則人與物，同是從地球生出來的，身體之元素，無一非地球之物質。自地球視之，人與物並無區別，彷彿父母生二子，長子曰人，次子曰物，不過長子聰明，次子患癱病而又啞聾罷了。我們試驗理化，溫度變更或摻入一種物品，形狀和性質都要改變。吾人遇天氣大變，心中就煩躁，這是溫度的關係；飲了酒，性情也會改變，這是摻入一種藥品，起了化學作用。從此等處考察，人與物有何區別？

人身的物質和地球的物質，都是電子構成的，吾人有靈魂，地球亦有靈魂，磁電者地球之靈魂也，通常所說地心吸力者，即是磁電吸力之表現。地球的物質化為植物，同時地球的磁電，即變為植物的生機。吾人食植物，物質變為吾身的毛髮骨肉，同時磁電即變為吾人的性靈。由泥土沙石變而為植物，變而為毛髮骨肉，愈變愈高等。同時由地球的磁電變而為植物的生機，變而為吾人的性靈，也是愈變愈高等。雖經屢變，而本來之性質仍在，故吾身之元素，與地球之元素相同，心理之感應，與磁場之感應相同，所以本書第二章甲乙丙圖，其現象與磁場相同，與地心吸力相同。然既經屢變，吾身之毛髮骨肉，與地球之泥土沙石不同，吾人之性靈，也與地球之磁電不同，何也？在地球為死物，在吾身則為活物也。所以用力學規律以考察人事，我們當活用之，而不能死用之。

　　老子曰：「有物混成，先天地生，寂兮寥兮，獨立而不改，周行而不殆，可以為天下母。吾不知其名，字之曰道，強為之名曰大。」老子所謂道，即釋氏所謂真如也。釋氏謂：山河大地，日月星辰，內身外器，都是由真如不守自性，變現出來的，其說與老子正同。真如者，空無所有也（實則非空非不空）。忽焉真如不守自性，而變現為中和磁電，由是而變現為氣體，迴旋太空中，幾經轉變，而地球生焉。由是而生植物，生動物，生人類。佛氏所謂阿賴耶識的狀態，與中和磁電的狀態絕肖。二者都是沖漠無朕，萬象森然，也即是寂然不動，感而遂通。我們可以說：真如變現出來，在物為中和磁電，在人為阿賴耶識，猶之同一物質，在地球為泥土沙石，在人則為毛髮骨肉也。今人每謂人之性靈，與磁電迥不相同，猶之無科學

知識之人，見毛髮骨肉，即認泥土沙石，迥不相同也。中和磁電，是真如最初變現出來之物，真如不可得見，我們讀佛老之書，姑以中和磁電，作為道與真如形態，覺得處處可通。

老子著書，開端即曰：「道可道，非常道。」釋迦說法四十九年，結果自認未說一字，歸之於不可口，不可說而已。蘇子由曰：「夫道不可言，可言皆其似者也，達者因似以識真，而昧者執似以陷於偽。」道與真如，不可思議者也，阿賴耶識，與中和磁電，可思議者也，借可思議者，以說明不可思議者，此所謂言其似也。

老子曰：「道生一，一生二，二生三，三生萬物。」我們可解之曰，道者空無所有也，一者中和磁電也，中和磁電發動出來，則有相推相引兩作用，所謂二也。由這兩種作用，生出第三種作用，由是而輾轉相生，千千萬萬之事物出焉。老子曰：「抱一以為天下式。」又曰：「天下有始，以為天下母，既得其母，以知其子，既知其子，復守其母。」一也，母也，都是指中和磁電，在人則為阿賴耶識。故曰：「恍兮惚兮，窈兮冥兮。」又曰：「淵兮似萬物之宗。」老子專守阿賴耶識，故著出之書，可以貫通周秦諸子，可以貫通趙宋諸儒，可以貫通易經，貫通佛學，又為後世神仙方士所依託，據嚴又陵批，又可以貫通西洋學說（其說具見拙著《中國學術之趨勢》）。《道德經》一書之無所不包者，正因阿賴耶識之無所不有也。佛氏則打破此說，而為大圓鏡智，以「空無所有」為立足點。此由於佛氏立教，重在出世，故以「空無所有」為立足點。老子立教，重在將入世出世打成一片，故以阿賴耶識為立足點。由阿賴耶識而向內追尋，則可到大圓鏡智，而空諸所有。由阿

賴耶識而向外工作，則可誠意、正心、修身、齊家、治國，平天下。此二氏立足點，所由不同也。

我們假定「人之性靈，由磁電轉變而來」，則佛告波斯匿王及阿難諸語，與夫宋儒所謂「如魚在水，外面水便是肚裏水，鱖魚肚裏水，與鯉魚肚裏水，只是一樣」，明儒所謂「蓋天地皆心也」等等說法，都可不煩言而解。《中庸》曰：「喜怒哀樂皆不發，謂之中。」六祖曰：「不思善，不思惡，正與麼時，那個是膽上座本來面目。」廣成子曰：「至道之精，窈窈冥冥，至道之極，昏昏默默。」莊子曰：「心不憂樂，德之至也，一而不變，靜之至也。」都是阿賴耶識現象，也即是磁電中和現象，中和磁電，發動出來，呈相推相引之作用，而紛紛紜紜之事物起矣。所以我們要研究人世事變，當首造一臆說曰：「性靈由磁電轉變而來。」研究磁電，離不得力學，我們再造一臆說曰：「心理依力學規律而變化。」有這兩個臆說，紛紛紜紜之事物，就有軌道可循，而世界分歧之學說，可匯歸為一，中、西、印三方學說，也可匯歸為一。

佛氏謂：山河大地及人世一切事物，皆是幻相，牛頓造出三例，所以研究物理之幻相也；我們造出兩個臆說，所以研究人事之幻相也。本章所說種種，乃是說明造此臆說之理由。第二章以下，即依據這兩個臆說，說明人世事變，不復涉及本體。佛言本體，我們言現象，鴻溝為界。著者對於佛學及科學，根本是外行。所有種種說法，都是想當然耳，心中有了此種想法，即把他寫出，自知純出臆斷，以佛學科學律之，當然諸多不合，我不過姑妄言之，讀者亦姑妄聽之可耳。

二　孟荀言性爭點

孟子之性善說，荀子之性惡說，是我國學術史上，未曾解除之懸案，兩說對峙了二千多年，抗不相下。孟子說：人性皆善，主張仁義化民；宋儒承襲其說，開出理學一派，創出不少迂謬的議論。荀子生在孟子之後，反對其說，謂人之性惡，主張以禮制裁之；他的學生韓非，以為禮之制裁力弱，不若法律之制裁力強，遂變而為刑名之學，其弊流於刻薄寡恩。於是儒法兩家，互相詆斥，學說上、政治上生出許多衝突。究竟孟荀兩說，孰得孰失？我們非把他徹底研究清楚不可。

孟子謂：「孩提之童，無不知愛其親也，及其長也，無不知敬其兄也。」這個說法，是有破綻的。我們任喊一個當母親的，把她親生孩子抱出來，當眾試驗，母親抱著他吃飯，他就伸手來拖母親之碗，如不提防，就會落地打爛。請問這種現象，是否愛親？又母親手中拿一糕餅，他見了，就伸手來拖，如不給他，放在自己口中，他立刻會伸手從母親口中取出，放在他的口中。又請問這種現象，是否愛親？小孩在母親懷中，食乳食糕餅，哥哥走近前，他就用手推他打他。請問這種現象，是否敬兄？五洲萬國的小孩，無一不如此。事實上，既有了這種現象，孟子的性善說，豈非顯有破綻；所有基於性善說發出的議論，訂出的法令制度，就不少流弊。

然則孟子所說「孩提愛親，少長敬兄」，究竟從什麼地方生出來？我們要解釋這個問題，只好用研究物理學的法子去研究。蓋人之天性，以我為本位，我與母親相對，小兒只知有

我,故從母親口中把糕餅取出,放在自己口中。母親是乳哺我的人,哥哥是分乳吃,分糕餅吃的人,母親與哥哥相對,小兒就很愛母親,把哥哥打開推開。長大了點,出而在外,與鄰人相遇,哥哥與鄰人相對,小兒就很愛哥哥。走到異鄉,鄰人與異鄉人相對,則愛鄰人。走到外省,本省人與外省人相對,就愛本省人。走到外國,本國人與外國人相對,就愛本國人。我們細加研究,即知孟子所說愛親敬兄,都是從為我之心流露出來的。

　　試繪之為圖:如甲:第一圈是我,第二圈是親,第三圈是兄,第四圈是鄰人,第五圈是本省人,第六圈是本國人,第七圈是外國人。細玩此圈,即可尋出一定的規律:「距我越近,愛情越篤,愛情與距離成反比例。」其規律與地心吸力相似,並且這種現象,很像磁場現象。由此知:人之性靈,與磁電相同,與地心吸力相同,故牛頓所創的公例,可適用於心理學。

　　上面所繪甲圖,是否正確,我們還須再加考驗:假如暮春三月,我們約著二三友人出外遊玩,見著山明水秀,心中非常愉快,走到山水粗惡的地方,心中就不免煩悶,這是什麼緣故呢?因為山水是物,我也是物,物我本是一體,所以物類好,心中就愉快,物類不好,心中就不愉快。我們又走至一個地方,見地上許多碎石,碎石之上,落花飄零,我心對於落花,不勝悲感,對於碎石,則不甚注意,這是什麼緣故呢?因為石是無生之物,花與我同是有生之物,所以常常有人作落花詩、落花賦,而不作碎石歌、碎石行。古今詩詞中,吟詠落花,推為絕唱者,無一不是連同人生描寫的。假如落花之上,臥一將斃之犬,哀鳴宛轉,入耳驚心,立把悲感落花之心打斷,這是

什麼緣故呢？因為花是植物，犬與我同是動物，故不知不覺，對於犬特表同情。又假如歸途中見一猙獰惡犬，攔著一人狂噬，那人持杖亂擊，當此人犬相爭之際，我們只有幫人之忙，斷不會幫犬之忙，這是什麼緣故呢？因為犬是獸類，我與那人同是人類，故不知不覺，對於人更表同情。我同友人分手歸家，剛一進門，便有人跑來報導，先前那個友人，走在街上，同一個人打架，正在難解難分。我聞之立即奔往營救，本來是與人打架，因為友誼的關係，故我只能營救友人，不能營救那人。我把友人帶至我的書房，詢他打架的原因，我傾耳細聽，忽然屋子倒下來，我幾步跳出門外，回頭轉來喊友人道：你還不跑呀？請問一見房子倒下，為什麼不先喊友人跑，必待自己跑出門了，才回頭來喊呢？這就是人之天性，以我為本位的證明。

我們把上述事實繪圖如（乙）。第一圈是我，第二圈是友，第三圈是他人，第四圈是犬，第五圈是花，第六圈是石，其規律是「距我越遠，愛情越減，愛情與距離成反比例。」與甲圖是一樣的。乙圖所設的境界，與甲圖全不相同，而得出的結果，完全一樣，足證天然之理，實是如此。茲再總括言之：凡有二物，同時呈於吾前，我心不假安排，自然會以我為本位，視距我之遠近，定愛情之厚薄，與地心吸力、電磁吸力無有區別。

力有離心同心二種，甲圖層層向外發展，是離心力現象；乙圖層層向內收縮，是向心力現象。孟子站在甲圖裏面，向外看去，見得凡人的天性，都是孩提愛親，稍長愛兄，再進則愛鄰人，愛本省人，愛本國人，層層放大；如果再放大，還可放

至愛人類愛物類為止，因斷定人之性善。故曰：「老吾老，以及人之老，幼吾幼，以及人之幼。」又曰：「舉斯心，加諸彼。」總是叫人把這種固有的性善擴而充之。孟子喜言詩，詩是宣導人的意志的，凡人只要習於詩，自然把這種善性發揮出來，這即是孟子立說之本旨。所以甲圖可看為孟子之性善圖。

荀子站在乙圖外面，向內看去，見得凡人的天性，都是看見花就忘了石，看見犬就忘了花，看見人就忘了犬，看見朋友，就忘了他人，層層縮小，及至房子倒下來，赤裸裸的只有一個我，連至好的朋友都忘去了，因斷定人之性惡。故曰：「妻子具而存衰於親，嗜欲得而信衰於友，爵祿盈而忠衰於君。」又曰：「拘木待櫽括蒸矯然後直，鈍金待礱厲然後利。」總是叫人把這種固有的惡性抑制下去。荀子喜言禮，禮是範圍人的行為的，凡人只要習於禮，這種惡性自然不會發現出來。這就是荀子立說之本旨。故乙圖可看為荀子之性惡圖。

甲乙二圖，本是一樣，自孟子荀子眼中看來，就成了性善性惡，極端相反的兩種說法，豈非很奇的事嗎？並且有時候，同是一事，孟子看來是善，荀子看來是惡，那就更奇了。例如我聽見我的朋友同一個人打架，我總願我的朋友打勝，請問這種心理是善是惡？

假如我們去問孟子，孟子一定說道：這明明是性善之表現，何以言之呢？友人與他人打架，與你毫無關係，而你之願其打勝者，此乃愛友之心，不知不覺，從天性中自然流出，古聖賢明胞物與，無非基於一念之愛而已。所以你這種愛友之心，務須把他擴充起來。

假如我們去問荀子，荀子一定說道：這明明是性惡之表

現，何以言之呢？你的朋友是人，他人也是人，你不救他人而救友人，此乃自私之心，不知不覺，從天性中自然流出。威廉第二，造成世界第一次大戰，德義日造成第二次世界大戰，無非起於一念之私而已。所以你這種自私之心，務須把它抑制下去。

上面所舉，同是一事，而有極端相反之兩種說法，兩種說法，都是顛撲不滅，這是什麼道理呢？我們要解釋這個問題，只須繪圖一看，就自然明白了。如圖：第一圈是我，第二圈是友，第三圈是他人，請問友字這個圈，是大是小？孟子在裏面畫一個我字之小圈，與之比較，就說他是大圈。荀子在外面畫一個人字之大圈，與之比較，就說他是小圈。若問二人的理由，孟子說：友字這個圈，乃是把畫我字小圈的兩腳規張開來畫成的，怎麼不是大圈？順著這種趨勢，必會越張越大，所以應該擴充之，使他再畫大點。荀子說道：友字這個圈，乃是把人字大圈的兩腳規收攏來畫成的，怎麼不是小圈？順著這種趨勢，必定越收越小，所以應該制止之，不使之再畫小。孟荀之爭，如是如是。

營救友人一事，孟子提個我字，與友字相對，說是性善之表現；荀子提個人字，與友字相對，說是性惡之表現。我們繪圖觀之，友字這個圈，只能說他是個圈，不能說他是大圈，也不能說他是小圈。所以營救友人一事，只能說是人類天性中一種自然現象，不能說他是善，也不能說他是惡。孟言性善，荀言性惡，乃是一種詭辯，二人生當戰國，染得有點策士詭辯氣習，我輩不可不知。

荀子而後，主張性惡者很少。孟子的性善說，在我國很

占勢力,我們可把他的學說再加研究。他說:「今人乍見孺子將入於井,皆有怵惕惻隱之心。」這個說法,也是性善說的重要根據。但我們要請問:這章書,上文明明是怵惕惻隱四字,何以下文只說「無惻隱之心,非人也」,「惻隱之心,仁之端也」,平空把怵惕二字摘來丟了,是何道理?性善說之有破綻,就在這個地方。

怵惕是驚懼之意,譬如我們共坐談心的時候,忽見前面有一人,提一把白亮亮的刀,追殺一人,我們一齊吃驚,各人心中都要跳幾下,這即是怵惕。因為人人都有畏死之天性,看見刀,彷彿是殺我一般,所以心中會跳,所以會怵惕。我略一審視,曉得不是殺我,是殺別人,登時就把畏死之念放大,化我身為被追之人,對乎他起一種同情心,想救護他,這就是惻隱。由此知:惻隱是怵惕之放大形。孺子是我身之放大形,莫得怵惕,即不會有惻隱,可以說:惻隱二字,仍是發源於我字。

見孺子將入井的時候,共有三物:一曰我,二曰孺子,三曰井,繪之為圖,第一圈是我,第二圈是孺子,第三圈是井。我與孺子,同是人類,井是無生物。見孺子將入井,突有一「死」的現象呈於吾前,所以會怵惕,登時對於孺子表同情,生出惻隱心,想去救護他。故孟子曰:「惻隱之心,仁之端也。」我們須知:怵惕者自己畏死也,惻隱者憐憫他人之死也,故惻隱可謂之仁,怵惕不能謂之仁,所以孟子把怵惕二字摘下來丟了。但有一個問題,假令我與孺子同時將入井,請問此心作何狀態?不消說:這剎那間,只有怵惕而無惻隱,只能顧及我之死,不能顧及孺子。非不愛孺子也,變生倉卒,顧不

及也。必我身出了危險，神志略定，惻隱心才能發出。惜乎孟子當日，未把這一層提出來研究，留下破綻，遂生出宋儒理學一派，創出許多迂謬的議論。

　　孟子所說的愛親敬兄，所說的怵惕惻隱，內部俱藏有一個我字，但他總是從第二圈說起，對於第一圈之我，則略而不言。楊子為我，算是把第一圈明白揭出了，但他卻專在第一圈上用功，第二以下各圈，置之不管；墨子摩頂放踵，是拋棄了第一圈之我，他主張愛無差等，是不分大圈小圈，統畫一極大之圈了事。楊子有了小圈，就不管大圈；墨子有了大圈，就不管小圈。他們兩家，都不知道：天然現象是大圈小圈，層層包裹的。孟荀二人，把層層包裹的現象看見了，但孟子說是層層放大，荀子說是層層縮小，就不免流於一偏了。我們取楊子的我字，作為中心點，在外面加一個差等之愛，就與天然現象相合了。

　　我們綜孟荀之說而斷之曰：孟子所說「孩提之童，無不知愛其親也，及其長也，無不知敬其兄也」一類話，也莫有錯，但不能說是性善，只能說是人性中的天然現象；荀子所說「妻子具而孝衰於親，嗜欲得而信衰於友」一類話，也莫有錯，但不能說是性惡，也只能說是人性中的天然現象。然則學者奈何？曰：我們知道：人的天性，能夠孩提愛親，稍長敬兄，就把這種心理擴充之，適用孟子「老吾老，以及人之老，幼吾幼，以及人之幼」的說法。我們又知道：人的天性，能夠孝衰於親，信衰於友，就把這種心理糾正之，適用荀子「拘木待檃括蒸矯然後直，鈍金待礱厲然後利」的說法。

　　孟荀之爭，只是性善性惡名詞上之爭，實際他二人所說的

道理，都不錯，都可見諸實用。我以為我們無須問人性是善是惡，只須創一條公例：「心理依力學規律而變化。」把牛頓的吸力說，愛因斯坦的相對論，應用到心理學上，心理物理，打成一片而研究之，豈不簡便而明確嗎？何苦將性善性惡這類的名詞，曉曉然爭論不休。

三　宋儒言性誤點

　　戰國是我國學術最發達時代，其時遊說之風最盛，往往立談而取卿相之榮，其遊說各國之君，頗似後世人主臨軒策士，不過是口試，不是筆試罷了。一般策士，習於揣摩之術，先用一番工夫，把事理研究透徹了，出而遊說，總是把真理蒙著半面，只說半面，成為偏激之論，愈偏激則愈新奇，愈足聳人聽聞。蘇秦說和六國，講出一個理，風靡天下；張儀解散六國，反過來講出一個道理，也是風靡天下。孟荀生當其時，染有此種氣習，本來人性是無善無惡，也即是「可以為善，可以為惡。」孟子從整個人性中截半面以立論，曰性善，其說新奇可喜，於是在學術界遂獨樹一幟；荀子出來，把孟子遺下的那半面，揭而出之曰性惡，又成一種新奇之說，在學術界，又樹一幟。從此性善說和性惡說，遂成為對峙之二說。宋儒篤信孟子之說，根本上就誤了。然而孟子尚不甚誤，宋儒則大誤，宋儒言性，完全與孟子違反。

　　請問：宋儒的學說乃是以孟子所說（1）「孩提之童，無不知愛其親」；（2）「乍見孺子將入於井，皆有怵惕惻隱之心」，兩個根據為出發點，何至會與孟子之說完全違反？茲說

明如下：

小孩與母親發生關係，共有三個場所：（1）一個小孩，一個母親，一個外人，同在一處，小孩對乎母親，特別親愛，這個時候，可以說小孩愛母親；（2）一個小孩，一個母親，同在一處，小孩對乎母親依戀不捨，這個時候，可以說小孩愛母親；（3）一個小孩，一個母親，同在一處，發生了利害衝突，例如有一塊糕餅，母親吃了，小孩就莫得吃，母親把它放在口中。小孩就伸手取來，放在自己口中。這個時候，斷不能說小孩愛母親。孟子言性善，捨去第三種不說，單說前兩種，講得頭頭是道。荀子言性惡，捨去前兩種不說，單說第三種，也講得頭頭是道。所以他二人的學說，本身上是不發生衝突的。宋儒把前兩種和第三種同齊講之，又不能把他貫通為一，於是他們的學說，本身上就發生衝突了。

宋儒篤信孟子孩提愛親之說，忽然發現了小孩會搶母親口中糕餅，而世間小孩，無一不是如此，也不能不說是人之天性，求其故而不得，遂創一名詞曰：「氣質之性。」假如有人問道：小孩何以會愛親？曰此「義理之性」也。問：即愛親矣，何以會搶母親口中糕餅？曰此「氣質之性」也。好好一個人性，無端把他剖而為二，因此全部宋學，就荊棘叢生，迂謬百出了。……朱子出來，注孟子書上天生烝民一節，簡直明明白白說道：「程子之說，與孟子殊，以事理考之，程子為密。」他們自家即這樣說，難道不是顯然違反孟子嗎？

孟子知道：凡人有畏死的天性，見孺子將入井，就會發生怵惕心，跟著就會把怵惕心擴大，而為惻隱心，因教人把此心再擴大，推至於四海，此孟子立說之本旨也。怵惕是自己畏

死,不能謂之仁,惻隱是憐憫他人之死,方能謂之仁,故下文摘去怵惕二字,只說「惻隱之心,仁之端也」。在孟子本莫有錯,不過文字簡略,少說了一句「惻隱是從怵惕擴大出來的」。不料宋儒讀書不求甚解,見了「惻隱之心,仁之端也」一句,以為人之天性一發出來,即是惻隱,忘卻上面還有怵惕二字,把凡人有畏死的天性一筆抹殺。我們試讀宋儒全部作品,所謂語錄也,文集也,集注也,只是發揮惻隱二字,對於怵惕二字置之不理,這是他們最大的誤點。

然而宋儒畢竟是好學深思的人,心想:小孩會奪母親口中糕餅,究竟是什麼道理呢?一旦讀禮記上的樂記,見有「人生而靜,天之性也,感於物而動,性之欲也」等語,恍然大悟道:糕餅者物也,從母親口中奪出者,感於物而動也。於是創出:「去物欲」之說,叫人切不可為外物所誘。

宋儒又繼續研究下去,研究我與孺子同時將入井,發出來的第一念,只是赤裸裸一個自己畏死之心,並無所謂惻隱,遂詫異道,明明看見孺子將入井,為甚惻隱之心不出來,反發出一個自己畏死之念?要說此念是物欲,此時並莫有外物來誘,完全從內心發出,這是什麼道理?斷而又悟道:畏死之念,是從為我二字出來的,搶母親口中糕餅,也是從為我二字出來的,我者人也,遂用人欲二字代替物欲二字。告其門弟子曰:人之天性,一發出來,即是惻隱,堯舜和孔孟諸人,滿腔子是惻隱,無時無地不然,我輩有時候與孺子同時將入井,發出來的第一念,是畏死之心,不是惻隱之心,此氣質之性為之也,人欲蔽之也,你們須用一番「去人欲存天理」的工夫,才可以為孔孟,為堯舜。天理者何?惻隱之心是也,即所謂仁也。這

種說法,即是程朱全部學說之主旨。

於是程子門下,第一個高足弟子謝上蔡,就照著程門教條做去,每日危階上跑來跑去,練習不動心,以為我不畏死,人欲去盡,天理自然流行,就成為滿腔子是惻隱了。像他們這樣的「去人欲,存天理」,明明是「去怵惕,存惻隱」。試思:惻隱是怵惕的放大形,孺子是我身的放大形,怵惕既無,惻隱何有?我身既無,孺子何有?我既不畏死,就叫我自己入井,也是無妨,見孺子入井,哪裏會有惻隱?

程子的門人,專做「去人欲」的工作,即是專做「去怵惕」的工作。門人中有呂原明者,乘轎渡河墜水,從者溺死,他安坐轎中,漠然不動,他是去了怵惕的人,所以見從者溺死,不生惻隱心。程子這派學說傳至南渡,朱子的好友張南軒、其父張魏公,苻離之戰,喪師十數萬,終夜鼾聲如雷,南軒還誇其父心學很精。張魏公也是去了怵惕的人,所以死人如麻,不生惻隱心。

孟子曰:「同室之人鬥者救之,雖被髮纓冠而救之可也。」呂原明的從者、張魏公的兵士,豈非同室之人?他們這種舉動,豈不是顯違孟子家法?大凡去了怵惕的人,必流於殘忍。殺人不眨眼的惡賊,往往身臨刑場,談笑自若,是其明證。程子是去了怵惕的人,所以發出「婦人餓死事小,失節事大」的議論。故戴東原曰:宋儒以理殺人。

有人問道:怵惕心不除去,遇著大患臨頭,我只有個畏死之心,怎能幹救國救民的大事呢?我說:這卻不然,在孟子是有辦法的,他的方法,只是集義二字,平日專用集義的工夫,見之真,守之篤,一旦身臨大事,義之所在,自然會奮不顧身

的做去。所以說：「生，亦我所欲也，義，亦我所欲也，二者不可得兼，捨生而取義者也。」孟子平日集義，把這種至大至剛的浩氣養得完完全全的，並不像宋儒去人欲，平日身蹈危階，把那種畏死之念去得乾乾淨淨的。孟子不動心，宋儒亦不動心。孟子之不動心，從積極的集義得來；宋儒之不動心，從消極的去欲得來，所走途徑，完全相反。

孟子的學說：以我字爲出發點，所講的愛親敬兄和怵惕惻隱，內部都藏有一個我字。其言曰：「老吾老，以及人之老，幼吾幼，以及人之幼。」又曰：「人人親其親長其長，而天下平。」吾者我也，其者我也，處處不脫我字，孟子因爲重視我字，才有「民爲貴君爲輕」的說法，才有「君之視臣如草芥，則臣視君如寇仇」的說法。程子倡「去人欲」的學說，專作剝削我字的工作，所以有「婦人餓死事小，失節事大」的說法。孟子曰：「賊仁者謂之賊，賊義者謂之殘，殘賊之人謂之一夫。聞誅一夫紂矣，未聞弒君也。」這是孟子業已判決了的定案。韓昌黎羑里操曰：「臣罪當誅兮，天王聖明。」程子極力稱賞此語。公然推翻孟子定案，豈非孟門叛徒？他們還要自稱承繼孟子道統，真百思不解。

孔門學說，「己欲立而立人，己欲達而達人」，利己利人，合爲一事。楊子爲我，專講利己，墨子兼愛，專講利人。這都是把一個整道理，蒙著半面，只說半面。學術界公例：「學說愈偏則愈新奇，愈受人歡迎。」孟子曰：「天下之言，不歸楊，則歸墨。」孔子死後，未及百年，他講學的地方，全被楊墨奪去，孟子攘臂而起，力辟楊墨，發揮孔子推己及人的學說。在我們看來，楊子爲我，只知自利，墨子兼愛，專門利

人，墨子價值，似乎在楊子之上。乃孟子曰「逃墨必歸於楊，逃楊必歸於儒」，反把楊子放在墨子之上，認爲去儒家爲近，於此可見孟子之重視我字。

楊子拔一毛而利天下不爲也，極端尊重我字，然楊子同時尊重他人之我。其言曰：「智之所貴，存我爲貴，力之所賤，侵物爲賤。」不許他人拔我一毛，同時我也不拔他人一毛，其說最精，故孟子認爲高出墨子之上。然由楊子之說，只能做到利己而無損於人，與孔門仁字不合。仁從二人，是人與我中間的工作。楊子學說，失去人我之關聯，故爲孟子所斥。

墨子摩頂放踵以利天下，其道則爲損己利人，與孔門義字不合。義字從羊從我，故義字之中有個我字在；羊者祥也，美善二字皆從羊。由我擇其最美最善者行之，是之謂義。事在外，擇之者我也，故曰義內也。墨子兼愛，知有人不知有我，故孟子深斥之。然墨子之損我，是犧牲我一人，以救濟普天下之人，知有衆人之我，不知自己之我，此菩薩心腸也。其說只能行之於少數聖賢，不能行之於人人，與孔門中庸之道，人己兩利之旨有異，自孟子觀之，其說反在楊子之下。何也？因其失去甲乙二圖之中心點也。孟子曰：「天之生物也，使之一本。」一本者何？中心點是也。

墨子之損我，是我自願損之，非他人所得干預也；墨子善守，公輸九攻之，墨子九禦之，我不欲自損，他人固無如我何也。墨子摩頂放踵，與「腓無胈，脛無毛」之大禹何異？與「栖栖不已，席不暇暖」之孔子何異？孟子之極口詆之者，無非學術上門戶之見而已。然墨子摩頂放踵，所損者外形也，宋儒去人欲，則損及內心矣，其說豈不更出墨子下？孔門之學，

推己及人，宋儒亦推己及人，無如其所推而及之者，則為我甘餓死以殉夫，遂欲天下之婦人，皆餓死以殉夫，我甘誅死以殉君，遂欲天下之臣子，皆誅死以殉君，仁不如墨子，義不如楊子。孟子已斥楊墨為禽獸矣，使見宋儒，未知作何評語？

綜而言之：孟子言性善，宋儒亦言性善，實則宋儒之學說，完全與孟子違反，其區分之點曰：「孟子之學說，不損傷我字，宋儒之學說，損傷我字。」

再者宋儒還有去私欲的說法，究竟私是個什麼東西？去私是怎麼一回事？也非把他研究清楚不可。私字的意義，許氏說文，是引韓非的話來解釋的。韓非原文：「倉頡作書，自環者謂之私，背私謂之公。」環即是圈子，私字古文作厶，篆文作厶，畫一個圈。公字從八從厶，八是把一個東西破為兩塊的意思，故八者背也。「背私謂之公」，即是說：把圈子打破了，才謂之公。假使我們只知有我，不顧妻子，環吾身畫一個圈，妻子必說我徇私，我於是把我字這個圈撤去，環妻子畫一圈；但弟兄在圈之外，又要說我徇私，於是把妻子這個圈撤去，環弟兄畫一個圈；但鄰人在圈之外，又要說我徇私，於是把弟兄這個圈撤去，環鄰人畫一個圈；但國人在圈之外，又要說我徇私，於是把鄰人這個圈撤去，環國人畫一個圈；但他國人在圈之外，又要說我徇私，這只好把本國人這個圈子撤了，環人類畫一個大圈，才可謂之公。但還不能謂之公，假使世界上動植礦都會說話，禽獸一定說：你們人類為什麼要宰殺我們？未免太自私了。草木問禽獸道：你為什麼要吃我們？你也未免自私。泥土沙石問草木道：你為什麼要在我們身上吸收養料？你草木未免自私。並且泥土沙石可以問地心道：你為什麼把我們

向你中心牽引？你未免自私。太陽又可問地球道：我牽引你，你為什麼不攏來，時時想向外逃走，並且還暗暗的牽引我？你地球也未免自私。再反過來說，假令太陽怕地球說它徇私，他不牽引地球，地球早不知飛往何處去了。地心怕泥土沙石說他徇私，也不牽引了，這泥土沙石，立即灰飛而散，地球就立即消滅了。

　　我們這樣的推想，即知道：遍世界尋不出一個公字，通常所謂公，是畫了範圍的，範圍內人謂之公，範圍外人仍謂之私。又可知道：人心之私，通於萬有引力，私字之除不去，等於萬有引力之除不去，如果除去了，就會無人類，無世界。宋儒去私之說，如何行得通？

　　請問私字既是除不去，而私字留著，又未免害人，應當如何處治？應之曰：這是有辦法的。人心之私，既是通於萬有引力，我們用處治萬有引力的法子，處治人心之私就是了。本章（丙）圖，與第二章（甲）（乙）兩圖，大圈小圈，層層包裹，完全是地心吸力現象，厘然秩然。我們應當取法之，把人世一切事安排得厘然秩然，像天空中眾星球相維相繫一般，而人世就相安無事了。

　　人類相爭相奪，出於人心之私；人類相親相愛，也出於人心之私。阻礙世界進化，固然由於人有私心；卻是世界能夠進化，也全靠人有私心。由漁佃而遊牧，而耕稼，而工商，造成種種文明，也全靠人有私心，在暗中鼓蕩。我們對於私字，應當把他當如磁電一般，熟考其性質，因而利用之，不能徒用剷除的法子。假使物理學家，因為電氣能殺人，朝朝日日，只研究除去電氣的法子，我們哪得有電話電燈來使用？私字之不

可去,等於地心吸力之不可去,我們只好承認其私,使人人各遂其私,你不妨害我之私,我不妨害你之私,這可說是私到極點,也即是公到極點。有人問:人性是善是惡?應之曰:請問地心吸力是善是惡?請問電氣是善是惡?你把這個問題答覆了再說。

孟子全部學說,乃是確定我字爲中心點,擴而充之,層層放大,親親而仁民,仁民而愛物。他不主張除去利己之私,只主張我與人同遂其私:我有好貨之私,則使居者有積倉,行者有裹糧;我有好色之私,則使內無怨女,外無曠夫。宋儒之學,恰與相反,不惟欲除去一己之私,且欲除去眾人之私,無如人心之私,通於萬有引力,欲去之而卒不可去,而天下從此紛紛矣。讀孟子之書,靄然如春風之生物;讀宋儒之書,凜然如秋霜之殺物。故曰:宋儒學說,完全與孟子違反。

四　告子言性正確

人性本是無善無惡,也即是可以爲善,可以爲惡。告子的說法,任從何方面考察,都是合的。他說:「性猶湍水也。」湍水之變化,即是力之變化。我們說:「心理依力學規律而變化。」告子在二千多年以前,早用「性猶湍水也」五字把他包括盡了。

告子曰:「性猶湍水也,決諸東方則東流,決諸西方則西流。」意即曰:導之以善則善,誘之以惡則惡。此等說法,即是《大學》上「堯舜率天下以仁而民從之,桀紂率天下以暴而民從之」的說法。孟子之駁論,乃是一種詭辯,宋儒不悟其

非，力詆告子。請問《大學》數語，與告子之說有何區別？孟子書上，有「民之秉夷，好是懿德」之語，宋儒極口稱道，作為他們學說的根據，但是《大學》於堯舜桀紂數語下，卻續之曰：「其所令，反其所好，而民不從。」請問，民之天性，如果只好懿德。則桀紂率之以暴，是為反其所好，宜乎民之不從了，今既從之，豈不成了「民之秉夷，好是惡德」？宋儒力詆告子，而於《大學》之不予駁正，豈足服人？

孟子全部學說都很精粹，獨性善二字，理論未圓滿。宋儒之偉大處，在把中國學術與印度學術溝通為一，以釋氏之法治心，以孔氏之法治世，入世出世，打成一片，為學術上開一新紀元，是千古不磨之功績（其詳具見拙著《中國學術之趨勢》一書）。宋儒能建此種功績，當然窺見了真理，告子所說，是顛撲不破之真理，何以反極口詆之呢？其病根在誤信孟子。宋儒何以會誤信孟子？則由韓昌黎啟之。

昌黎曰：「堯以是傳之舜，舜以是傳之禹，禹以是傳之湯，湯以是傳之文武周公，文武周公傳之孔子，孔子傳之孟軻，軻之死不得其傳焉。」這本是無稽之談。此由唐時佛教大行，有衣缽真傳之說，我們閱《五燈會元》一書，即知昌黎所處之世，正是此說盛行時代，他是反抗佛教之人，因創此「想當然耳」的說法，意若曰：「我們儒家，也有一種衣缽真傳。」不料宋儒信以為真，創出道統五說，自己欲上承孟子；告子、荀子之說，與孟子異，故痛詆之。曾子是得了孔子衣缽之人，傳之子思，轉授孟子，故《大學》之言，雖與告子相同，亦不駁正。

昌黎為文，喜歡戛戛獨造。伊川曰：「軻之死不得其傳，

似此言語，非是蹈襲前人，又非鑿空撰得，必有所見。」即曰：「非是蹈襲前人。」是為無稽之談。既曰「必有所見」，是為「想當然耳」。昌黎之語，連伊川都尋不出來源，宋儒道統之說，根本上發生動搖，所以創出的學說，不少破綻。

程明道立意要尋「孔子傳之孟軻」那個東西，初讀儒書，茫無所得，求之佛老幾十年，仍無所得，返而求之六經，忽然得之。請問明道所得，究竟是什麼東西？我們須知：「人心之構成，與地球之構成相似：地心有引力，能把泥土沙石，有形有體之物，吸收來成為一個地球；人心也有引力，能把耳聞目睹，無形無體之物，吸收來成為一個心。」明道出入儒釋道三教之中，不知不覺，把這三種元素吸收胸中，融會貫通，另成一種新理。是為三教的結晶體，是最可寶貴的東西。明道不知為創獲的至寶，反舉而歸諸孔子，在六經上尋出些詞句，加以新解，藉以發表自己所獲之新理，此為宋學全部之真相。宋儒最大功績在此，其荊棘叢生也在此。

孟子言性善，還舉出許多證據，如孩提愛親，孺子入井，不忍釁鐘等等。宋儒則不另尋證據，徒在四書五經上尋出些詞句來研究，滿紙天理人欲，人心道心，義理之性，氣質之性等名詞，鬧得人目迷五色，不知所云。我輩讀宋元學案，明儒學案諸書，應當用披沙揀金的辦法，把他這類名詞掃蕩了，單看他內容的實質，然後他們的偉大處才看得出來，謬誤處也才看得出來。

孟子的性善說和荀子的性惡說，合而為一，就合乎宇宙真理了。二說相合，即是告子性無善無不善之說。人問：孟子的學說怎能與荀子相合？我說：孟子曰「人少則慕父母，知好

色則慕少艾，有妻子則慕妻子。」荀子曰：「妻子具而孝衰於親。」二人之說，豈不是一樣？孟子曰：「大孝終身慕父母，五十而慕者，予於大舜見之矣。」據孟子所說：滿了五十歲的人，還愛慕父母，他眼睛只看見大舜一人。請問：人性的真相，究竟是怎樣？難道孟荀之說，不能相合？由此知：孟荀言性之爭點，只在善與惡的兩個形容詞上，至於人性之觀察，二人並無不同。

　　據宋儒的解釋，孩提愛親，是性之正，少壯好色，是形氣之私，此等說法，未免流於穿鑿。孩提愛親，非愛親也，愛其乳哺我也。孩子生下地，即交乳母撫養，則只愛乳母，不愛生母，是其明證。愛乳母與慕少艾，慕妻子，心理原是一貫，無非是為我而已。為我是人類天然現象，不能說他是善，也不能說他是惡，告子性無善無不善之說，最為合理。告子曰：「食、色，性也。」孩提愛親者，食也；慕少艾、慕妻子者，色也。食、色為人類生存所必需，求生存者，人類之天性也。故告子又曰：「生之謂性。」

　　告子觀察人性，既是這樣，則對於人性之處置，又當怎樣呢？告子設喻以明之曰：「性猶湍水也，決諸東方則東流，決諸西方則西流。」又曰：「性猶杞柳也，義猶桮棬也，以人性為仁義，猶以杞柳為。」告子這種說法，是很對的，人性無善無惡，也即是可以為善，可以為惡。譬如深潭之水，平時水波不興，看不出何種作用，從東方決一口，可以灌田畝，利行舟，從西方決一口，可以淹禾稼，漂房舍，我們從東方決口好了。又譬如一塊木頭，可製為棍棒以打人，也可製為碗盞以裝食物，我們製為碗盞好了。這種說法，真可合孟荀而一之。

孟子書中，載告子言性者五：曰性猶杞柳也，曰性猶湍水也，曰性之謂性，曰食色性也，曰性無善無不善也，此五者原是一貫的。朱子注食色章曰：「告子之辯屢屈，而屢變其說以求勝。」原書俱在，告子之說，始終未變，而孟子亦卒未能屈之也。朱子注杞柳章，謂告子言仁義，必待矯揉而後成，其說非是。而注公都子章，則曰：「氣質所稟，雖有不善，而不害性之本善，性雖本善，而不可以無省察矯揉之功。」忽又提出矯揉二字，豈非自變其說乎！

　　朱子注「生子謂性」章說道：杞柳湍水之喻，食色無善無不善之說，縱橫繆戾，紛紜舛錯，而此章之誤，乃其本根。殊不知告子言性者五，俱是一貫說下，並無所謂「縱橫繆戾，紛紜舛錯」。「生之謂性」之生字，作生存二字講。生存為人類重心，是世界學者所公認的。告子言性，以生存二字為出發點，由是而有「食色性也」之說，有「性無善無不善」之說，又以杞柳湍水為喻，其說最為精確，而宋儒反認為根本錯誤，此朱子之失也。然朱子能認出「生之謂性」一句為告子學說根本所在，亦不可謂非特識。

　　告子不知何許人，有人說是孔門之徒，我看不錯。孔子贊周易，說：「天地之大德曰生。」朱子以生字言性，可說是孔門嫡傳。孟子學說，雖與告子微異，而處處仍不脫生字，如云：「菽粟如水火，而民焉有不仁者乎？」又云：「內無怨女，外無曠夫，於王何有？」仍以食色二字立論，竊意孟子與告子論性之異同，等於子夏子張論交之異同，其大旨要不出孔氏家法。孟子曰：「告子先我不動心。」心地隱微之際亦知之，二人交誼之深可想。其論性之爭辯，也不過朋友切磋，互

相質證。宋儒有道統二字，橫亙在心，力詆告子為異端，而自家之學說，則截去生字立論，叫婦人餓死，以殉其所謂節，叫臣子無罪受死，以殉其所謂忠，孟子有知，當心引告子為同調，而擯程朱於門牆之外也。

　　宋儒崇奉儒家言，力闢釋道二家之言，在《尚書》上尋得「人心惟危，道心惟微，惟精惟一，允執厥中」四語，詫為虞廷十六字心傳，遂自謂生於一千四百年以後，得不傳之學於遺經。嗣經清朝閻百詩考出，這四句是偽書，作偽者採自荀子，荀子又是引用道經之語。閻氏之說，在經學界中，算是已定了的鐵案，這十六字是宋儒學說的出發點，根本上就雜有道家和荀學的元素，反欲借孔子以排老子，借孟子以排荀子，遂無往而不支離穿鑿。朱子曰：「氣質所稟，雖有不善，而不害性之本善，性雖本善，而不可以無省察矯揉之功。」請問：所稟既有不善，尚得謂之本善乎？既本善矣，安用矯揉乎？此等說法，真可謂「縱橫繆戾，紛紜舛錯」。以視告子扼定生存二字立論，明白簡易，何啻天淵！

　　宋儒謂人心為人欲，蓋指飲食男女而言，謂道心為天理，蓋指愛親敬兄而言。朱子中庸章句序曰：「人莫不有是形，故雖上智不能無人心。」無異於說：當小孩的時候，就是孔子也會搶母親口中糕餅；我與孺子同時，將入井，就是孔子也是只有怵惕而無惻隱。假如不是這樣，小孩生下地即不會吸母親身上之乳，長大來，看見井就會跳下去，世界上還有人類嗎？道理本是對的，無奈已侵入荀子範圍去了。並且「人生而靜」數語，據後儒考證，是文子引老子之語，河間獻王把他採入《樂記》的。《文子》一書，有人說是偽書，但也是老氏學派中人

所著,可見宋儒天理人欲之說,不但侵入告子荀子範圍,簡直是發揮老子的學說。然則宋儒錯了嗎?曰不惟莫有錯,反是宋儒是大功績。假使他們立意要將孔孟的學說與老荀告諸人融合為一,反看不出宇宙真理,惟其極力反對老荀告諸人,而實質上乃與諸人融合為一,才足證明老荀告諸人之學說不錯,才足證明宇宙真理實是如此。

　　朱子中庸章句序又曰:「必使道心常為一身之主,而人心每聽命焉。」主者對僕而言,道心為主,人心為僕;道心者為聖為賢之心,人心者好貨好色之心;聽命者,僕人職供奔走,惟主人之命是聽也。細繹朱子之語,等於說:我想為聖為賢,人心即把貨與色藏起,我想吃飯,抑或想及「男女居室,人之大倫」,人心就把貨與色獻出來,必如此,方可曰:「道心常為一身之主,而人心每聽命焉。」然而未免迂曲難通矣。總之,宇宙真理,人性真相,宋儒是看清楚了的,只因要想承繼孟子道統,不得不擁護性善說。一方面要顧真理,一方面要顧孟子,以致觸處荊棘,愈解釋,愈迂曲難通。我輩厚愛宋儒,把他表面上這些渣滓掃去了,裏面的精義,自然出現。

　　告子曰,「食色性也,仁內也,非外也,義外也,非內也。」下文孟子只駁他義外二字,於食色二字,無一語及之,可見「食色性也」之說,孟子是承認了的。他對齊宣王說道:「王如好貨,與民同之,於王何有?」「王如好色,與民同之,於王何有?」並不叫他把好貨好色之私除去,只叫他推己及人,使人人遂其好貨好色之私。後儒則不然,王陽明傳習錄曰:「無事時,將好貨好色好名等私,逐一追究搜尋出來,定要拔去病根,永不復起,方始為快。常如貓之捕鼠,一眼看

著,一耳聽著,才有一念萌動,即與克去,斬釘截鐵,不可姑容,與他方便,不可窩藏,不可放他出路,方能掃除廓清。」這種說法,彷彿是:見了火會燒房子,就叫人以後看見一星之火,立即撲滅,斷絕火種,方始為快,律以孟子學說,未免大相逕庭了。

傳習錄又載:「一友問:欲於靜坐時,將好色好貨等根逐一搜尋出來,掃除廓清,恐是剜肉做瘡否?先生正色曰:這是我醫人的方子,真是去得人病根。更有大本事人,過了十餘年,亦還用得著,你如不用,且放起,不要作壞我的方法。是友愧謝。少間曰:此量非你事,必吾門稍知意思者,為此說以誤汝。在坐者悚然。」我們試思:王陽明是極有涵養的人,平日講學,任如何問難,總為勤勤懇懇的講說,何以門人這一問,他就動氣,始終未把道理說出?又何以承認說這話的人,是稍知意思者呢?這就很值得研究了。

怵惕與惻隱,同是一物,天理與人欲,也同是一物,猶之燒房子者是火,煮飯者也是火,宋明諸儒,不明此理,把天理人欲看為截然不同之二物。陽明能把知行二者合而為一,能把明德親民二者合而為一,能把格物致知誠意正心修身五者看作一事,獨不能把天理人欲二者看作一物,這是他學說的缺點,門人這一問,正擊中他的要害,所以就動起氣來了。

究竟剜肉做瘡四字,怎樣講呢?肉喻天理,瘡喻人欲,剜肉做瘡者,誤天理為人欲,去人欲即傷及天理也。門人的意思,即是說:「我們如果見了一星之火,即把他撲滅,自然不會有燒房子的事,請問拿什麼東西來煮飯呢?換言之,把好貨之心連根去盡,人就不會吃飯,豈不餓死嗎?把好色之心連根

去盡，就不會有男女居室之事，人類豈不滅絕嗎？」這個問法，何等利害！所以陽明無話可答，只好忿然作色。此由陽明沿襲宋儒之說，力辟告子，把「生之謂性」和「食色性也」二語，欠了體會之故。

　　陽明研究孟荀兩家學說，也未徹底。傳習錄載陽明之言曰：「孟子從源頭上說來，荀子從流弊上說來。」我們試拿孟子所說「怵惕惻隱」四字來研究，由怵惕而生出惻隱，怵惕是「為我」之念，惻隱是「為人」之念，「為我」擴大，則為「為人」。怵惕是源，惻隱是流。荀子學說，從為我二字發出，孟子學說從為人二字發出。荀子所說，是否流弊，姑不深論，怵惕之上，是否尚有源頭，我們也不必深考，惟孟子所說惻隱二字，確非源頭。陽明說出這類話，也是由於讀孟子書，忘卻惻隱上面還有怵惕二字的緣故。

　　傳習錄是陽明早年講學的語錄，到了晚年，他的說法，又不同了。《龍溪語錄》載，錢緒山謂「無善無惡心之體，有善有惡意之動，知善知惡是良知，為善去惡是格物」四語，是師門定本。王龍溪謂：「若悟得心是無善無惡之心，亦即是無善無惡之意，知即是無善無惡之知，物即是無善無惡之物。」時陽明出征廣西，晚坐天泉橋上，二人因質之。陽明曰：汝中（龍溪字）所見，我久欲發，恐人信不及，徒增躐等之弊，故含蓄到今，此是傳心秘藏，顏子問道所不敢言。今既說破，亦是天機該發洩時，豈容復秘！陽明至洪都，門人三百餘人來請益，陽明曰：「吾有向上一機，久未敢發，以待諸君之自悟，近被王汝中拈出，亦是天機該發洩時。」明年廣西平，陽明歸，卒於途中。龍溪所說，即是將天理人欲打成一片，陽明直

到晚年,才揭示出來。因此知:門人提出剜肉做瘡之問,陽明正色斥之,並非說他錯了,乃是恐他躐等。

錢德洪極似五祖門下之神秀,王龍溪極似慧能。德洪所說,即神秀「時時勤拂拭」之說也,所謂漸也。龍溪所說,即慧能「本來無一物」之說也,所謂頓也。陽明曰:「汝中須用德洪工夫,德洪須透汝中本旨,二子之見,止可相取,不可相病。」此頓悟漸修之說也。龍溪語靈,所講的道理,幾於六祖壇經無異。此由心性之說,惟佛氏講得最精,故王門弟子,多歸佛氏,程門高弟,如謝上蔡、楊龜山諸人,後來也歸入佛氏。佛家言性,亦謂之無善無惡,與告子之說同。宇宙真理,只要研究得徹底,彼此雖不相師,而結果是相同的。陽明雖信奉孟子性善說,卒之倡出「無善無惡心之體」之語,仍走入告子途徑。儒家為維持門戶起見,每曰「無善無惡,是為至善」。這又流於詭辯了,然則我們何嘗不可說:「無善無惡,是為至惡」呢?

有人難我道:告子說:「性無善無不善。」陽明說:「無善無惡心之體。」一個言性,一個言心之體,何為混為一談?我說道:性即是心之體,有陽明之言可證。陽明曰:「心統性情,性心體也,情心用也,夫體用一源也。知體之所以為用,則知用之所以為體矣。」性即是心之體,這是陽明自己加的解釋,所以我說:陽明的說法,即是告子的說法。

吾國言性者多矣,以告子無善無不善之說最為合理。以醫病喻之,「生之謂性」和「食色性也」二語,是病源,杞柳湍水二喻,是治療之方。孟荀楊墨申韓諸人,俱是實行療病的醫生,有喜用熱藥的,有喜用涼藥的,有喜用溫補的,藥方雖不

同，用之得宜，皆可起死回生。我們平日把病源研究清楚，各種治療技術俱學會，看病情如何變，施以何種治療即是了。

治國者，首先用仁義化之，這即是使用孟子的方法，把一般人可以為善那種天性誘導出來。善心生則惡心消，猶之治水者，疏導下游，自然不會有橫溢之患。然人之天性，又可以為惡，萬一感化之而無效，敢於破壞一切，則用申韓之法嚴繩之，這就等於治水者之築堤防。治水者疏導與堤防二者並用，故治國者仁義與法律二者並用。孟子言性善，是勸人為善；荀子言性惡，是勸人去惡。為善去惡，原是一貫的事，我們會通觀之可也。

持性善說者，主張仁義化民；持性惡說者，主張法律繩民。孟子本是主張仁義化民的，但他又說道：「徒善不足以為政，徒法不能以自行。」則又是仁義與法律二者並用，可見他是研究得很徹底的，不過在講學方面，想獨樹一幟，特標性善二字以示異罷了。我們讀孟子書，如果除去性善二字，再除去詆楊墨為禽獸等語和告子論性數章，其全部學說，都粹然無疵。

世界學術，分三大支，一中國，二印度，三西洋。最初印度學術，傳入中國，與固有學術發生衝突，相推相蕩，經過了一千多年，程明道出來，把他打通為一，以釋氏之法治心，以孔子之法治世，另成一種新學說，即所謂宋學。這是學術上一種大發明。不料這種學說，剛一成立，而流弊跟著發生，因為明道死後，他的學說，分為兩派，一派為程（伊川）朱，一派為陸王。明道早死，伊川享高壽，宋學中許多不近人情的議論，大概屬乎伊川這一派。

中國是尊崇孔子的國家,朱子發現了一個道理,不敢說是自己發現的,只好就《大學》「格物致知」四字解釋一番,說我這種說法,是爲孔門真傳。王陽明發現了一個道理,也不敢說是自己發現的,乃將《大學》「格物致知」四字加一番新解釋,說道:朱子解釋錯了,我的說法,才是孔門真傳,所以我們研究宋明諸儒的學說,最好的辦法,是把我們所用名詞及一切術語掃蕩了,單看他的內容。如果拿淺俗的話來說,宋明諸儒的意思,都是說:凡人要想爲聖爲賢,必須先將心地弄好,必須每一動念,即自己考察,善念即存著,惡念即克去,久而久之,心中所存者,就純是善念了。關於這一層,宋明諸儒的說法,都是同的。惟是念頭之起,是善是惡,自己怎能判別呢?在程朱這一派人說道:你平居無事的時候,每遇一事,就細細研究,把道理融會貫通了,以後任一事來,你都可以分別是非善惡了。陸王這一派說道:不需那麼麻煩,你平居無事的時候,把自家的心打掃得乾乾淨淨,如明鏡一般,無纖毫渣滓,以後任一事來,自然可以分別是非善惡。這就是兩派相爭之點。在我們想來,一面把自家心地打掃得乾乾淨淨,一面把外面的事研究得清清楚楚,豈不是合程朱陸王而一之?然而兩派務必各執一詞,各不相下。此正如孟荀性善性惡之爭,於整個道理中,各截半面以立論,即成對峙之兩派,是之謂門戶之見。

孫中山先生曾說:馬克思信徒,進一步研究,發明了「生存爲歷史重心」的說法,而告子在二千多年以前,已有「生之謂性」一語,這是值得研究的。達爾文生存競爭之說,合得到告子所說「生之謂性」。達爾文學說,本莫有錯,錯在因生存

競爭而倡言弱肉強食，成了無界域之競爭，已經達到生存點了，還競爭不已，馴至歐洲列強，掠奪弱小民族生存的資料，以供其無厭之欲壑。尼采則由達爾文之說更推進一步，倡超人主義，謂愛他為奴隸道德，謂剿滅弱者為強者天職，因而產出德皇威廉第二，造成第一次世界大戰；產出墨索里尼、希特勒和日本軍閥，又造成第二次世界大戰。推原禍始，實由達爾文對於人生欠了研究之故。假使達爾文多說一句曰：「競爭以達到生存點為止。」何至有此種流弊？

中國之哲學家不然，告子「食色性也」的說法，孟荀都是承認了的，荀子主張限制，不用說了，孟子對於食字，只說到不饑不寒，養生喪死無憾為止，對於色字，只說到無怨女無曠夫為止，達到生存點，即截然止步，雖即提倡禮義，因之有「衣食足而禮義興」的說法，這是中國一貫的主張，絕莫有西洋學說的流弊。

欲世界文明，不能於西洋現行學說中求之，當於我國固有學說中求之。我國改革經濟政治，與夫一切制度，斷不能師法歐美各國。即以憲法一端而論，美國憲法，算是制得頂好的了，根本上就有問題。美國制憲之初，有說人性是善的，主張地方分權，有說人性不能完全是善，主張中央集權，兩派之爭執，經過許久，最終後一派戰勝，定為中央集權（詳見孫中山先生民權主義），此乃政爭上之戰勝，非學理上之戰勝，豈足為我國師法？據我們的研究，人性乃是無善無惡的，應當把地方分權與中央集權融合為一，制出來的憲法，自地主看之，則為地方分權，自中央看之，則為中央集權，等於渾然的整個人性，自孟子看之，則為性善，自荀子看之，則為性惡。

古今中外，討論人性者，聚訟紛如，莫衷一是，惟有告子性無善無不善之說，證以印度佛氏之說，是合的。他說：「生之謂性。」律以達爾文生存競爭之說是合的，律以馬克思信徒「生存為歷史重心」之說，也是合的。至於他說：「食色性也。」現在的人，正瘋狂一般向這二字奔去，更證明他的觀察莫有錯。我們說：「心理依力學規律而變化。」而告子曰：「性猶湍水也。」水之變化，即是力之變化，我們這條臆說，也逃不出他的範圍。性善性惡之爭執，是我國二千多年未曾解決之懸案，我們可下一斷語曰：告子之說是合理的。

五　心理依力學規律而變化

宇宙之內，由離心向心兩力互相作用，才生出萬有不齊之事事物物，表面上看去，似乎參差錯亂，其實有一定不移之軌道。人與物，造物是用一種大力，同樣鼓鑄之，故人事與物理相通。離心力與向心力，二者互相為變，所以世上有許多事，我們強之使合，他反轉相離，有時縱之使離，他又自行結合了。瘋狂的人，想逃走的心，與禁錮的力成正比例，越禁錮得嚴，越是想逃走，有時不禁錮他，他反不想逃走了。父兄約束子弟，要明白這個道理，官吏約束百姓，也要明白這個道理。

秦政苛虐，群盜蜂起，文景寬大，民風反轉渾樸起來，其間確有規律可尋，並非無因而至。我們手搓泥丸，是增加向心力，越搓越緊，若是緊到極點，即是向心力到了極點，再用大力搓之，泥丸立即破裂，呈一種離現象。水遇冷則收縮，是向心現象，越冷越收縮，到了攝氏四度，再加冷也呈離心現象，

越冷越膨脹,可知離心向心,本是一力之變。比方我們持一針向紙刺去,愈前進距紙愈近,這是向心現象,刺破了紙,仍前進不止,即愈前進距紙愈遠,變為離心現象,此針進行之方向,並未改變,卻會生出兩種現象。因為凡物都有極限,水以攝氏四度為極限,紙以紙面為極限,過了極限,就會生反對的現象,父兄約束子弟,官吏約束百姓,須察知極限點之所在。

由上面之理推去,地球之成毀,也就可知了,地球越冷越收縮,到了極限點,呈反對現象,自行破裂,散為飛灰,迷漫太空,現在的地球,於是告終。又由引力的作用,歷若干年,又生出新地球。我們身體上之物質,將業是要由現在這個地球介紹到新地球去的。人身體的物質,世世生生,隨力學規律旋轉,所以往古來今的人的心理,都是隨力學規律旋轉。

萬物有引力,萬物有離力,引力勝過離力,則其物存,離力勝過引力,則其物毀。目前存在之物,都是引力勝過離力的,故有萬有引力之說,其離力勝過引力之物,早已消滅,無人看見,所以萬有離力一層,無人注意。

地球是現存之物,故把地面外的東西向內部牽引,心是現存之物,故把六塵緣影向內部牽引,小兒是求生存之物,故看見外面的東西,即取來放入自己口中。人類是求生存之物,故見有利己之事,即牽引到自己身上去。天然的現象,無一不向內部牽引,地球也,心也,小兒也,人類也,將來本是要由萬有離力作用,消歸烏有的,但是未到消滅的時候,他那向內部牽引之力,無論如何,是不能除去的,宋儒去私之說,怎能辦得到?

人心之私,既不能除去,我們只好承認其私,把人類畫

為一大圈，使之各遂其私，人人能夠生存，世界才能太平。我們人類，當同心協力，把圈外之禽獸草木地球（如本書第三章丙圈）當作敵人，搜取他的寶物，與人類平分，這才是公到極點。也可以說是私到極點。如其不然，徒向人類奪取財貨，世界是永不得太平的。

　　心理之變化，等於水之變化，水可以為雲雨，為霜露，為冰雪，為江湖，為河海，時而浪靜波恬，時而崩騰澎湃，變化無方，幾於不可思議，而科學家以力學規律繩之，無不一一有軌道可循。

　　人的心理，不外相推相引兩種作用，自己覺得有利的事，就引之使近，自己覺得有害的事，就推之使遠。人類因為有此心理，所以能夠相親相愛，生出種種福利；又因為有此心理，所以會相爭相奪，生出種種慘禍。主持政教的人，當用治水之法，疏鑿與堤防二者並用。得其法，則行船舟，灌田畝，其利無窮，不得其法，則漂房舍，殺人畜，其害也無窮。宋儒不明此理，強分義理之性，氣質之性，創出天理人欲種種說法，無異於說，行船舟，灌田畝之水，其源出於天，出於理，漂房舍殺人畜之水，出於人，出於氣。我不知一部宋元明清學案中，天人理氣等字，究竟是什麼東西，只好說他迂曲難通。

　　我們細察己心，種種變化，都是依著力學規律走的，狂喜的時候，力線向外發展，恐懼的時候，力線向內收縮。遇意外事變，欲朝東，東方有阻，欲朝西，西方有礙，力線轉折無定，心中就呈慌亂之狀。對於某種學說，如果承認他，自必引而受之，如果否認他，自必推而去之，遇一種學說，似有理，似無理，引受不可，推去不能，就成狐疑態度。

我心推究事理，依直線進行之例，一直前進，推至甲處，理不可通，即折迴乙處，又不可通，即折向丙處，此心之曲折，與流水之迂迴相似。水本是以直線進行的，雖是迂迴百折，仍不外力學規律。我們的心，也是如此。此外尚有種種現象，細究之，終不外推之引之兩種作用。有時潛心靜坐，萬緣寂滅，無推引者，亦無被推引者，如萬頃深潭，水波不興，即呈一種恬靜空明之象。此時之心，雖不顯何作用，其實千百種作用，都蘊藏在內。人之心理，與磁電相通，電氣中和的時候，毫無作用，一作用起來，其變態即不可思議。我們明白磁電的理，人的心理，就可了然了。

　　水雖是以直線進行，但把它放在器中，它就隨器異形，器方則方，器圓則圓，人的心理，也是如此。人有各種嗜欲，其所以不任意發露者，實由於有一種拘束力，把他制住。拘束力各人不同，有受法律的拘束，有受清議的拘束，有受金錢的拘束，有受父兄師長朋友的拘束，有受因果報應及聖賢學說的拘束，種種不同，只要把他心中的拘束力除去，他的嗜欲，立時呈露，如貯水之器，有了罅漏，即向外流出一般。

　　貪財好色之人，身臨巨禍，旁人看得清清楚楚，而本人則茫然不知。因為他的思想感情，依直線進行公例，直線在目的物上，兩旁的事物，全不能見。譬如寒士想做官，做了官還嫌小，要做大官，做了大官，還是向前不止；袁世凱做了大總統，還想做皇帝。秦皇漢武，做了皇帝，在中國稱尊，還嫌不足，要起兵征伐四夷，四夷平服了，又要想做神仙。這就是人類嗜欲依直線進行的明證。

　　耶教志在救人，以博愛為主旨，其教條是：「有人批我左

頰者,並以右頰獻上。」乃新舊教之爭,釀成血戰慘禍,處置異教徒,有焚燒酷刑,竟與教旨顯背,請問這是什麼道理?法國革命,以自由平等博愛相號召,乃竟殺人如麻,稍有反對的或形跡可疑的,即加誅戮,與所標主旨全然違反,這又是什麼道理?我們要解釋這個理由,只好求之力學規律。耶穌、盧梭的信徒,只知追求他心中之目的物,熱情剛烈,猶如火車開足了馬力向前奔走一般,途中人畜無不被其碾斃。凡信各種主義的人,都可本此公例求之。

凡事即都有變例,如本書乙甲兩圖,是指常例而言,是指靜的現象而言,是指未加外力而言,若以變例言之,則有說明外人攻擊其兄者,則有愛花,愛石,愛山水,而忘其身命者。語云:「忠臣不事二君,烈女不嫁二夫。」心中加了一個忠字、烈字,往往自甘殺身而不悔。又云:「慷慨赴死易,從容就義難。」慷慨者,動的現象也,從容者,靜的現象也。中日戰爭,我國許多無名戰士,身懷炸彈,見日本坦克車來,即奔臥道上,已身與敵人同盡,彼其人既不為利,復不為名,而有此等舉動,其故何哉?孟子曰:「所欲有甚於生者,所惡有甚於死者。」蓋我之外,另有一物,為其視線所注也。耶穌、盧梭信徒,求達目的,忘卻信條,吾國志士,求達目的,忘卻己身,此其間確有一定的軌道,故老子曰:「民不畏死,奈何以死懼之。」目的可以隨時轉變,其表現出來者,遂有形形色色之不同,然而終不外力學規律。我們悟得此理,才可以處理事變,才何以教育民眾。

人的思想感情,本是以直線進行,便表現出來,卻有許多彎彎曲曲、奇奇怪怪的狀態,其原因出於人群眾多,力線交互

錯綜，相推相引，又加以境地時時變遷，各人立足點不同，觀察點不同，所以明明是直線，轉變成曲線。例如：我們取一塊直線板，就在黑板上，用白墨順著直線板畫一線，此線當然是直線，假使畫直線之時，黑板任意移動，結果所畫之線，就成為曲線了。我們如把愛因斯坦的相對論運用到人事上，就可把這個道理解釋明白。

　　人人有一心，即人人有一力線，各力線俱向外發展，宜乎處處衝突，何以平常時，衝突之事不多見？因為力線有種種不同：有力與力不相交的，此人做甲事，彼人做乙事，各不相涉。有力與力相消的，例如有人起心，想害某人，旋想他的本事也大，我怕敵他不過，因而中止。有力與力相合的，例如抬轎的人，舉步快慢，自然一致。有力與力相需的，例如賣布的和縫衣匠，有布無人縫，有人縫無布賣，都是不行，相需為用，自然彼此相安。又有大力制止了小力的，例如小孩玩得正高興的時候，父母命他作某事，他心中雖是不願，仍不能不作，是父母之力把他的反對力制服了。又如交情深厚的朋友，小有違忤，能夠容忍，因為彼此間的凝結力很大，小小衝突之力，不能表現。諸如此類，我們下細考察，即知人與人相接，力線交互錯綜，如網一般，有許多線，不惟不衝突，反是相需相成，人類能夠維繫，以生存於世界，就是這個原因。

　　通常的人，彼此之力相等，個個獨立，大本事人，其力大，能夠把他前後左右幾個人吸引來成一個團體，成了團體以後，由合力作用，其力更大，又向外面吸引，越吸引越大，其勢力就遍於天下。東漢黨人，明季黨人，就是這種現象。如果同時有一人，力量也大，不受他的吸引，並且把自己前後左右

幾個人吸引成一團體，也是越吸引越大，就成了對峙的兩黨。宋朝王安石派的新黨，司馬光派的舊黨，是這種現象，程伊川統率的洛黨，蘇東坡統率的蜀黨，也是這種現象，現在各黨之對峙，也是這種現象。兩黨相遇，其力線之軌道，與兩人相遇一樣。凡當首領的人，貴在把內部衝突之力取消，一致對外，如其不然，他那團體，就會自行解散。有些團體，越受外界壓迫，越是堅固，有些一受壓迫，即行解體，其原因即在那當首領的人，能否統一內部力線，不關乎外力之大小。

有人說：群眾心理，與個人心理不同，個人獨居的時候，常有明瞭的意識，正當的情感，一遇群眾動作，身入其中，此種意識情感，即完全消失，隨眾人之動作爲動作。往往有平日溫良謙讓的人，一入群眾之中，忽變而爲獷厲囂張，橫不依理的暴徒。又有平日柔懦卑鄙的人，一入群眾之中，忽變而爲熱心公義，犧牲生命的志士。法人黎朋著《群眾心理》一書，歷舉事實，認爲群眾心理，不能以個人心理解釋之，其實不然，我們如果應用力學規律，就可把這個道理說明。

人人有一心，即人人有一力，一人之力，不敵眾人之力，群眾動作，身入其中，我一己之力，被眾人之大力相推相蕩，不知不覺，隨同動作，以眾人的意識爲意識，眾人的情感爲情感，自己的腦筋，就完全失去自主的能力了。因爲有這個道理，所以當主帥的人，才能驅千千萬萬的平民效命疆場，當首領的人，才能指揮許多黨徒爲殺人放火的暴行。

個人獨居的時候，以自己之腦筋爲腦筋，群眾動作，是以首領之腦筋爲腦筋。當首領的人，只要意志堅強，就可指揮如意。史稱：「李光弼入軍，號令一施，旌旗變色。」欲語說：

「強將手下無弱兵」，就是這個道理。

水之變化，依力學規律而變化，吾人心理之變化，也是依力學規律而變化，每每會議場中，平靜無事，忽有一人登臺演說，慷慨激昂，激情立即奮發，釀成重大事變，此會議場中的眾人，猶如深潭的水一般，堤岸一崩，水即洶湧而出，漂房舍，殺人畜，勢所不免。所以我們應付群眾暴動的方法，要取治水的方法，其法有三：（1）如係堰塘之水，則登高以避之，等他流乾了，自然無事；（2）如係有來源之水，則設法截堵，免其橫流；（3）或疏通下游，使之向下流去。水之動作，即是力之動作，我們取治水之法，應付群眾，斷不會錯。

兩力平衡，才能穩定，萬事萬物以平為歸，水不平則流，物不平則鳴，資本家之對於勞工，帝國主義之對於弱小民族，不平太甚，可斷定他終歸失敗。處順利之境，心要變危，處憂危之境，又要有一種邁往之氣，使發散收縮二力保其平衡，才不失敗。達而在上的人，態度要謙遜，窮而在下的人，志氣要高亢，不如此則不平。倘若在上又高亢，我們必說他驕傲，在下又謙遜，我們必說他卑鄙。此由我們的心，是一種力結成的，力以平為歸，所以我們的心中，藏得有一個平字，為衡量萬事萬物的標準，不過自己習而不察罷了。心中之力，與宇宙之力，是相通的，故我之一心，可以衡量萬物，王陽明的學說，就是從這個地方生出的。

六　人事變化之軌道

我們既說「心理依力學規律而變化」，力之變化，可用

數學來說明，故心理之變化，也可用數學來說明。力之變化，可繪出圖來，尋求他的軌道。一部二十五史，是人類心理留下的影像，我們取歷史上的事，本力學規律，把他繪出圖來，即知人事紛紛擾擾，皆有一定的軌道。作圖之法，例如心中念及某事，即把那作為一個物體。心中念及他，即是心中發出一根力線，與之連結。心中喜歡他，即是想把他引之使近，如不喜歡，即是想把他推之使遠，從這相推相引之中，就可把軌道尋出來。

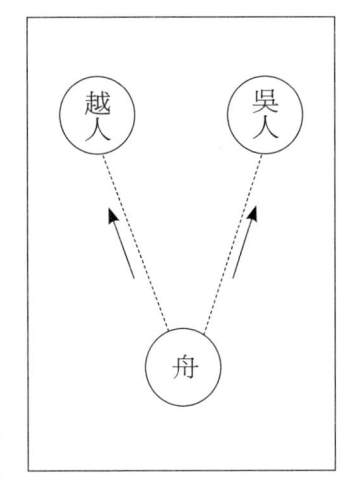

　　孫子曰：「吳人越人相惡也，當其同舟共濟而遇風，其相救也，如左右手。」這是舟將沉下水，吳人越人，都想把舟拖出水來，成了方向相同的合力線，所以平日的仇人都會變成患難相救的好友。凡是歷史上的事，都可本此法把他繪圖研究。

　　韓信背水陣，置之死地而後生，是漢兵被陳餘之兵所壓迫，前面是大河，是死路，惟有轉身去，把陳餘之兵推開，才有一條生路。人人如此想，即成了方向相同之合力線，所以烏合之眾，可以團結為一。其力線之方向，與韓信相同，所以韓信就坐收成功了。

　　張耳、陳餘，稱為刎頸之交，算是至好的朋友。後來張耳被秦兵圍了，求陳餘救之，餘畏秦兵強，不肯往，二人因此結下深仇。這是張耳將秦兵向陳餘方面推去，陳餘又將秦兵向張耳方面推來，力線方向相反，所以至好的朋友，會變成仇敵，

卒之張耳幫助韓信，把陳餘殺死水之上。

嬴秦之末，天下苦秦苛政，陳涉振臂一呼，山東豪俊，一齊回應，陳涉並未派人去聯合，何以會一齊回應呢？這是眾人受秦的苛政久了，人人心中，都想把他推開，利害相同，心理相同，就成了方向相同之合力線，不消聯合，自然聯合。

劉邦項羽，起事之初，大家志在滅秦，目的相同，成了合力線，所以異姓之人，可以結為兄弟。後來把秦滅了，目的物已去，現出了一座江山，劉邦想把他搶過來，項羽也想把他搶過來，力線相反，異姓兄弟就血戰起來了。

再以高祖與韓彭諸人的關係言之，當項羽稱霸的時候，高祖心想：只要把項羽殺死，我就好了。韓彭諸人也想：只要把項羽殺死，我就好了。思想相同，自然成為合力線，所以垓下會師，立把項羽殺死。項羽既滅，他們君臣，無合力之必要，大家的心思，就趨往權利上去了。但是權利這個東西，你占多了，我就要少占點，我占多了，你就要少占點，力線是衝突的，所以高祖就殺起功臣來了。

唐太宗取隋，明太祖取元，起事之初，與漢朝一樣，事成之後，唐則弟兄相殺，明則功臣族滅，也與漢朝無異。大凡天下平定之後，君臣力線，就生衝突，君不滅臣，臣就會滅君，看二力之大小，定彼此之存亡。李嗣源佐唐莊宗滅梁滅契丹，莊宗之力，制他不住，就把莊宗的天下奪去了。趙匡胤佐周世宗破漢破唐，嗣君之力，制他不住，也把周之天下奪去了。這就是劉邦不殺韓彭諸人的反面文字。

光武平定天下之後，鄧禹、耿諸人，把兵權交出，閉門讀書，這是看清了光武的路線，自己先行走開。宋太祖杯酒釋兵

權，這是把自己要走的路線明白說出，叫他們自家讓開，究其實，漢光武、宋太祖的心理，與漢高祖的心理是一樣，我們不能說漢高祖性情殘忍，也不能說漢光武、宋太祖度量寬宏，只能說是一種力學公例。

岳飛想把中原挽之使南，秦檜想把中原推之使北，岳飛想把徽欽挽之使南，高宗想把徽欽推之使北，高宗與秦檜，成了方向相同之合力線，其方向恰與岳飛相反，岳飛一人之力，不敵高宗、秦檜之合力，故三字冤成，岳飛不得不死。

歷史上凡有阻礙路線的人，無不遭禍，劉先帝殺張裕，諸葛亮請其罪，先帝曰：「芳蘭生門，不得不鋤。」芳蘭何罪？罪在生非其地。趙太祖伐江南，徐鉉乞緩師，太祖曰：「臥榻之側，豈容他人酣睡。」酣睡何罪？罪在睡非其地。古來還有件奇事：狂矞華士、昆弟二人，上不臣天子，下不友諸侯，耕田而食，鑿井而飲，這明明是空谷幽蘭，酣睡自家榻上，宜乎可以免禍了；太公至營丘，首先誅之，這是什麼道理呢？因為太公在那個時候，挾爵祿以驅遣豪傑，偏偏有兩個不受爵祿的，橫亙前面，這仍是阻了路線，如何容他得過？太公是聖人，狂矞華士是高士，高士阻了路線，聖人也容他不過，這可說是普通公例了。

逢蒙殺羿，是先生阻了學生之路，吳起殺妻，是妻子阻了丈夫之路，高祖分羹，是父親阻了兒子之路，樂羊子食羹，是兒子阻了父親之路，周公誅管蔡，唐太宗誅建成、元吉，是兄阻弟之路、弟阻兄之路。可見力線衝突了，就是父子兄弟夫婦，都不能倖免的。王猛明白這個道理，見了桓溫，改仕苻秦；殷浩不然，即遭失敗。范蠡明白這個道理，破了吳國，泛

舟五湖；文種不然，即被誅戮。此外如韓非囚秦，子胥伏劍，嵇康見誅，阮籍免禍，我們試把韓非諸人的事實言論考一下，又把殺韓非的李斯，殺子胥的夫差，和容忍阮籍、誅戮嵇康的司馬昭各人心中注意之點尋出，考他路線之經過，即知道：或衝突，或不衝突，都有一定的公例存乎其間。

王安石說：「天變不足畏，人言不足恤，祖宗不足法。」道理本是對的，但他在當日，因這三句話，得了重謗，我們今日讀了，也覺得他盛氣凌人，心中有點不舒服，假使我們生在當日，未必不與他衝突。陳宏謀說：「是非審之於己，毀譽聽之於人，得失安之於數。」這三句話的意義，本是與王安石一樣，而我們讀了，就覺得這個人和藹可親。這是什麼道理呢？因為王安石彷彿是橫亙在路上，凡有「天變」、「人言」、「祖宗」從路上經過，都被他拒絕轉去。陳宏謀是把己字、人字、數字，列為三根平行線，彼此不相衝突。我們聽了王安石的話，不知不覺，置身「人言不足恤」那個人字中，聽了陳宏謀的話，不知不覺，置身「毀譽聽之於人」那個人字中，我們心中的力線，也是喜歡他人相讓，不喜歡他人阻攔，所以不知不覺，對於王陳二人的感情就不同了。我們如果悟得此理，應事接物，有無限受用。

力學中有偶力一種，也值得研究。宋朝王安石維新，排斥舊黨，司馬光守舊，排斥新黨，兩黨主張相反，其力又復相等。自力學言之：「兩力線平行，強度相等，方向相反，是為偶力作用。」磨子之旋轉不已，即是此種力之表現。宋自神宗以來，新舊兩黨，迭掌政權，相爭至數十年之久，宋室政局遂如磨子一般，旋轉不已，致令金人侵入，釀成南渡之禍。我國

辛亥而後，各黨各派，抗不相下，其力又不足相勝，成了偶力作用，政局也如磨子般旋轉，日本即乘之而入。

人世一切事變，乃是人與人接觸發生出來的，一個人，一個我，我們可假定為數學上之二元，一個Y，一個X，依解析幾何，可得五線：（1）二直線；（2）圓；（3）拋物線；（4）橢圓；（5）雙曲線。人事千變萬化，總不外人與人相接，所以任如何逃不出這五種軌道。本章前面所舉諸例，皆屬乎二直線，第二章甲乙兩圖，第三章之丙圖，則屬乎圓，此外還有拋物、橢圓、雙曲線三種，敘述如下：

什麼是拋物線呢？我們向外拋出一石，這是一種離心力，地心吸力，吸引此石，是一種向心力，石之離心力，衝不破地心吸力，終於下墜，此石所走之路線，即是拋物。弱小民族，對於列強所走路線，是拋物線。例如：高麗人民想獨立，這是對於日本生出一種離心力，而日本用強力把它制伏下去。衝不破日本的勢力範圍，等於拋出之石，衝不破地心吸力，終於墜地一般。

我們拋出之石，假定莫得地面阻擋，此石會繞過地心，仍回到我之本位，而旋繞不已，成為地球繞日狀態。這種路線，名曰橢圓，是離心力和向心力二者結合而成。自數學上言之，有一點至兩定點之距離，其和恆等，此點之軌跡，名曰橢圓，其和恆等者，即其值恆等之謂也。買賣之際，顧客交出金錢，店主交出貨物，二者之值相等，即可看作一物。這是顧客拋出一物，繞過店主，回到他的本位，在店主方面看來，也是拋出一物，繞過顧客，回到他的本位，成一種橢圓形，買賣二家，就心滿意足了。顧客有金錢，不必定向某店購買，這是離心

力，但他店中的貨物，足以引動顧客，又具有引力。店主有貨物，不必定賣與某客，這是離心力，但他懷中的金錢，足以引動店主，又具有引力。由引力離力的結合，顧客出金錢，店主出貨物，各遂所欲，交易遂成，是為橢圓狀態。

又如自由結婚，某女不必嫁某男，而某男這愛情，足以繫引她，某男不必定娶某女，而某女之愛情，足以繫引他，引力離力，保其平衡，也係橢圓狀態。

地球繞日，引力和離力，兩相平衡，成為橢圓狀態，故宇宙萬古如新。社會上一切組織，必須取法這種狀態，才能永久無弊。我國婚姻舊制，由父母主持，一與之齊，終身不改，缺乏了離力，所以男女兩方，有時常感痛苦。外國資本家專橫，工人不入工廠做工，就會餓死，離不開工廠，缺乏了離力，所以要社會革命。至若有離力而無引力，更是不可，上古男女雜交，子女知有母而不知有父，這是缺乏了引力。我國各種團體，有如散沙，也是缺乏了引力，所以政治家創一制度，不可不把離心向心二力配置均平。

有一點至兩定點之距離，其差恒等，此點之軌跡，名曰雙曲線，其形狀，有點像兩張弓反背相向一般。凡兩種學說，成兩種行事，背道而馳，可稱為走入雙曲線軌道。例如性善說和性惡說，二者恰相反對，對方俱持之有故，言之成理，越講得精微，相差越遠，猶如雙曲線越引越長，相離越遠一樣，究其實，無非性善惡之差，是謂其差恒等。又如入世間法，和出世間法，二者是背道而馳的，利己主義，和利人主義，二者也是背道而馳的，凡此種種，皆屬乎雙曲線。橢圓繪出圖來，有兩個心，雙曲線繪出圖來，也有兩個心，橢圓之圖，是兩心相

向，雙曲線之圖，是兩心相背，所以我與人走入橢圓軌道，彼此相需相成，若走入雙曲線軌道，心理上就無在不背道而馳。我們把各種力線詳加考察，即知我與人相安無事之路線有四：（1）不相交之線。我與人目的物不同，路線不同，各人向著目的物進行，彼此不生關係。平行線，是永遠不相交，有時雖不平行，而尚未接觸，亦不生關係；（2）合力線。我與人利害相同，向著同一之目的進行，如前面所說吳越人同舟共濟是也；（3）圓形宇宙事事物物，天然是排得極有秩序的。詳玩甲乙丙三圖，即知凡事都有一定範圍，我與人有一定的界限，倘能各守界線，你不侵我之範圍，我不侵你之範圍，彼此自然相安；（4）橢圓形。前面所說自由貿易、自由結婚等是也。凡屬權利義務相等之事，皆屬乎此種。

四線中，第一、第三兩種線的結果，是利己而無損於人，或利人而無損於己。第二、第四兩種線的結果，是人己兩利。我們每遇一事，當熟察人己力線之經過，如走此四線，人與我絕不會生衝突。

我們把上述四種線求出，就可評判各家學說和各種政令之得失。我國古人有所謂「萬物並育而不相害，道並行而不相悖」者，合得到第一種線，有所謂「通功合作」者，合得到第二種線，有所謂君君臣臣，父父子子者，合得到第三種線，有所謂「通功易事」者，合得到第四種線，西人謂：人人自由，以他人之自由為界限，合得到第三種線，都是對的。尼采的超人主義，其病在損人，托爾斯泰的無抵抗主義，其病在損己，律以四種，俱不合，故俱不可不行。

二直線也，圓也，拋物線也，橢圓也，雙曲線也，五者，

是人與人相遇之路線，而此五線是變動不居的，只要心理一變，其線即變。例如：吳之孫權，蜀之劉備，各以荊州為目的物，孫權把荊州向東拖，劉備把荊州向西拖，力線相反，故郎舅決裂，夫婦生離，關羽見殺，七百里之連營被燒，吳蜀二國，儼成不共戴天之仇。後來諸葛亮提出魏為目的物，約定共同伐魏，就成了方向相同之合力線，二國感情，立即融洽，合作到底，後來司馬昭伐蜀，吳還起兵相救，聽說劉禪降了，方才罷兵。這就是心理改變，力線即改變之明證。

我國從前閉關自守，不與外國相通，是不相交之二直線，五口通商而後，受帝國主義之壓迫，欲脫其勢力範圍而不能，是走的拋物線，一旦起而抗戰，與帝國主義成一反對形勢，彼此背道而馳，即為兩心相背之雙曲線。我們聯合被侵略者，向之進攻，即成為合力線。帝國主義，經過一番重懲之後，翻然悔悟，工業國和農業國，通功易事，以其所有，易其所無，就成為兩心相向之橢圓狀態。將來再進化，世界大同了，合全球而為一個國家，就成為一個圓心之圓形了。所以這幾種線的軌道，是隨時可以改易的，只看各人心理如何罷了。

性善說、性惡說，二者背道而馳，是雙曲線狀態，倘知人性是渾然一體，無所謂善，無所謂惡，即成為渾然之圓形了。入世法和出世法，背道而馳，利己主義和利人主義，背道而馳，這都是雙曲線，倘能把他融會貫通，入世出世，原是一理，利己利人，原是一事，則又成為圓形了。

我們做一切事，與夫國家制定法令制度，定要把路線看清楚，又要把引力離力二者支配均平，才不至發生窒礙。我們詳考世人的行事和現行的法令制度，以力學規律繩之，許多地方

都不合，無怪乎紛紛擾擾，大亂不止。

　　孟子說：「規矩，方圓之至也，聖人，人倫之至也。」第一句是對的，第二句就不對。我們執規以畫圓，執矩以畫方，聚五洲萬國之人而觀之，不能說不圓，不能說不方。惟聖人則不然，孔子、釋迦、耶穌、穆罕默德，皆所謂聖人也，諸聖人定下的規律，各不相同，以此聖人之規律，繩彼聖人之信徒，立生衝突，其故何哉？蓋聖人之規律，乃尺也、斗也、秤也，非畫圓之規，畫方之矩也；諸聖人之尺斗秤，長短大小輕重，各不相同，只在本鋪適用。今者世界大通，天涯比鄰，一市之中，有了幾種尺斗秤，此世界文化所由衝突也。所以法令制度，如果根據聖人的學說制定出來，當然不能通行世界。力學規律，為五洲萬國所公認，本章所述五種線，是從力學規律出來的，是規矩，不是尺斗秤，依以制定法令制度，一定通行五洲萬國。

七　世界進化之軌道

　　人世一切事變，從人類行為生出來的，人類行為，從心理生出來的，而人之心理，依力學規律而變化，故世界進化，逃不出力學規律。

　　世界進化，乃是一種力在一個區域內動作，經過長時間所成之現象也。其間共有三物，一曰力，二曰空間，三曰時間。我們可認為是數學上之三元，其最顯著者，為擺線式與螺旋式。古人說：「天道循環無端，無往不復。」今人說：「人類歷史，永無重複。」我們把兩說合併起來，就成為擺線式與螺

旋式。

　　凡人無論思想方面或行為方面，都是依著力學規律，以直線進行，然其結果，所表現者，乃是曲線，不是直線，這是什麼道理呢？因為向前進行之際，受有他力牽引，而兩力又相等，遂成為圓形。古人說：「循環無端。」環即圈子即是說：宇宙一切事物之演進，始終是循著一個圈子，旋轉不已。這個說法，可舉例來說明：假如我們在地球上面，無論東西南北，任取一直線向前進行，無絲毫偏斜，結果仍回到原來之地點，因為我們站在地面，是被地心力吸著的，開步向前走，是擺脫地心吸力，而以離心力向前進行，然而仍被地心力吸著。由離心力向心力兩相結合，其路線遂成為圓形，而回到原來之地點，任走若干遍，俱是如此，是之謂「循環無端」。然而世界之進化，則不為圓周形，而為擺線形或螺旋線形。

　　什麼是擺線呢？我們取一銅元，在桌上滾起走，其圓周所成之線，即是擺線。銅元能滾者，力也，滾過的地方，空間也，不斷的滾者，時間也。銅元旋轉不已，周而復始，是謂「循環無端」。其路線，一起一伏，對直前進，是謂「永無重複」。宇宙事物之演進，往往有此種現象，如日往月來，寒往暑來，周流不息，是為「循環無端」，然而日月遞更，寒暑代運，積之則為若干萬萬年，雖是循環不已，實是前進不已，這算是擺線式的進化。

　　有人說：「人的意志為物質所支配。」又有人說：「物質為人的意志所支配。」殊不知：物質與意志，是互相支配的。歐洲機器發明而後，工業大興，人民的生活情形，隨之而變，固然是物質支配了人的意志，但機器是人類發明的，發明家費

盡腦力，機器才能出現，工業才能發達，這又是人的意志支配了物質。這類說法，與英雄造時勢、時勢造英雄是一樣的。有了物理數學等科，才能產生牛頓；有了牛頓，物理數學等科，又生大變化。有了咸、同的時勢，才造出曾、左諸人；有了曾、左諸人，又造出一個時勢，猶如雞生蛋，蛋生雞一般，看起來是輾轉相生，其實是前進不已。後之蛋，非前之蛋，後之雞，非前之雞，物質支配人的意志，人的意志，又支配物質，時勢造英雄，英雄又造時勢，而世界就日益進化了。雞與蛋和心與物，都是一物體之兩方面，雞之外無蛋，蛋之外無雞，心之外無物，物之外無心，二者之進化，都等於一個銅元在桌上滾起走，有點像擺線式的進化。

我們細加研究，即知日往月來，寒往暑來，和雞生蛋，蛋生雞這類現象，是純粹的擺線式進化，因為日月也，寒暑也，雞與蛋也，狀態始終如一，等於一個銅元之狀態始終如一，其畫出之線，一起一伏，也始終如一。惟英雄造出的時勢，較造英雄的時勢，更為進步，物質與意志，輾轉支配，也是後者較前者為進步。其現象則為歷時愈久，社會文明愈進步，而政治家和科學家之智慧，亦愈進步，其形式與擺線式微異，而為螺旋線的進化。

什麼是螺旋線呢？我們手執一塊直角三角板，以長邊為軸，旋轉一周，所成體積，即是圓錐體。假如用圓錐體的鑽子去鑽木頭，這鑽子所走的路線，即是螺旋線，豎的方面越深，橫的方面越寬，世界即是以此種狀態而進化的。我們取一截竹子，用一針在竹上橫起畫一圈，此針本是以直線進行，然而始終是在這個圈上旋轉不已，是之謂「循環無端」。假設此針進

行之際,有人暗中把竹子輕輕拖起走,則此針畫出之線,絕不能與經過之路線重合,是之謂「永無重複」。針之進行是力,畫出之圈是空間,其拖起走,則屬乎時間,但世界進化,不是在竹子上畫,乃是在筍子畫圈,乃是從尖筍畫起走,有人持筍尖拖之,其線越畫越長,圈子越畫越大,因筍子即圓錐形也。

禹會諸侯於塗山,執玉帛者萬國,成湯時三千國,周武王時一千八百國,春秋時二百四十國,戰國時,只有七國,到了秦始皇時,天下就一統了。其現象是:歷時越久,國之數目越少,其面積越大,這即是豎的方面越深,橫的方面越寬,是為螺旋式進化。豎的方面者,時間也;橫的方面者,空間也。現在五洲萬國的形勢,絕像我國春秋戰國時代,由進化趨勢看去,終必至全球混一而後止。所異者,從前是君主時代,嬴秦混一,有一個皇帝高踞其上,現在是民主時代,將來全球混一,是十八萬萬人共同做皇帝。

宇宙事事物物之演變,都是離心力和向心力互相作用生出來的,有一力以直線進行,同時又有一相反之力牽制之,遂不得不作迴旋狀態,而又前進不已,即成為擺線狀態或螺旋線狀態,日月迭更,寒暑代運,雞與蛋輾轉相生,是未摻有人類意志的,只是循著自然之道而行,故依擺線式進化,始終如一,機器與時勢,是摻有人類意志,而人類天性,是力求進步的,故依螺旋式進化,歷時愈久,路線愈擴大。國際之關係,全是人類的意志作用,所以依螺旋式進化,必至全球混一而後止。人類是日求進步的,社會是日益文明的,全球混一,特文明進步之一幕耳。全球混一後,社會文明,又依螺旋式前進,而無有終止,其現象亦猶日月迭更,寒暑代運,依擺線式前進,而

無有終止也。

　　人事千變萬化,都是由離心向心二力生出來的,離心者,力之向外發展也,向心者,力之向內收斂也,發展到極點,則收斂,收斂到極點又能發展,此即古人所說,盈虛消長,循環無端也。以虛為起點,由是而發展則為長,發展到極點則為盈,到了極點即收斂而為消,收斂到極點則為虛,由虛而又為長,為盈,為消,為虛,是之謂「循環無端」。春夏秋冬,即盈虛消長之現象也。春者長也,夏者盈也,秋者消也,冬者虛也。一部易經和老子道德經,俱是發明此理,所謂物極必反也。所以宇宙間事事物物,都是正負二力,互為消長,此古人治國,所以有一張一弛之說也。嬴秦苛虐,漢初則治之以黃老,劉璋暗弱,孔明則治之以申韓,都是順應此種趨勢的。

　　我們合古今事變觀之,大約可分三個時期:以婚姻制度言之,上古時男女雜交,生出之女子,知有母而不知有父,這個時候的婚制,離心力勝過向心力,是為第一時期。後來制訂婚制,子女婚姻,由父母主持,一與之齊,終身不改,向心力勝過離心力,是為第二時期。現在已入第三時期了,某女不必定嫁某男,而某男之愛情,足以繫引她,某男不必定娶某女,而某女之愛情,足以繫引他,離心向心二力,保持平衡,就成第三時期的自由婚制。此種婚制,本帶得有點迴旋狀態,許多青年,看不清此種趨勢,以為應該回復到上古那種雜交狀態,就未免大錯了。

　　人民的自由,也可分三個時期。上古人民,穴居野處,純是一盤散沙,是為第一時期。後來受君主之壓制,言論思想,極不自由,是為第二時期。經過一番革命,政府干涉的力量與

人民自由的力量保持平衡,是為第三時期。自力學方面言之,第一時期,離心力勝過向心力,第二時期,向心力勝過離心力,第三時期,向心離心二力,保持平衡。第三時期中,摻得有第一時期的自由,帶得有點迴旋狀態。盧梭生當第二時期之末,看見此種迴旋趨勢,誤以為應當回復第一時期,所以他的學說,完全取第一時期之制以立論,以返於原始自然為第一要義。他說:「自然之物皆善,一入人類之手,乃變而為惡。」他的學說,有一半合真理,有一半不合真理。因其有一半合真理,所以當時備受一般人之歡迎。因其有一半不合真理,所以法國革命實行他的學說,釀成非常的騷亂,結果不得不由政府加以干涉,卒至政府之干涉與人民之自由保持平衡,法國方能安定。

民主主義流行久了,法西斯主義之獨裁,因而出現,這都是正負二力互為消長之表現。自墨索里尼倡出法西斯主義後,希特勒和日本軍閥,相繼仿效,因而造成世界第二次大戰,其獨裁制度,已越過時勢之需要,可斷言:此種獨裁制,不久必將倒斃,另有一種制度代之。此種制度,一定是民主主義和獨裁主義兩種結合而成的。

人類分配貲財的方法,也分三個時期。上古時人民渾渾噩噩,猶如初生小兒,不知欺詐,不知儲蓄,只有公共的貲財,並無個人的私財,這是有公而無私,是為第一時期。再進化,人類智識進步,自私自利之心,日益發達,把公共的貲財攘為個人私有,這是有私而無公,是為第二時期。再進化,人類智識更進步,公私界限,有明瞭認識,把公有的貲財歸之社會,私有的貲財歸之個人,公與私並行不悖,是為第三時期。我們

現在所處的時代,是第二時期之末,第三時期之始。關於經濟方面,應該把公私界限劃分清楚,公者歸之公,私者歸之私,社會才能相安無事。

中國從前,自詡為聲明文物之邦,以為周公的制度和孔孟的學說好到極點,鄙視西歐,不值一顧,此為第一時期。自甲午、庚子兩役而後,驟失自信力,以為西洋的制度和學說,無一不好到極點,鄙視中國,不值一顧,此為第二時期。至今則入第三時期了,既不高視西洋,也不鄙視中國,總是平心考察,是者是之,非者非之,這是折衷於第一時期和第二時期之間。我國初與歐人接觸,龐然自大,以為高出外國之上。自從兩次戰敗,遂低首降心,屈處列強之下。到了第三時期,我國與列強立於平等線上,這也是折衷於第一時期和第二時期之間。

總之,世界進化,都是正負二力互為消長,處在某一時期,各種現象,都是一致,猶如天寒則處處皆寒,天熱則處處皆熱。現在帝國主義盛行,同時資本主義也盛行,而工商界也就有汽車大王、煤油大王、鋼鐵大王、銀行大王等等出現,民族間就有自誇大和民族是最優秀民族,日耳曼民族是最優秀民族,凡此種種都是第二時期殘餘之說。跟著就入第三時期,帝國主義消滅,資本主義消滅,工商界某某大王和某某最優秀民族,這類名詞也消滅,這是必然的趨勢。所以主持國家大計者,必須看清世界趨勢,順而應之,如其不然,就會受天然之淘汰。

八　達爾文學說之修正

我同友人談及達爾文，友人規戒我道：「李宗吾，你講你的厚黑學好了，切不可涉及科學範圍。達爾文是生物學專家，他的種源論，是積數十年之實驗，把昆蟲草木，飛禽走獸，一一考察遍了，證明不錯了，才發表出來，是有科學根據的。你非科學家，最好是不涉及他，免鬧笑話。」我說道：「達爾文可稱科學家，難道我李宗吾不可稱科學家嗎？二者相較，我的學力，還在達爾文之上，何以故呢？他的種源論，是說明禽獸社會情形，我的厚黑學，是說明人類社會情形，他研究禽獸，只是從旁視察，自身並未變成禽獸，與之同處，於禽獸社會情形，未免隔膜，我則居然變成人，並且與人同處了數十年，難道我的學力，不遠在達爾文之上？達爾文在禽獸社會中，尋出一種原則，如果用之於禽獸社會，我們盡可不管，而今公然用到人類社會來了，我們當然可以批駁他，人類社會中，尋得出達爾文這類科學家，禽獸社會中，尋不出達爾文這類科學家，足證兩種社會截然不同，故達爾文的學說，不適用於人類社會。」

今人動輒提科學家三家，恐嚇我輩普通人，殊不知科學家聰明起來，比普通人聰明百倍，糊塗起來，也比普通人糊塗百倍。牛頓可稱獨一無二的科學家，他養有大小二貓，有天命匠人在門上開一大小二洞，以便大貓出入大洞，小貓出入小洞。任何人都知道：只開一大洞，大小二貓俱可出入，而牛頓不悟也，這不是比普通人糊塗百倍嗎？牛頓說：地心有吸力，我們

固然該信從，難道他說「大貓出入大洞，小貓出入小洞」，我們也信得嗎？所以我們對於科學家和學說，不能不慎重審擇，謹防他學說裏面藏牛頓的貓洞。

因為科學家有時比普通人糊塗百倍，所以專家之學說，往往不通，例如，斯密士豈非經濟家，而他的學說就不通。我輩之話，不足爲證，難道專家之批評，都不可信嗎？……嗚呼，諸君休矣，舉世紛紛擾擾，鬧個不休者，皆達爾文、斯密士……諸位科學家之賜也。

達爾文講競爭，一開口，即是豺狼也，虎豹也，鄙人講厚黑，一開口，即是曹操也，劉備也，孫權也。曹劉諸人，是千古人傑，其文明程度，不知高出豺狼虎豹若干倍，他且不論，單是我採用的標本，已比達爾文採的標本高得多了。所以基於達爾文的學說造出的世界，是虎狼世界，基於鄙人的學說造出的世界，是極文明的世界，達爾文可稱科學家，鄙人當然可稱科學家，不過達爾文是生物學的科學家，鄙人是厚黑學的科學家罷了。

達爾文研究生物學數十年，把全世界的昆蟲草木，飛禽走獸，都研究完了，獨於他實驗室中有個高等物，未曾研究，所以他的學說，就留下破綻。請問什麼高等動物？答曰：就是達爾文本身，他把人類社會忽略了，把自己心理和行爲忽略了，所以創出的學說，不能不有破綻。

達爾文實驗室中，有個高等動物，他既未曾研究，我們無妨替他研究，達爾文一生下地，我們就用採集動物標本的法子，把他連兒帶母活捉到中國來，用中國的白米飯把他餵大，我們用達爾文研究動物的法子，從旁視察，一直到他老死，就

可發現他的學說是自相矛盾的。

　　達爾文一生下地，就拖著母親之乳來吃，把母親的膏血吸入腹中，如不給他吃，他就大哭不止，估著要吃，這可說是生存競爭，從這個地方視察，達爾文的學說莫有錯；長大點能吃東西了，母親手中拿一糕餅，他見了伸手來索，母親不給他，放在自己口中，留半截在外，他立會伸手，把糕餅從母親口中取出，放在他的口中。母親抱著他吃飯，他就伸手來拖母親之碗，如不提防，即會墜地打爛，這種現象，也是生存競爭，達爾文的學說也莫有錯；若是再大點，自家能端碗吃飯了，他一上桌，就遞一個空碗，請母親與他盛飯，吃了又請母親盛，母親面前，現放著滿滿一碗飯，他再不去搶了，競爭的現象，忽然減少，豈非很奇的事嗎？再大點，他自己會往甑中盛飯，再不要母親與他盛，有時甑中飯不夠，他未吃飽，守著母親哭，母親把自己的飯分半碗與他吃，他才好了，母親不分與他，他斷不能去搶。更大點，飯不夠吃，母親把自己碗中的飯分與他吃，他不要，他自己會拿囊中之錢在街上買食物來吃。到了此時，競爭的現象，一點莫有，豈不更奇嗎？

　　這是小孩下地時，只看見母親身上之乳，大點即看見母親碗中之飯，再大點即看見甑中之飯，更大點即看見街上之食物；不特此也，達爾文長大成人，學問操好了，當大學教授了，有窮親友向他告貸，他就慨然給予，後來金錢充裕，還拿錢來做慈善事業或謀種公益，這種現象，與競爭完全相反，豈非奇之又奇？於此我們可以定出一條原則：「同是一個人，智識越進步，眼光越遠大，競爭就越減少。」達爾文著書立說，只把當小孩時估食母親之乳搶奪母親口中糕餅這類事告訴眾

人，不把他當教授時施捨金錢、周濟家人，做慈善事業這類事告訴眾人，此達爾文學說之應修正者一。

達爾文當小孩時搶奪食物，有一定的規律，就是：「餓了就搶，飽了就不搶。」不惟不搶，並且讓他吃，他都不吃。但有一個例外，見了好吃的東西，母親叫他不要多吃，他不肯聽，結果多吃了不消化，得下一場大病。由此知食物以飽為限，過飽即有弊害。我們可以定出第二條原則：「競爭以適合生存需要為準，超過需要以上，就有弊害。」達爾文只說當小孩時，會搶奪食物，因而長得很肥胖，並不說因為食物多了，反得下病，於是達爾文之競爭，遂成了無界或之競爭，歐人崇信其說，而世界遂紛紛大亂，此達爾文學說之應修正者二。

達爾文說：「萬物都是互相競爭，異類則所需食物不同，競爭還不激烈，惟有同類之越相近者，競爭越激烈。虎與牛競爭，不如虎與虎競爭之激烈，狼與羊競爭，不如狼與狼競爭之激烈，歐洲人與他洲士人競爭，不如歐洲各國互相競爭之激烈。」他這個說法，證以第一次歐洲大戰，誠然不錯，但是達爾文創出這種學說，他自己就把他破壞了。達爾文的本傳上說：「1858年，他的好友荷理士，從南美洲寄來一篇論文，請他代為刊佈，達爾文讀這篇論文，恰與自己十年來苦力思索得出的結果完全相合，自己非常失望。落在別人，為爭名譽起見，一定起嫉妒心，或者會湮沒他的稿子，乃達爾文不然，直把這篇論文交與黎埃兒和富伽二人發佈。二人知達爾文平日也有這樣的研究，力勸他把平日研究所得著為論文，於1858年7月1日，與荷理士論文同時發佈，於是全國學者，盡都聳動。」本傳之言如此，在替他作傳的人，本是極力讚揚他，

實際上是攻擊他，無異於說：他的學說：根本不能成立。何以故呢？他與荷理士同是歐洲人，較之他洲人更相近，同是英國人，較之其他歐洲人更相近，他二人是相好的朋友，較之其他英人更相近，並且同是研究生物學的人，較之其他朋友更相近，荷理士的著作，宣佈出來，足以奪去達爾文之名，於他最有妨害，達爾文不壓抑他，反替他宣佈，豈不成了同類中越相近越不競爭嗎？達爾文是英國人，對於同類，能夠這樣退讓，何以歐戰中，那些英國人，競爭那麼激烈？我們可以定出第三條原則：「同是一國的人，道德低下者，對於同類，越近越競爭，道德高尚者，對於同類，越近越退讓。」達爾文不把自己讓德可風的事指示眾人，偏把他本國侵奪同洲同種的事指示眾人，此達爾文學說之應修正者三。

　　達爾文說：「競爭愈激烈，則最適者出焉。」這個說法，又是靠不住的。第一次歐戰之激烈，為有史以來所未有，請問達爾文：此次大戰結果，哪一國足當最適二字？究其實戰敗者和戰勝者，無一非創痛巨深。他這個說法，豈非毫無征驗？乃反觀達爾文不與荷理士競爭，反享千古大名，足當最適二字，他這個公例，又是他自己破壞了。他的論文，與荷理士同時發表後，他又繼續研究，於一千八百五十九年十一月發佈《種源論》，從此名震全球。荷理士之名，幾於無人知道，這是由於達爾文返而自奮，較荷理士用力更深之故。我們可以定出第四條原則：「競爭之途徑有二：進而攻人者，處處衝突，常遭失敗；返而自奮者，不生衝突，常占優勝。」達爾文不把自己戰勝荷理士之秘訣教導眾人，偏把英國掠奪印度的方法誇示天下，此達爾文學說之應修正者四。

有人問：我不與人競爭，別人要用強權競爭的策略，向我進攻，我將奈何？答曰：這是有辦法的，我們可以定出第五條原則：「凡事以人己兩利為主，二者不可得兼，則當利人而無損於己，抑或利己而無損於人。」有了這條原則，人與我雙方兼顧，有人來侵奪，我抱定「不損己」三字做去，他能攻，我能守，他又其奈我何？此達爾文學說之應修正者五。

達爾文說，人類進化，是由於彼此相爭，我們從各方面考察，覺得人類進化，是由於彼此相讓。因為人類進化，是由於合力，彼此能夠相讓，則每根力線，才能向前直進，世界才能進化。譬如，我要趕路，在路上飛步而走，見有人對面撞來，我當側身讓過，方不耽誤行程。照達爾文的說法，見人對面撞來，就應該把他推翻在地，沿途有人撞來，沿途推翻，遇著行人擠作一圈，我就從中間打出一條路，向前而走。請問世間趕路的人，有這種辦法嗎？我們如果要講「適者生存」，必須懂得這種相讓的道理，才是適者，才能生存。

由達爾文的眼光看來，生物界充滿了相爭的現象，由我們的眼光看來，生特界充滿了相讓的現象，試入森林一看，即見各樹俱是枝枝相讓，葉葉相讓，所有樹枝樹葉，都向空處發展，厘然秩然。樹木是無知之物，都能彼此相讓，可見相讓乃是生物界之天然性，因為不相讓，就不能發展，凡屬生物皆然。深山禽鳥相鳴，百獸聚處，都是相安無事之時多，彼此鬥爭之時少。我輩朋友往還之際，也是相安無事之時多，彼此鬥爭之時少。我們可以定出第六條原則：「生物界相讓者其常，相爭者其變。」達爾文把變例認為常例，似乎莫有對，事勢上遇著兩相衝突的時候，我們就該取法樹枝枝葉，向空處發展。

王猛見了桓溫，而改仕苻秦，惲壽平見了王石谷之山水，而改習花卉，皆所謂向空處發展也。大宇宙之中，空處甚多，也即是生存之方法甚多，人與人無須互相爭奪，此達爾文學說之應修正者六。

　　依達爾文的說法，凡是強有力的，都該生存，我們從事實上看來，反是強有力者先消滅。洪荒之世，遍地是虎豹，他的力比人更大，宜乎人類戰他不過了，何以虎豹反會絕跡？第一次世界大戰以前，德皇勢力最大，宜乎稱雄世界，何以反會失敗？袁世凱在中國勢力最大，宜乎成功，何以反會失敗？有了這些事實，所以達爾文的學說，就發生疑點。我們細加推究，即知虎豹之被消滅，是由全人類都想打他，德皇之失敗，是由全世界都想打他，袁世凱之失敗，是由全中國都想打他。思想相同，就成為方向相同之合力線，虎豹也，德皇也，袁世凱也，都是被合力打敗的。我們可以定出第七條原則：「進化由於合力。」懂得合力的就生存，違反合力的就消滅，懂得合力的就優勝，違反合力的就劣敗。像這樣的觀察，則那些用強權欺凌人的，反在天然淘汰之列。此達爾文學說之應修正者七。

　　達爾文的誤點，可再用比喻來說明：假如我們向人說道：生物進化，猶如小兒身體一天一天的長大。」有人問：「小兒如何會長大？」我們答道：「只要他不死，能夠生存，自然會長大。」問「如何才能生存？」答：「只要有飯吃，就能夠生存。」問：「如何才有飯吃？」我們還未回答，達爾文從旁答道：「你看見別人有飯，就去搶，自然就有飯吃，越吃得多，身體越長得快。」諸君試看：達爾文的答案，錯莫有錯？我們這樣的研究，即知達爾文說生物進化莫有錯，說進化由於生存

莫有錯，說生存由於食物也莫有錯，惟最末一句，說食物由於競爭就錯了。我們只把他最末一句修正一下，就對了。問：「怎樣修正？」就是通常所說的：「有飯大家吃。」平情而論，達爾文教人競爭，無有限度，固有流弊，我們教人相讓，無有限度，也有流弊。問：如何才無流弊？我們可以定出第八條原則：「對人相讓，以讓至不妨害我之生存爲止，對人競爭，以爭至我能夠生存即止。」此達爾文學說之應修正者八。

綜而言之，人類由禽獸進化而來，達爾文以禽獸社會之公例施之人類，則是返人類於禽獸，這自違進化之說，而況乎禽獸相處，亦未必純然相爭也。他的學說，可分兩部分看。他說「生物進化」，這部分是指出事實。他說「生存競爭，弱肉強食」，這部分是解釋進化之理由，事實莫有錯，理由錯了。一般人因爲事實不錯，遂誤以爲理由也不錯，殊不知：進化之原因多端，相爭能進化，相讓能進化，不爭不讓，返而致力於內部，也能進化。又爭又讓，改而向空處發展，也能進化。其或具備他種條件，如克魯泡特金所謂互助，我們所謂合力，也未嘗不能進化。達爾文置諸種原因於不顧，單以競爭爲進化之惟一原因，觀察未免疏略。茲斷之曰：達爾文發明「生物進化」，等於牛頓發明「地心吸力」，是學術界千古功臣，惟有他說「生存競爭」，因而倡言「弱肉強食」，流弊無窮，我們不得不加以修正。

九　克魯泡特金學說之修正

　　克魯泡特金之誤點，也與達爾文相同，達爾文是以禽獸社

會狀況，律之人類社會，故其說有流弊。克魯泡特金，因爲要指駁達爾文之錯誤，特別在滿洲、西比利亞一帶，考察各種動物及原始人類狀況，發明互助說，以反駁達爾文之互競說。他能注意到人類，算是比達爾文更進步了。然而原始人的社會，與文明人的社會，畢竟不同，且克魯泡特金考察原始人，也是從旁觀察，並未曾與之共同居處若干年，而我輩則置身文明人社會中，與之共同居處若干年，所以我輩能發現克魯泡特金之誤點，而指出其流弊。

　　原始人類，無有組織，成爲無政府狀態，克魯泡特金的互助說，從原始社會得來，故他提倡無政府主義。所以克魯泡特金的學說，也可分兩部分看，他主張互助不錯，因互助而主張無政府主義就錯了。

　　生物之進化，好比小兒一天一天的長大，由昆蟲，而禽獸，而野蠻人，而文明人，好比吾人，由嬰孩，而少年，而壯年。達爾文研究生物，以動物爲主，正如小孩搶奪母親口中飯物時代，故倡互競說。克魯泡特金所研究者，以原始時代人類爲主，較動物更進化了，是小孩更大了點，不搶母親口中食物，只請母親與他盛飯，故倡互助說。至於長大成人，獨立生活的現象，他二人都未看見。

　　一個國家之進化，也好比小孩一天一天的長大。我國春秋戰國時代，弱肉強食，正是小孩搶奪食物時代。後來進化了，漢棄珠崖，是母親分飯與他吃，他都不要。再進化，到了明初，鄭和下南洋，各國紛紛入貢，希望得中國的賞賜，這是窮親友來告貸，慨然給予。再進化，到了明季和清朝，把蠻夷之地改土歸流，每年還要倒貼若干金錢，等於做慈善事業，把貧

人子弟收來，給以衣食，延師訓讀一般。我國進化程度，歷歷如繪。

西洋開化，比我國遲二千多年，其進化才至我國春秋戰國時代，故其弱肉強食與我國春秋戰國極相似，而達爾文之互競說，遂應運而生。要防小孩搶奪食物，不得不用專制手段，故墨索里尼之治義大利，希特勒之治德意志，與商鞅之治秦絕似，而皆收同一之效果，因其為同一時期之產物故也。秦始皇統一六國了，仍復厲行專制，二世而亡，這是世界更進化了，等於身體長大了，再穿小孩衣服，不得不破裂；文景之世，政尚寬大，號稱郅治，這是兒子長大了，父母不加干涉，他能獨立成為好人。後來歷代常有變亂，這是兒子長大成人，父母過於放縱，遂日流於非的緣故。然因其日流於非，而遂欲以待嬰孩之法，待長大成人之兒子，則又不可。故今之治國者，如模仿墨索里尼和希特勒，直是師法商鞅，返吾國於春秋戰國時代，是謂違反進化，是謂開倒車。

今人每謂我國無三人以上之團體，很抱悲觀，這未免誤解。無三人以上之團體，正是人人能獨立之表現，此時如用達爾文之互競主義以治國，則是把人民當如懷中小兒，常常防他搶母親口中食物，這是不可的。如用克魯泡特金之互助主義以治國，則是把人民當如才能吃飯之小兒，須母親與之盛飯，這也是不可的。今即長大成人矣，無三人以上之團體，人人能獨立矣，故此時治國者，當採用合力主義。譬如射箭，懸出一個箭垛，支支箭向同一支箭垛射去，是之謂合力。我國無三人以上之團體，當採用此種方式，懸出一定之目的，四萬萬五千萬根力線，根根獨立，直向目的物射去，你不妨害我之路線，我

也不求助於你,彼此不相衝突,不相依賴,這種辦法,才適合我國現情。非然者,崇信達爾文之互競說,勢必壓制他人,使他人之力紆鬱而不伸,而衝突之事以起;崇信克魯泡特金之互助說,勢必借助他人,養成依賴性,而自己不能獨立,於我國現情俱不合。

達爾文說:互競為人類天性,而他自己不與荷理士競爭,這條公例,算是他自己破壞了。克魯泡特金說:互助為人類天性,這條公例也是克魯泡特金自己破壞了的。請問:人類天性既是互助,為甚克魯泡特金,要講無政府主義,想推翻現政府,而不與政府講互助?為甚政府要處罰他,推之下獄,而不與克魯泡特金講互助?有了這種事實,所以克魯泡特金的學說,也不能不加以修正。

古人云:「不識廬山真面目,只緣身在此山中。」故考察事物,非置身局外,不能得其真相。我輩是人類,站在人類社會之中,去考察人類,欲得真理,誠有不能。達爾文用的方法,是因人為動物之一,先把動物社會考察清楚了,把他的原則適用於人類社會,論理本是對的,無如動物社會與人類社會畢竟不同,故創出之學說,不無流弊。克魯泡特金則更進步,從人類社會加以考察,他以為我輩處在現今之社會,不能見廬山真面,乃考察原始人類社會,置身旁觀地位,尋出一種原則,以適用於現今之社會,論理也是對的,無如野蠻人之社會與文明人之社會畢竟不同,故創出之學說,也有流弊。

嬰兒在母胎,成形之初,其腦髓像魚蛙之腦,再一二月則像禽鳥之腦,再一二月則像兔犬之腦,再一二月則像猿猴之腦,最後才成為人類之腦,而小兒之腦筋皺紋少,大人則皺紋

多，野蠻人之腦筋皺紋少，文明人則皺紋多。小兒下地之初，腦筋與禽獸相去不遠，故其搶奪食物，與禽獸相似，稍大點，腦筋之簡單類於原始時代的人，故其天真爛漫，也與原始人類相似。然而禽獸之腦筋，與人類有異，故達爾文的學說，不適於人類；原始人類之腦筋，與文明人有異，故克魯泡特金的學說，不適用於文明社會。

禽獸進化為人類，故人類有獸性，然既名之曰人，則獸性之外，還有一部分人性，達爾文只看見獸性這一部分，未免把人性這一部分忽略了。原始人進化為文明人，故文明人還帶有原始人的狀態，然既成為文明人，則原始狀態之外，還有一部分文明狀態，克魯泡特金只看見原始狀態這一部分，未免把文明狀態這一部分忽略了。禽獸有競爭，無禮讓，人類是有禮讓的，達爾文所忽略的，是在這一點。原始人類，渾渾噩噩，無有組織，成為無政府狀態，文明人則有組織，有政府，克魯泡特金所忽略的是在這一點。

我們生在文明社會中，要考察人類心理真相，有兩個方法：（1）一部二十五史，是人類心理留下的影像，我們熟察歷史事跡，既可發現人類心理真相，這是本書前面業已說明了的；（2）凡物體，每一分子的性質，與全物體的性質是相同的，社會是積人而成的，人身是社會之一分子，我們把身體之組織法運用到社會上，一定成為一個很好的社會。

治國採用互競主義有流弊，採用互助主義，也有流弊，必須採用合力主義。人身之組織，既是合力主義，身體是許多細胞構成，每一細胞都有知覺，等於國中之人民，大腦等於中央政府，全身神經，都可直達於腦，等於四萬萬五千萬人，每

人的力線,都可直達中央,成為合力之政府。目不與耳競爭,口不與鼻競爭,手不與足競爭,雙方之間非常調協,故達爾文之互競主義用不著;目不須耳之說明而能視,口不須鼻之說明而能言,手不須足之幫助而能執持,個個獨立,自由表現其能力,克魯泡特金之互助主義,也用不著。目盡其視之能力,耳盡其聽之能力,口鼻手足,亦各盡各之能力,把各種能力,集合起來,就成為一個健全之身體,是之謂合力主義。我國古人有曰:「以天下為一家,以中國為一人。」已經發現了這個原則。

國有中央政府,有地方政府,人身亦然。我們的腳被蚊子咬了,腳政府報告腦政府,立派右手來,把蚊子打死。萬一右手被蚊子咬,自己無法辦理,報告腦政府,立派左手來,把蚊子打死。有時睡著了,腦政府失其作用,額上被蚊子咬,延髓脊髓政府代行職務,電知手政府把蚊子打死,腦政府還不知道。耳鼻為寒氣所侵,溫度降低,各處本救災恤鄰之道,輸送血液來救濟,於是耳鼻就呈紅色。萬一天氣太寒,輸送了許多血液,寒氣仍進逼不已,各地方政府協商道:「我們再輸送血液去,仍無濟於事,只好各守防地,把輸送到耳的血液,與他截留了。」於是耳鼻就呈青白色。

我說至此處,一定有人起而質問道:「你說的救災恤鄰之道,正是克魯泡特金的互助主義,他的學說,何嘗會錯?」我說道:他講的互助不錯,錯在無政府主義,必須有了政府,才能談互助,無政府是不能互助的。舉例來說:前清時,我們四川對於雲貴各省有協餉,這可說是互助了,滿清政府一倒,協餉即停止,這即是無政府即不能互助之明證。並且滿清政府一

倒，川滇黔即互相戰爭起來，由此知：在無政府之下，只能發生互競的現象，斷不會發生互助的現象。

　　人身有中央政府，有省縣市區各種政府，腦中記憶的事，都由各政府轉報而來，各政府仍有檔案可查，施催眠術的人，是蒙蔽了中央政府，在省縣市區政府調閱舊卷，所以人在催眠中，能將平素所做之事說出，而醒來時又全不知道。瘋人胡言亂語，這是腦政府受病，中央政府失了作用，省縣市區政府，亂發號令。所以瘋人說的話，都是他平日的事，不過莫得中央政府統一指揮，故話不連貫；夜間做夢，是中央政府休職，各處政府的人，跳上中央舞臺來了，人一醒，中央政府復職，他們立即躲藏。有時中央政府也能察覺，故夢中的事，也能略記一二。我們可以說：瘋狂和做夢，都是講無政府主義的。

　　古來亡國之時，許多人說要死節，及到臨頭，忽然戰慄退縮。因為想死節，是出於理智，從腦中發出，是中央政府發的命令；戰慄退縮，是肌肉收縮，是全國人民不願意。文天祥一流人，從容就死，是平日厲行軍國民教育，人民與中央政府，業已行動一致了。許多人平日講不好色，及至美色當前，又情不自禁，因為不好色是腦政府的主張，情不自禁，是身體他部分的主張。我們走路，心中想朝某方走，最初一二步注意，以後即無須注意，自然會向前走去，這回是中央政府發佈號令後，人民依著命令做去，如果步步注意，等於地方上事事要勞中央政府，那就不勝其煩了。我們每日有許多無意識的動作，都是這個原因。古人作詩，無意中得佳句，疑有神助。大醉後寫出之字，比醒時更好，這是由於中央政府平日把人民訓練好了，遇有事來，不需中央指揮，人民自動作出之事，比中央指

揮辦理還要好些。心理學書上，有所謂「下意識」者，蓋指除政府以外其他政府而言。

理智從腦而出，能辨別事理，情欲從五官百骸而出，是盲目的，故目好色，耳好聲，身體肌膚好愉快，往往與腦之主張相違反。古代哲學家，如希臘的柏拉圖等，和中國的程朱等，都是崇奉理智，抑制情欲。例如程子說：「婦人餓死事小，失節事大。」又把韓昌黎「臣罪當誅，天王聖明」二語，極力稱讚，只要腦中自認為真理，就可把五官百骸置之死地，與暴君之專制是一樣。所以這樣學說昌明時代，也即是君權極盛時代。後來君主打倒了，民主主義出現，同時學說上也盛行情欲主義，縱肆耳目之欲，任意盲動，無所謂理智，等於政治上之暴民專制。我們讀歷史，看出一種通例：君主時代，政府壓制人民，同時哲學家即崇理智而抑情欲，民主時代，人民敵視政府，同時哲學家即重情欲而輕理智。

據上面之研究，可知身體之組織，與國家之組織是很相同的，我們返觀吾身，知道腦與五官百骸是很調協的，即知道：我們創設一種學說，必使理智與情欲相調協，不能憑著腦之空想，以虐苦五官百骸，亦不能放縱五官百骸，而不受理智之裁判。建設一個國家，必使政府與人民調協，不能憑著腦政府之威力壓制人民；而為人民者，亦不能對政府取敵視行為。吾身之組織，每一神經俱可直達於腦，故腦為神經之總匯處，與五官百骸，不言調協而自然調協。因此每一人民之力線，必使之可以逕達中央，中央為全國力線之總匯處，政府與人民，不用調協而自然調協。能這樣的辦理，即是合力主義，才可以救達爾文和克魯泡特金兩說之弊，而與天然之理相合。

十　我國古哲學說含有力學原理

　　宇宙之力，是圓陀陀的，周遍世界，不生不滅，不增不減，吾人生存其中，隨時都可看見，有人看見一端，即可發明一條定理。例如看見蘋果墜地，即發明萬有引力，看見壺蓋衝動，即發明蒸汽，看見磁鐵功用，即發明指南針，看見死蛙運動，即發明電氣，種種發明，可說是同出一源。因為蘋果墜地，是力之內斂作用，壺蓋衝動，是力之外發作用，磁氣電氣，是力之內斂外發兩種作用。達爾文看見此力向外發展，有如水然，能隨河岸之曲折，而適應環境，向前流去，故創進化論。又見進化中所得著的東西，能借收斂作用把持不失，故說凡物有遺傳性。此外種種科學，與夫哲學上種種議論，都是從那個圓陀陀的東西生出來的。譬如有人在樹上摘下一果，有人在樹上摘下一花，又有人在樹上摘下一枝一葉，為物雖不同，其實都在樹上摘下來的。所以百家學說，歸於一貫，中西學說，可以相通。

　　我國周易一書，一般人都說它窮造化之妙，宇宙事事物物，都逃不出易理，這是什麼原因？因為易經所說的道理，包含有力學原理，宇宙事事物物，既逃不出力學規律，所以就逃不出易經所說的道理。我們如就卦爻來解說，讀者未免沉悶，茲特另用一個法子來說明：

　　假定伏羲、文王、周公、孔子四位聖人都是現在的人，我們把他四位請來，對他說道：現在西洋的科學，很進步了，一切物理，都適用力學規律，我們想把力學原理編譯成一部

書，不惟用在物理上，並且要應用到人事上。我們訂有一個編譯大綱，你們照此編譯。（1）西洋的力字，譯作氣字，正負二力，譯作陰陽二氣；（2）發散的現象，用陽字表示，收斂的現象，用陰字表示；（3）正負二力相等時，陰陽二電中和時，俱是寂然不動的，這種現象，譯作「太極」。他動作的時候，有發散收縮兩種現象，稱之曰「兩儀」；（4）由內向外發展，稱之曰「其動也辟」，辟是開放之意。由外向內收縮，稱之曰「其靜也翕」，翕是收合之意；（5）凡物運動，都是以直線進行，若不受外力，他是一直永遠前進的，因此可下一定例曰「其動也直」，直是不彎曲之意。凡物靜止的時候，若不受外力，他是永遠靜止的，因此可下一定例曰「其靜也專」，專是不移易之意；（6）正負二力變化，有八種狀態，可把他描畫下來，名之曰八卦，又把這八卦，錯綜變化起來，把它所有的變態，窮形盡致的表示出來；（7）每一卦作一說明書，把宇宙事事物物的變態包含其中，使讀者能夠循著軌道推往知來；（8）這部書言盈虛消長之理，由虛而長而盈，是發散作用，由盈而消而虛，是收縮作用，可定名為易經。易有變易交易兩解，經字即常字之意，使人見了易經二字，即知書中所說的，是陰陽二氣變化的常理，換言之，即是正負二力變化的規律。以上八條，即是我們所訂的編譯大綱。他們果然這樣做去，把書作成了，各書坊都有發售，閱者試讀一部，檢查一下，看與編譯大綱合不合，即知與力學規律合不合。我們說：周易與力學相通，更可引嚴又陵之言為證。嚴譯《天演論》，曾說道：「夫西學之最切實而可以禦蕃變者，名數質力四者之學而已。而吾易則名數以為經，質力以為緯，而合而名之曰易，大字之內，

質力相推,非質無以見力,非力無以呈質,凡力皆乾也,凡質皆坤也。奈頓(即牛頓)之三例,其一曰:「靜者不自動,動者不自止,動路必直,速率必均。」此所謂曠古之慮,自其例出,而後天學明人事利者也。而易則曰:「乾,其靜也專,其動也直。」後二百年,有斯賓塞爾者,以天演自然言化,著書造論,貫天地人而一理之,此亦晚近之絕作也。其為天演界說曰:「翕以合質,辟以出力,始簡易而終雜糅。」而易則曰:「坤,其靜也翕,其動也辟。」至於全力不增減之說,則有自強不息為之先。凡動必復之說,則有消息之義居其始,而易不可見,乾坤或幾乎息之旨,尤與熱力平均、天地乃毀之言相發明也,此豈可悉謂之偶合也耶?嚴氏之言如此,足為周易與力學相通之明證。

老子是周秦諸子的開山祖師,他在中國學術界之位置,等於西洋物理學中之牛頓。牛頓看見萬物都向內部牽引,因創出萬有引力的學說。其實這種現象,老子早已看見了。他說:「天得一以清,地得一以寧,神得一以靈,穀得一以盈,萬物得一以生,侯王得一以為天下貞。天無以清將恐裂,地無以寧將恐發,神無以靈將恐歇,穀無以盈將恐竭,萬物無以生將恐滅,侯王無以貞而貴將恐蹶。」老子的意思,即是說:天地萬物,都有一個東西把他拉著,如果莫得那個東西,天就會破裂,地就會發散,神就會歇絕,穀就會枯竭,萬物就會消滅,侯王就會倒下來。看他連下裂發歇竭滅蹶六個字,都是萬有引力那個引字的反面字,也即是離心力那個離字的代名詞,可見牛頓所說的現象,老子早已看見。牛頓僅僅用在物理上,老子並且應用到人事上,他的觀察力,何等精密!他的理想,何等

高妙！

　　近代的數學，以X代未知數，遇著未知物，也以X代之，如X光線是也。古代的數學，以一代未知，故中國古代的天元數，和西洋古代的借根方，都是以一代未知數，老子看見萬物都向內部牽引，不知是個什麼東西，只好名之為一。

　　老子說：「有物混成，先天地生，寂兮寥兮，獨立而不改，周行而不殆，可以為天下母，吾不知其名。」又說：「視之不見名曰夷，聽之不聞名曰希，搏之不得名曰微，此三者不可致詰，故混而為一。」又說：「湛兮似或存，吾不知誰之子，象帝之先。」這究竟是個什麼東西，值得老子如此讚歎？如今科學昌明了，我們仔細研究，才知他所說的，即是向心離心二力穩定時的現象，也即是陰電陽電中和時的現象。他看見有一個渾然的東西，本來是寂然不動的，一動作起來，就非常奇妙，「一生二，二生三，三生萬物。」這一個東西，動作起來，就生出一發散、一收縮兩個東西，由這兩個東西，就生出第三個東西，由此輾轉相生，就生出千萬個東西了。

　　數學上用X或一字代未知數，是變動不居的，可以代此數，又可代彼數，故用一字代未知物，可以代此物，又可代彼物。我們研究老子書中的一字，共有兩種。他說：「天得一以清」的一字，是指萬物向內部牽引之現象而言。他說：「一生二，二生三」的一字，是指離心向心二力穩定時之現象，也即是陰陽二電中和時之現象。我們這樣的研究，老子書中的一字就有實際可尋了。

　　西人談力學，談電學，都是正負二者，兩兩對舉；老子每談一事，都是把相反之二者，兩兩對舉。如云：「有無相生，

難易相成。」有無難易對舉。「虛其心，實其腹，弱其志，強其骨。」虛實強弱對舉。他如：言靜躁，言雌雄，言窪盈等等，無一非兩兩對舉，都是描寫發散和收縮兩種狀態。

正負二力，是互相消長的。老子知道：發散之後，跟著即是收斂，收斂之後，跟著即是發展，所以他說：「將欲歙之，必固張之，將欲弱之，必固強之。」他以為要想向外發展，必先向內收斂，因此他主張儉，主張嗇，儉的結果是廣，嗇的結果是長生久視，儉與嗇者收斂也，廣與長生久視者發展也。一般人都說老子無為，其實誤解了。他是要想有為，而下手則從無為做起走，故曰：「無為則無不為。」他的話，大概上半句是無為，下半句是有為。例如：「慈故能勇，儉故能廣，不敢為天下先，故為成事長。」等等皆是。我們用科學的眼光看去，即知他是把力學原理應用到人事上。

我們生在今日，可以援用力學公例，老子那個時候，力學未成專科，當然無從援用，但老子創出的公例，又簡單，又真確，即是用水作比喻，如「上善若水」，「江海能為百谷王」，「天下莫柔弱於水」等語，都是以水作比喻。水之變化，即是力之變化，他以水作比喻，即可說是援用力學規律。

學術是進化的，牛頓之後，出了一個愛因斯坦，發明了相對論，他的學說，比牛頓更進一步；老子之後，出了一個莊子，他的學說，也比老子更進一步。莊子雖極力推尊老子，然而卻不甘居老子籬下，你看他《天下篇》所說，儼然在老子之外獨樹一幟，這是他自信比老子更進一步，才有那種說法。

莊子學說，與愛因斯坦酷似，所異者，一個談物理，一個談人事，愛因斯坦談物理，從空間時間立論，莊子談人事，也

從空間時間立論。愛因斯坦名之曰相對，在莊子則爲比較，從空間上兩相比較，從時間上兩相比較，比較即是相對之意，莊子和愛因斯坦，所走途徑，完全相同。

莊子說：「泰山爲小，秋毫爲大。」又說：「彭祖爲夭，殤子爲壽。」這類話，豈不很奇嗎？我們知道他是從比較上立論，也就不覺爲奇了。拿泰山和秋毫比較，自然泰山很大，秋毫很小；如拿恒星行星和泰山比較，泰山豈不很小嗎？拿原子電子和秋毫比較，秋毫豈不很大嗎？拿彭祖和殤子比較，自然殤子爲夭，彭祖爲壽；但是大椿八千歲爲春，八千歲爲秋，拿彭祖與之比較，彭祖之命豈不很短嗎？蜉蝣朝生暮死，木槿朝開暮落，拿殤子與之比較，殤子之命，豈不很長嗎？莊子談論事物，必從比較上立論，認爲宇宙無絕對之是非善惡，世俗之所謂是非善惡者，乃是相對的。愛因斯坦在物理學上發明的原則，莊子談論人事，早已適用了。愛因斯坦的相對論，必兼空間時間二者而言之，莊子學說亦然，泰山秋毫一類話，是從空間立論，彭祖殤子一類話，是從時間立論，所以說：莊子所走的途徑，與愛因斯坦完全相同。

毛嬙西施，世人很愛她，而魚見之則深入，鳥見之則高飛，同是毛嬙西施，人與魚鳥之自身不同，則愛憎即異。驪姬嫁與晉獻公，初時悲泣，後來又歡喜，同是驪姬，同是嫁與晉獻公，時間變遷，環境改易，連自己的觀察都不同。我們平日讀莊子的書，但覺妙趣橫生，今以愛因斯坦之原則律之，才知他的學說是很合科學的。

儒家的學說，把相對的道理忽略了，對於空間時間的關係，不甚措意，認爲他們所定的大經大法，是萬世不易的。莊

子懂得相對的原理，故把儒家任意嘲笑，以為凡事須要看清空間時間的關係。儒家開口即談仁義，莊子則曰：「仁義先王之蘧廬也，止可以一宿而不可以久之處。」此等見解，實較儒家為高。

儒家最重要的，是《大學》、《中庸》二書，《中庸》「放之則彌六合」，是層層放大，「卷之則退藏於密」，是層層縮小，具備了發散收縮兩種現象；《大學》亦然。《大學》說：「古之欲明德於天下者，先治其國；欲治其國者，先齊其家；欲齊其家者，先修其身；欲修其身者，先正其心；欲正其心者，先誠其意。」這是層層縮小。又說：「意誠而後心正，心正而後身修，身修而後家齊，家齊而後國治，國治而後天下平。」這是層層放大。繪圖如（丁），閱之自明。孔子「上律天時，下襲水土」，仰觀俯察，把宇宙自然之理看得清清楚楚，所以創出的學說，極合自然之理，而《大學》、《中庸》，遂成為儒家嫡派之書。

誠意之意字，朱子釋之曰：「意者，心之所發也。」而明儒王一庵、劉蕺山、黃宗羲諸人，均謂，身之主宰為心，心之主宰為意，故曰：主意。其說最確，故可繪圖如（丁）：西歐學說，無論利己主義，利人主義，均以我字為起點，即是以身字為起點；中國則從身字推進兩層，尋出

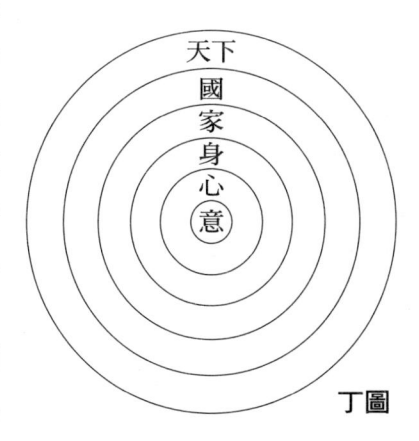

丁圖（天下　國　家　身　心　意）

意字，以誠意為下手功夫。譬之建屋，中國是把地上浮泥去了，尋出石底，方從事建築；西人從我字起點，是在地面浮泥上建築，基礎未固，建築愈高，倒塌下來，壓斃之人愈多。所以由斯密士學說之結果，會釀成社會革命；由達爾文學說之結果，會釀成世界第一次大戰，第二次大戰；如實行中國學說，絕無此流弊。（詳見拙著《中國學術之趨勢》）

　　孔子問禮於老子，其學是從老子而來。老子曰：「為道日損，損之又損，以至於無為。」這是向內收斂。又曰：「無為則無不為矣。」這是向外發展。《中庸》「放之則彌六合，卷之則退藏於密」，正是老子家法。老子又曰：「修之於身，其德乃真，修之於家，其德乃餘，修之於鄉，其德乃長，修之於邦，其德乃豐，修之於天下，其德乃普。」我們繪之為圖，豈不與丁圖一樣？足知孔老學說，原是一貫。

　　仲尼祖述堯舜，堯典曰：「克明俊德，以親九族，九族既睦，平章百姓，百姓昭明，協和萬邦，黎民於變時雍。」繪出圖來，也與丁圖一樣，足知孔門學說，是堯舜家法。

　　西人講個人主義的，反對國家主義和社會主義。講國家主義的，反對個人主義和社會主義。講社會主義的，反對個人主義和國家主義。個人即所謂我，社會即所謂天下。西人之我也，國家也，天下也，三者看為不相容之物，存其一必去其二。而中國之學說則不然，把此三者融合為一，細玩丁圖，於三者之間，還要添一個家字，老子還要添一個鄉字，看起來，並無所謂衝突。《禮記》曰：「以天下為一家，以中國為一人。」此種學說，何等精粹。自西人眼光看來，世界處處衝突，此強權競爭，優勝劣敗之說所由來也。《中庸》曰：「萬

物並育而不相害，道並行而不相悖。」處處取平行線態度，絕無所謂衝突。所以要想世界太平，非一齊走入中國主義這條路不可。

中西人士，聰明才智是相等的，不過研究的方法，稍有不同，西人把他聰明才智用以研究物理，中國古人把他聰明才智用以研究人事，西人用仰觀俯察的法子，把宇宙自然之理看出來了，創出物理上種種學說；中國古人，用仰觀俯察的法子，把宇宙自然之理看出來了，創出人事上種種學說。然而物理上種種學說，逃不出力學規律，人事上種種學說，逃不出心理學。我們定出一條臆說：「心理依力學規律而變化。」即可將人事與物理溝通為一，也即是將中西學說溝通為一。

中國古人所說上行下效，父慈子孝，與夫綏之斯來，動之斯和一類話，都含磁電感應原理，社會上一切組織，看似無有條理，而實極有條理，看似不科學，而實極合科學。本書所繪甲乙丙丁四圖，純是磁場現象，厘然秩然，可說中國古人是將磁電原理運用到人事上來了，西人則父子兄弟夫婦間的權利義務，都用簿式計算，以致人與人之間，冷酷無情，必須灌注以磁電，才有一種祥和之氣。

中國古人，喜歡說與天地合德、與天地同流一類話，初看去，不過是些空洞的話，而今科學昌明了，大家都知道：所謂天體，是循著力學規律走的。古人窺見了真理，他說與天地合德同流，無異說：吾人作事，要與力學規律符合。

吾人作事，根於心理，心理依力學規律而變化。水之變化，即是力之變化，古人論事，多以水作喻，可以說：都是援引力學規律。老子曰：「上善若水。」孔子在川上曰：「逝者

如斯夫。」孟子曰:「源泉混混。」他如:「防民之口,甚於防川。」與夫「器方則水方,器圓則水圓。」等等說法,無一不取喻於水。孫子曰:「兵形像水,水之形避高而趨下,兵之形避實而擊虛,水因地而制流,兵因敵而制勝,故兵無常形,水無常勢。」故孫子十三篇,俱可以力學規律繩之。如本書第六章,舉孫子所說:「吳人越人,同舟濟而遇風。」韓信背水陣,引孫子語:「置之死地而後生。」俱可本力學規律,繪圖說明。

宋儒子《孔記》中,特別提出《大學》、《中庸》二篇,程朱諸人,復精研易理,於真理都有所窺見。周子太極圖,儼然是螺旋式的迴旋狀況,所以宋儒之理學,能於學術上開一新紀元。宋儒發明了理學,愈研究愈精微,到了明朝王陽明出來,他的學說風靡天下,我們只把陽明提出來研究即是了。他的學說,最重要者:(1)致良知;(2)知行合一。此二者均含有力學原理。

(1)致良知。王陽明傳習錄說:「人的良知,就是草木瓦石的良知。」草木暫不說,請問瓦石是無生之物,良知安在?我們把瓦石加以分析,除了泥沙,別無他物,細加考察,即知它有凝集力,能把泥沙分子結合攏來,對於外物有一種引力,把瓦石向空拋去,它能依力學規律向下而墜。由此知:陽明所謂良知,不外力之作用罷了。陽明所說的良知,與孟子所說的良知不同,孟子指仁愛之心而言,只是一種引力,陽明則指是非之心而言,是者自必引之使近,非者自必推之使遠,具有向心離心二力之作用,故陽明學說,較孟子學說圓滿。我們這樣的研究,即知陽明所謂致良知者,無非把力學原理應用到

事事物物而已。

　　（2）知行合一。陽明說：「知是行的主意，行是知的工夫，知是行之始，行是知之成。」他這個道理，可畫根力線來說明。例如：我聞友人病重，想去看他。我心中這樣想，即心中發出一根力線，直射到友人方面，我由家起身，即是沿著這根力線一直前進，直到病人面前為止。知友人病重，是此線之起點，故曰：「知是行之始。」走到病人面前，是此線之終點，故曰：「行是知之成。」兩點俱在一根直線上，故曰：「知行合一。」一聞友病，即把這根路線畫定，故曰：「知是行的主意。」畫定了，即沿著此線走去，故曰：「行是知的工夫。」陽明把明德親民二者，合為一事，把博學、審問、慎思、明辨、篤行五者合為一事，把格致誠正、修齊治平八者合為一事，都是用的這個方式，都是在一根直線上，從起點說至終點。

　　王陽明解釋《大學‧誠意章》「如好好色，如惡惡臭」二句，說道：「見好色屬知，好好色屬行，只見好色時，已自好了，不是見後又立個心去好，聞惡臭屬知，惡惡臭屬行，只聞惡臭時，已自惡了，不是聞後別立一個心去惡。」他這種說法，用磁電之理一說就明白了。「異性相引，同性相推」，是磁電的定例，能判別同性異性者，知也，引之推之者，行也。我們在講室中試驗，即知道：磁電一遇異性，立即相引，一遇同性，立即相推，並不是先把同性異性判定了，然後才去引之推之。知行二者，簡直分不出來，恰是陽明所說「既知即行」的現象。

　　陽明說的「知行合一」乃是思想與行為合一，如把知字

改為思想二字,更覺明瞭,因為人的行為,是受思想支配的。故陽明曰:「知是行的主意。」所以我們觀察人的行為,即可窺見其心理,知道他的心理,即可預料其行為。古人說「誠於中,形於外。」又說:「中心達於面目。」又說:「根於心,見於面,盎於背,旋於四體」等語。我們下細研究,即知這些說法,很合力學規律。心中起了一個念頭,力線一動,即依著直線進行的公例,達於面目,跟著即見於行事。但有時心中起了一個念頭,竟未見諸實行,這是什麼緣故呢?是心中另起一種念頭,把前線阻住了,猶如起身去看友人之病,行至中途,發生障故,路線被阻一般。此種現象,在陽明目中看來,仍與實行了無異,不必定要走到病人面前才算實行,只要動了看病人的念頭,即等於行。故曰:知行合一。

陽明說:「見好色屬知,好好色屬行。」普通心理學,分知、情、意三者,這「好好色」,明明屬乎情,何以謂之行呢?因為一動念,力線即射到色字上去了,已經是行之始,故陽明把情字看作行字,他說的「知行合一」乃是「知情合一」。所以我們要想徹底了解陽明學說,必須應用力學規律,根據他所說「知是行之始,行是知之成」,繪出一根直線,才知他的學說不是空談,而是很合自然之理的。

十一 經濟、政治、外交三者應採用合力主義

我國古代,不但哲學家的學說,合得到力學原理。就是大政治家的政策,也合得到力學原理,以春秋戰國言之,其時外交上發生兩大政策,第一是管仲尊周攘夷的政策,第二是蘇秦

合六國以抗強秦的政策；這兩大政策，俱合力學規律，故當時俱生重大的影響。管仲的政策是尊周攘夷，他提出尊周二字，九合諸侯，把全國力線集中於尊周之一點，內部力線，既已統一了，然後向四面打出，伐狄，伐山戎，伐楚，遂崛起而稱霸了。春秋時楚國最強，齊自襄公之亂，國力微弱，遠非楚敵，召陵之役，齊合魯宋陳衛鄭許曹諸國以擊楚，是合眾弱國以攻打一個強國，合得到力學上的合力方式，所以能取勝。後來晉文公合齊宋秦諸國以伐楚，也是師法管仲政策，採用合力主義。

蘇秦合六國以攻強秦，這是齊楚燕趙韓魏六國各發出一根力線，集中於攻打強秦之一點，其政策名曰合縱，是合六根力線，從縱的方向向強秦攻去，也是一種合力主義，故他的政策實行後，秦人不敢出關者十五年。

諸葛孔明，是三代下第一個政治家，他的外交政策，是聯吳伐魏，合兩個弱國，攻打一個強國。史稱：「孔明自比管仲樂毅。」孔明治蜀，略似管仲治齊，以之自比，尚屬相似，請問孔明生平哪一點像樂毅，為什以之自比？我們考《戰國策》：燕昭王以樂毅為上將軍，率燕趙楚魏宋五國之兵以伐齊；孔明的《隆中對》，主張西和諸戎，南撫夷越，東聯孫權，然後北伐曹魏，與樂毅和燕昭王那篇議論完全相似，可知孔明自比管樂，全是取他合眾弱國以攻打強國這一點。這是孔明在南陽同諸名士研討出來的政策，不過古史簡略，只載「自比管仲樂毅」一句，未及詳言之耳。後來孔明的政策成功，曹操聽說孫權把荊州借與劉備，二人實際聯合了，他正在寫字，手中之筆都落了，由此知合力主義之利害。

大凡列國紛爭之際，弱小國之惟一辦法，是採用合力主義，合眾弱國以攻打強國，已經成了歷史上鐵則。而強國對付之惟一辦法，是破壞他的合力主義，設法解散弱國之聯盟，故六國聯盟成功，秦即遣張儀出來挑撥離間，吳蜀聯盟成功，曹操即設法使孫權敗盟。

弱國能否戰勝強國，以弱國之合力主義能否貫到徹底為斷。齊合八國之師以伐楚，晉合四國之師以伐楚，燕合五國之師以伐齊，是合力到底，故能成功。蘇秦合六國以抗秦，而六國自相衝突，故歸失敗；吳蜀聯盟，中經孫權敗盟，關羽被殺，後來雖重行聯合，而勢力大為衰減，故仍不能成功。

合力主義，不但施之外交，且應施之內政。齊桓之能夠稱霸，是由管仲作內政，寄軍令，內部力線是一致的；孔明治蜀，內部力線也是一致，故魏人畏之如虎。秦自商鞅而後，內部事事一致，六國既彼此相衝突，而各國內部復不講內政，故秦興而六國滅。管仲與寧鮑諸人，同心一德，合得到合力主義，故成功；蘇秦有一個好友張儀，反千方百計，驅之入秦，違反合力主義，故失敗。

主持國家大計，貴在把全國力線，根根都發展出來，集中於中央政府，用以對外，自然綽有餘裕，所以身負國家重責的人，必須有籠罩萬有的氣象。古人云：「萬方有罪，罪在聯躬。」即是此種氣象，秦口曰：「如有一介臣，斷斷猗，無他技，其心休休焉，其如有容焉，人之有技，若己有之，人之彥聖，其心好之，不啻如自其口出。」也是此種氣象。劉邦豁達大度，能把敵人方面的韓信、陳平、黥布、彭越等諸人收己用，智者盡其謀，勇者盡其力。項羽則局量狹小，不惟韓彭諸

人容留不住，連一個忠心耿耿的范增也不能用。劉邦用眾人之力，項羽用一己之力，故漢興而楚滅。

武王曰：「紂有臣億萬，惟億萬心。」這是違反了合力主義。「予有臣三千，惟一心。」這是合乎合力主義，故武王興而殷紂滅。他如光武之推心置腹，諸葛孔明之集思廣益，都可謂之實行合力主義。

互競主義，力線是橫的，彼此相互衝突；互助主義，彼此雖不衝突，然力線仍是橫的，成立不起政府，不得不流而為無政府主義。若行合力主義，則力線是縱的，可以成立政府，而力線則根根直達中央，彼此不相衝突。講尼采的超人主義，其弊流於你死我活，講托爾斯泰的不抵抗主義，其弊流於你活我死，最好是行合力主義，你與我大家都活。

我國治國之術，有主張用仁義感化的，其說出於孟子一派的儒家，是建築在性善說上面，性善說是一偏之見，故純用仁義感化有流弊；有主張用法律制裁的，其說出於申韓一派的法家，是建築在性惡說上面，性惡說是一偏之見，故純用法律制裁，也有流弊。我們知道：心理依力學規律而變化，無所謂善，無所謂惡，這是把性善說和性惡說合而為一，施之治國，則一面用仁義感化，等於治水者之疏瀹，使之向下流去，一面用法律制裁，等於治水者之築堤，不使其橫流。治水者，既是疏瀹與築堤並行不悖，所以治國者仁義法律亦可並行不悖。水之變化，即是力之變化，用治水之法治民，斷不會錯。

世界之所以紛爭不已者，實由互相反對之兩說，同時並行之故，而此互相反對之兩說，大都一則建築在性善說上，一則建築在性惡說上。例如：個人主義經濟學之鼻祖是斯密士，他

說：「人類皆有自私自利之心，利用這種自私自利之心，就可把人世利源儘量開發出來。」因主張營業自由。故知《原富》一書，是建築在性惡說上。社會主義經濟學之倡始者，是聖西門諸人，他們都說：「人性是善良的，上帝造人類，並莫有給人類罪惡痛苦，人類罪惡痛苦，都是惡社會製成的。」故知共產諸書，是建築在性善說上，性善說與性惡說既兩相衝突，故社會主義與個人主義就兩相衝突。民主主義的學說，發源於盧梭，盧梭說：「自然之物皆善，經人類之手，乃變而爲惡。」這是屬乎性善說。倡獨裁主義者，則謂人心好亂，必須採用獨裁制，才能鎮壓下去，這是屬乎性惡說，性善說與性惡說，既兩相衝突，民主主義與獨裁主義，遂兩相衝突。達爾文倡優勝劣敗之說，發揮人類自私自利之心，這是屬乎性惡說。克魯泡特金，起而反對之，說：「動物和原始人類，都知道互助。」這是屬乎性善說。性善說與性惡說，既兩相衝突，故達爾文學說，克魯泡特金學說，遂兩相衝突。我們試思：同一社會之中，有種種兩相衝突之主張，同時並行，世界烏得不大亂？

我們要想解除世界紛爭，非先把人性研究清楚不可，人性研究清楚了，再來定經濟政治外交三者的實施辦法。我們主張：性無善無惡，算是把性善說與性惡說合而一之，因此我們擬具的經濟制度，是把個人主義和社會主義合而一之，擬具的政治方式，是把民主主義和獨裁主義合而一之。至於外交方面，我們把被侵略者聯合爲一，算是互助主義，進而對侵略者抗戰，算是互競主義，這可說是把克魯泡特金學說和達爾文學說合而一之。基於經濟之組織，生出政治之組織，基於經濟政治之方式，生出外交之方式，由民生，而民權，而民族，三者

一以貫之,而三民主義,就成為整個的了。

孫中山先生學說,業經國內學者詳加闡發,獨於他的學說,係根據力學原理立論,許多人都未注意。他講五權憲法,曾說道:「政治裏頭,有兩個力量,好比物理學裏頭,有離心力與向心力一般。」他主張兩力平衡,才能達到安全現象。他講民權主義,以機器為喻,以機器中之活塞為喻。又說:放水制和接電紐等等,都是把力學上原理運用到政治方面,中山先生把人事與物理會通為一,故創出的學說,很合宇宙自然之理。此書初版,對於政治經濟外交三者,本著合力主義,一一擬具實施辦法。

此次再版,因為曾寫了一本《社會問題之商榷》,又寫了一本《制憲與抗日》,後來又總括大意,寫入《我的思想統系》中。其大旨:關於政治一層,人民行使四權,先從一村一場開始,各村各場辦好了,聯合為區,各區辦好了,聯合為縣,由是而省而全國,四萬萬五千萬人,有四萬萬五千萬根力線,根根力線,直達中央,成一個合力政府。大總統去留之權,操諸人民之手,興革大政,由全體人民裁決,大總統違法,可由人民總投票,撤職訊辦,是為民主主義。大總統在職權內發出之命令,任何人不能違反,儼然專制時代之皇帝,是為獨裁主義。像這樣的辦法,民主制和獨裁制,即合而為一了。關於經濟一層:土地、工廠、銀行和經濟貿易四者,一律收歸國有,其他經濟之組織,悉仍其歸,個人主義、社會主義融合為一。人民私有之土地,始而收歸一村一場公有,繼而收歸全區公有,全縣公有,全省公有,終而收歸全國公有(**詳細辦法,具載拙著《我的思想統系》中**)。關於外交一層,由我

國出來,組織「新的國際聯盟」,喊出「人類平等」的口號,以弱小民族為主體,進而與列強聯合,以這個新的國聯為推行我國王道主義之機關,我們最終的目的,是全球十八萬萬人共同做皇帝,把全世界土地收歸全人類公有。

自有歷史以來,都是人同人爭,其力線是橫的,我們改為縱的方向,懸出地球為目的物,合全人類向之進攻,把他內部蘊藏的財富取出來,全人類平分,人同人爭之現象,永遠消滅,是為合力主義之終點。

怕老婆的哲學

怕老婆的哲學

大凡一國之成立，必有一定重心，我國號稱禮教之邦，首重的就是五倫。古之聖人，於五倫中，特別提出一個孝字，以為百行之本，故曰：「事君不忠非孝也，朋友不信非孝也，戰陣無勇非孝也。」全國重心在一個孝字上，因而產出種種文明，我國雄視東亞數千年良非無因也。自從歐風東漸，一般學者大呼禮教是吃人的東西，首先打倒的就是孝字，全國失去重心，於是謀國就不忠了，朋友就不信了，戰陣就無勇了，有了這種現象，國家焉得不衰落，外患焉得不欺凌？

我輩如想復興中國，首先要尋出重心，然後才有措手的地方。請問：應以何者為重心？難道恢復孝字嗎？這卻不能，我國有謀學者，戊戌政變後，高唱君主立憲，後來袁世凱稱帝，他首先出來反對，說道：「君主這個東西，等於廟中之菩薩，如有人把他丟在廁坑內，我們斷不能洗淨供起，只好另塑一個。」他這個說法，很有至理，父子間的孝字不能恢復，所以我輩愛國志士，應當另尋一個字，以代替古之孝字，這個字仍當在五倫中去尋。

五倫中君臣是革了命的，父子是平了權的，兄弟朋友之倫，更是早已拋棄了，猶幸五倫中尚有夫婦一倫，巍然獨存。我們就應當把一切文化，建築在這一倫上，全國有了重心，才可以說復興的話。

孩提之童，無不知愛其親也，積愛成孝，所以古時的文化建築在孝字上。世間的丈夫，無不愛其妻也，積愛成怕，所以今後的文化，應當建築在怕字上。古人云：「天下豈有無父之國哉」，故孝字可以為全國重心，同時可說，「天下豈有無妻之國哉」，故怕字也可以為全國重心，這其間有甚深的哲理，

諸君應當細細研究。

我們四川的文化，無一不落後，惟怕學一門，是很可以自豪的。河東獅吼，是怕學界的佳話，此事就出在我們四川。其人為誰？即是蘇東坡所做方山子傳上的陳季常。他是四川青神人，與東坡為內親；他怕老婆的狀態，東坡所深知，故作詩讚美之曰：「忽聞河東獅子吼，掛杖落手心茫然。」四川出了這種偉人，是應當特別替他表揚的。

我們讀方山子傳，只知他是高人逸事，誰知他才是怕老婆的祖師。由此知：怕老婆這件事，要高人逸士才做得來，也可說：因為怕老婆才成為高人逸士。方山子傳有曰：「環堵蕭然，而妻子奴婢，皆有自得之意。」儼然瞽瞍底豫氣象。天下無不是的父母，亦無不是的妻子，虞舜遭著父頑母嚚，從孝字做工夫，家庭卒收底豫之效；陳季常遭著河東獅喉，從怕字做工夫，閨房中卒收怡然自得之效，真可為萬世師法。

怕老婆這件事，不但要高人逸士才做得來，並且要英雄豪傑才做得來。怕學界的先知先覺，要首推劉先生，以發明家而兼實行家。他新婚之夜，就向孫夫人下跪，後來困處東吳，每遇著不了的事，就守著老婆痛哭，而且常常下跪，無不逢凶化吉，遇難成祥。他發明這種技術，真可渡盡無邊苦海中的男子。諸君如遇河東獅吼的時候，把劉先生的法寶取出來，包管閨房中呈祥和之氣，其樂也融融，其樂也泄泄。君子曰，劉先生純怕也，怕其妻施及後人；怕經曰：「怕夫不匱，永錫爾類」，其斯之謂歟。

陳季常生在四川。劉先生之墳墓，至今尚在成都南門外。陳劉二公之後，流風餘韻，愈傳愈廣，怕之一字，成了四川的

省粹。我歷數朋輩交遊中，官之越大者，怕老婆的程度越深，幾乎成為正比例。諸君閉目細想，當知敝言不謬。我希望外省到四川的朋友仔仔細細，領教我們的怕學，輾轉傳播，把四川的省粹，變而為中華民國的國粹，那麼，中國就可稱雄了。

愛親愛國愛妻，原是一理。心中有了愛，表現出來，在親為孝，在國為忠，在妻為怕，名詞雖不同，實際則一也。非讀書明理之士，不知道忠孝，同時非讀書明理之士，不知道怕。鄉間小民，往往將其妻生搥死打，其人率皆蠢蠢如鹿豕，是其明證。

舊禮教注重忠孝二字，新禮教注重怕字，我們如說某人怕老婆，無異譽之為忠臣孝子，是很光榮的。孝親者為「孝子」，忠君者為「忠臣」，怕婆者當名「怕夫」。舊日史書有「忠臣傳」，有「孝子傳」，將來民國的史書，一定要立「怕夫傳」。

一般人都說四川是民族復興根據地，我們既負了重大使命，希望外省的朋友，協同努力，把四川的省粹，發揚光大，成為全國的重心，才可收拾時局，重整山河，這是可用史事來證證明的。

東晉而後，南北對峙，歷宋齊梁陳，直到隋文帝出來，才把南北統一，而隋文帝就是最怕老婆的人。有一天獨孤皇后發了怒，文帝嚇極了，跑在山中，躲了兩天，經大臣楊素諸人，把皇后的話說好了，才敢回來。兵法曰：「守如處女，出入脫兔。」怕經曰：「見妻如鼠，見敵如虎。」隋文帝之統一天下也宜哉！閨房中見了老婆，如鼠子見了貓兒，此守如處女之說也；戰陣上見了敵人，如猛虎之見群羊，此出如脫兔之說也。

怕老婆的哲學

聊齋有曰：「將軍氣同雷電，一入中庭，頓歸無何有之鄉；大人面若冰霜，比到寢門，遂有不堪問之處。」惟其入中庭而無何有，才能氣同雷電，惟其到寢門而不堪問，才能面若冰霜，彼蒲松齡烏足知之。

隋末天下大亂，唐太宗出來，掃平群雄，平一海內。他用的謀臣，是房玄齡。史稱房謀杜斷，房是極善籌謀之人，獨受著他夫人之壓迫，無法可施，忽然想到：唐太宗是當今天子，當然可以制服她，就訴諸太宗。太宗說：「你喊她來，等我處置她。」哪知房太太，幾句話，就說得太宗啞口無言，私下對玄齡道：「你這位太太，我見了都害怕，此後你好好服從她的命令就是了。」太宗見了臣子的老婆都害怕，真不愧開國明君。當今之世，有志削平大難者，他幕府中總宜多延請幾個房玄齡。

我國歷史上，不但要怕老婆的人才能統一全國，就是偏安一隅，也非有怕老婆的人，不能支持全局。從前東晉偏安，全靠王導謝安，而他二人，都是怕學界的先進。王導身為宰相，兼充清談會主席，有天手持麈尾，坐在主席位上，正談得高興，忽報導：「夫人來了」，他連忙跳上犢車就跑，把麈柄顛轉過來，用柄將牛兒亂打。無奈牛兒太遠，麈柄太短，王丞相急得沒法。後來天子以王導功大，加他九錫，中有兩件最特別之物，曰：「短轅犢」，「長柄麈」。從此以後王丞相出來，牛兒挨得近近的，手中麈柄是長長的，成為千古美談。孟子曰：「孤臣孽子，其操心也危，其慮患也深，故達。」王丞相對於他的夫人，可真可謂孤臣孽子了，宜其事功彪炳。

符堅以百萬之師伐晉，謝安圍棋別墅，不動聲色，把符堅

怕老婆的哲學

殺得大敗，其得力全在一個怕字。「周婆制禮」，這個典故，諸君想還記得，謝安的太太，把周公制下的禮改了，用以約束丈夫。謝安在他夫人名下，受過這種嚴格教育，養成泰山崩於前而色不變的習慣，符堅怎是他的敵手。

符堅伐晉，張夫人再三苦諫，他怒道：「國家大事，豈婦人女子所能知。」這可謂不怕老婆了，後來淝水一戰，望見八公山上草木，就面有懼色，聽見風聲鶴唳，皆以為晉兵，他膽子怯得這個樣，就是由於根本上，欠了修養的緣故。觀於謝安符堅，一成功，一失敗，可以憬然悟矣。

有人說外患這樣的猖獗，如果再提倡怕學，養成怕的習慣，日本一來，以怕老婆者怕之，豈不亡國嗎？這卻不然，從前有位大將，很怕老婆，有天憤然道：「我怕她做甚？」傳下將令，點集大小三軍，令人喊他夫人出來，厲聲道：「喊我何事？」他惶恐伏地道：「請夫人出來閱操。」我多方考證，才知道這是明朝戚繼光的事。繼光行軍極嚴，他兒子犯了軍令，把他斬了，夫人尋他大鬧，他自知理虧，就養成怕老婆的習慣。誰知這一怕反把膽子嚇大了，以後日本兵來，就成為抗日的英雄。因為日本雖可怕，總不及老婆之可怕，所以他敢於出戰。諸君讀過希臘史，都想知道斯巴達每逢男子出征，妻子就對他說道：「你不戰勝歸來，不許見我之面。」一個個奮勇殺敵，斯巴達以一蕞爾小國，遂崛起稱雄，倘平日沒有養成怕老婆的習慣，怎能收此良果？

讀者諸君，假如你的太太，對於你，施下最嚴酷的壓力，你必須敬謹承受，才能忍辱負重，擔當國家大事，這是王導、謝安、戚繼光諸人成功秘訣。如其不然，定遭失敗。唐朝黃巢

造反，朝廷命某公督師征剿。夫人在家，收拾行李，向他大營而來。他聽了愁眉不展，向幕僚說道：「夫人聞將南來，黃巢又將北上，為之奈何？」幕僚道：「為公計，不如投降黃巢的好。」此公卒以兵敗伏法。假令他有膽量去迎接夫人，一定有膽量去抵抗黃巢，決不會失敗。

我們現處這個環境，對日本談抗戰，對國際方面，談外交手腕，講到外交，也非怕學界中人，不能勝任愉快。我國外交人才，李鴻章為第一。鴻章以其女許張佩倫為妻，佩倫年已四十，鴻章夫人，嫌他人老，尋著鴻章大鬧。他埋頭忍氣，慢慢設法，把夫人的話說好，卒將其女嫁與佩倫。你想：夫人的交涉都辦得好，外國人的交涉，怎麼辦不好？所以八國聯軍，那麼困難的交涉，鴻章能夠一手包辦而成。

基於上面的研究，我們應趕急成立一種學會，專門研究怕老婆的哲學，造就些人才，以備國家緩急之用。舊禮教重在孝字上，新禮教，重在怕字上。古人求忠臣於孝子之門，今後當求烈士於怕夫之門。孔子提倡舊禮教，曾著下一部《孝經》，敝人忝任黑厚教主，有提倡新禮教的責任，特著一部《怕經》，希望諸君，不必高談「裁鼂」，只把我的《怕經》，早夜虔誦百遍就是了。

教主曰：夫怕天之經也，地之義也，民之行也。五刑之屬三千，而罪莫大於不怕。

教主曰：其為人也怕妻，而敢於在外為非者鮮矣。人人不教為非，而謂國之不興者，未之有也。君子務本，本立而道生，怕妻也者，其復興中國之本歟。

教主曰：怕學之道，在止於至善，為人妻止於嚴，為人夫止於怕。家人有嚴君焉，妻子之謂也。妻發令於內，夫奔走於外，天地之大義也。

教主曰：大哉妻之為道也，巍巍乎惟天為大，惟妻則之，蕩蕩乎無能名焉，不識不知，順妻之則。

教主曰：行之而不著焉，習矣而不察焉，終身怕妻，而不知為怕者眾矣。

教主曰：君子見妻之怒也，食旨不甘，聞樂不樂，居處不安，必誠必敬，勿之有觸焉而矣。

教主曰：妻子有過，下氣怡聲柔色以諫，諫若不從，起敬起畏，三諫不聽，則號泣而隨之；妻子怒不悅，而撻之流血，不敢急怨，起敬起畏。

教主曰：為人夫者，朝出而不歸，則妻倚門而望，暮出而不歸，則妻倚閭而望，是以妻子在，不遠遊，遊必有方。

教主曰：君子之事妻也，視於無形，聽於無聲，如閨門，鞠躬如也，不命之坐，不敢坐，不命之退，不敢退，妻憂亦憂，妻喜亦喜。

教主曰：謀國不忠非怕也，朋友不信非怕也，戰陣無勇非

怕也。一舉足而不敢忘妻子，一出言而不敢忘妻子，將為善，思貽妻子令名，必果；將為不善，思貽妻子羞辱，必不果。

教主曰：妻子者，丈夫所托而終身者也，身體髮膚，屬諸妻子，不敢毀傷，怕之始也；立身行道，揚名於後世，以顯妻子，怕之終也。

右經十二章，為怕學入門之道，其味無窮。為夫者，玩索而有得焉，則終身用之，有不能盡者矣。

新禮教夫妻一倫，等於舊禮教父子一倫，孔子說了一句，「為人止於孝」，同時就說「為人父止於慈」，必要這樣，才能雙方兼顧。所以敝人說：「為人夫止於怕」，必須說「為人妻止於嚴」，也要雙方兼顧。

現在許多人高唱「賢妻良母」的說法，女同志不大滿意，這未免誤解了。「賢妻良母」四字，是順串而下，不是二者平列。賢妻即是良母，妻道也，而母道存焉。人子幼時，受父母之撫育，稍長出外就傅，受師保之教育，壯而有室，則又舉而屬諸妻子。故妻之一身，實兼有父母師保之責任，豈能隨隨便便，漫不經意嗎？妻為夫綱，我女同志，能卸去此種責任嗎？

男子有三從，幼而從父，長而從師，由壯至老則從妻，此中外古今之通義也。我主張約些男同志，設立「怕學研究會」，從學理上討論；再勸導女同志，設立「吼獅練習所」練習實行方法，雙方進行，而謂怕學不昌明，中國不強盛者，未之有也。

宗吾家世

宗吾家世

　　大概在南宋年間，廣東嘉應州長樂縣崛起一個姓李的人家，家長李子敏和他的兒子李上達，創家立業，慢慢家道興旺，子孫繁衍，就成了一個有名的氏族。後來代代相傳，傳到第十世上，有位名叫李潤唐的，於清代雍正三年，攜眷到四川來，先住隆昌蕭家橋，後遷富順自流井，遂在那裏落籍了。四川自明末張獻忠大屠殺以後，地廣人稀，湖廣一帶的人民，都紛紛遷來居住，這個李姓人家的遷居，當亦不外此種原因。自李潤唐入川以來，家道又慢慢興旺，子孫繁衍。

　　傳到第八代上，出了一顆思想界的慧星，讀書窮理，好立異說，那便是以「面厚心黑」創立的李宗吾氏，這人自民國以來，已成四川的名人了。

　　我因避寇入川，得讀李氏的許多著作，由彼此通信，而得相晤識，而結爲好友，始盡知他的生平行事和言論思想，他並不是像外間所傳的虛妄怪誕，立意在驚世駭俗的人，他的爲人，既不面厚，也不心黑；但他偏偏提倡「厚黑學」，偏偏自稱爲「厚黑教主」，這種「反話正說」的作風，究竟是爲何而來？世人不必笑他罵他，應當先加以深切的反省才是。釋迦並不應該入地獄，耶穌並不應該釘十字架，但釋迦說：「我不入地獄，誰入地獄？」耶穌偏說：「凡不背十字架走的人，不配做我們的門徒。」這又是所爲何來？我們同樣應該加以反省的。至於李氏的談教育，談政治，談學術思想等，都是一本正經的立論；不過他的思想有些奇僻，往往發前人之未發，言近人之未言，於是一般傳統的學者，就罵他是旁門外道罷了。如今李氏已作古人，再不怕他放言高論了，可是他一生的行事，尙爲世人所不盡知，生前的言論思想，也有許多是被忽視的。

我為紀念這位亡友起見，不惜筆墨，作此厚黑教主傳，好教世人藉以評定他的功罪。

李宗吾氏，生於光緒五年正月十三日。「宗吾」二字，不是他的原名，這是他後來一再改定的。他的名號幾經改變，當他幼年的時候，脾氣非常蠻橫，毫不依理，見者呼爲「人王」；他的父親就把「人王」二字，合爲「全」字，加上輩「世」字，名爲世全。算命先生說他命中少「金」，就加上金旁，成爲世銓，後來私塾先生又說他命中少「木」，並不少金，他也正嫌父親爲他命的名不好，便自己改名世楷字宗儒，這是表示信從孔子的意思。二十五歲，思想大變，對於儒教頗不滿意，心想與其宗法孔子，不如宗法自己，因改名爲宗吾。他常說：「這宗吾二字，是我思想獨立的旗幟。」以後宗吾，字行，而世楷的名字，就幾乎無人知道了。

宗吾兄弟七人，姊妹二人，在兄弟中，他是行六，三哥早死，其餘六房均得成立，他的父親命名爲「六謙堂」。除他一人外，兄弟皆務農，惟他的七弟後來開機房，略具商業性質。宗吾是相信遺傳和胎教的，他說他之好讀書，是決定在先天的，因爲生他的那幾年，正懸他父親閉門讀書的時候。並且他還引蘇氏父子爲證，他說：「世稱蘇老泉二十七歲，才發奮讀書。考老泉生於宋真宗祥符二年乙酉，仁宗明道二年乙亥滿二十七歲。蘇東坡生於丙子年十二月十九日，蘇子由生於己卯年二月二十日，他們兄弟二人，正是老泉發奮讀書時代生的。歷史上二十七歲才發奮讀書的，只有老泉一人，生出二位文豪；四十歲才發奮讀書的，只有我父親一人，生出一位教主，豈非奇事。東坡才氣縱橫，文章豪邁；子由則人甚沉靜，好黃

老之學,所注老子解,推之古今傑作。大約老泉發奮讀書,初時奮發踔厲,後則入理漸深,漸為沉靜,故東坡子由二人,稟賦不同。我生於我父親發奮讀書的末年,故我性沉靜,喜老子,頗類子由;惜我生於農家,為學不得門徑,未免有愧子由了。」他說他的奇怪思想,也是稟自他父親,實則他家一連幾代,性格都有點特殊。我們先追溯到他的曾祖說起,來剖視一下他的血統看看。

宗吾的曾祖,名求枋,性格異常嚴肅,雖是一個開染店的老闆,可是道貌岸然,無人不敬畏他。凡族親子弟,應衣冠不整者,酒醉者,如果走到他的店門,立即屏氣斂容,不敢逕過。但他對人並無疾言厲色,仍是具有一副慈祥溫和的態度。生平從未作過虧心事,享壽七十歲。臨死之前,命家人捧手進巾,自浴其面,帽微不正,手自整理,然後憑幾而卒。

宗吾的祖父,名樂山,一生務農,曾耘小菜出售;暇時販油燭及草鞋,沿街叫賣。身形魁偉,性情樸素。上街擔糞,有人和他說話,他必站立對答,糞擔在肩上,不知放下。遇狡猾的人,就故意拿他開心,久談不止,他便左肩換右肩,右肩換左肩,引得滿街人捧腹大笑。他於晚飯後便睡,及至家人就寢時,他已睡醒了,以後即不再睡。睡熟時,呼亦不醒,如呼「強盜來了!」即驚然而起。他於晚睡之後,即整理明日應賣小菜,整理完了,便手持一杆,往守菜圃。菜圃臨近大路,賊人偷東西從此經過的,往往被他奪下,交還失主,所以賊人非常怕他,常常繞道而行。家中平日是捨不得吃肉的,到了年終,他才割肉十斤,準備醃起。自己持刀修削邊角,削下來的約有半斤,便命他的妻子拔蘿蔔作湯,並切切囑他:「大的留

著出售，小的留著長成，須擇一窩雙生和破裂不能賣的，才撥來。」他的妻子找遍了圃中，不得一棵，他才忍痛允許拔來使用了。湯熱，他親自持勺，盛入碗內，又倒入鍋中，再盛再倒，再倒再盛。他的妻子問道：「你這是幹什麼呢？」他說：「我想分給家人和工人，苦於不能公平和普遍啊！」這事過於不久，便一病而死。他的妻子割肉一方，獻於靈前，一見即痛哭，自語「淚比肉多」！又因痛惜不已，即取他生前所用扁擔珍藏起來，並且說：「後世子孫如昌達，常用紅綾包裹，懸掛在正堂樑上，永留紀念！」據說這條扁擔經他的子孫保留到民國九年，竟被賊人毀了。他的妻子曾氏，是高山寨富家的女兒，出嫁以後，終年陪著丈夫操作，挑水擔糞，從無勞怨。有時歸寧，看見貓犬剩餘的食物，即暗暗想到，我家怎能得到這樣的剩飯的食物？宗吾幼時，聽到他的父母屢次述及此事，告誡他們兄弟說：「先人這時窮困，這般勤苦，一食之難，竟到如此地步，做兒孫的千萬不可忘記啊！」

　　宗吾的父親，名高仁，字靜安。他原是在外學生意的，自父親去世後，便為家農，與他的妻子共同操作，終日勤勞的情形，一如他的父母。常常取出他的父親遺留的扁擔，以作警戒，因而家道漸裕，得以購置田產。不幸在四十歲上，因勞致疾，醫生警告他說：「趕緊把家務丟了，安心靜養，否則非死不可！」他便把家務完全交付給妻子，自己專心養病。三年之後，始得痊癒。他在養病期間，才得到看書的機會，先尋到三國演義、列國演義等書來看，以後就看起四書講章來，他一看再看，於是從中就看出道理來，便是「書即世事，世事即書。」

他後來只看三本書，其他各書全不看了。哪三本書呢？一是《聖諭廣訓》，這書是乾隆所頒行天下的，後附朱伯廬的治家格言。二是《劇心要覽》，還只是看全書中的一本，中載司馬光及唐翼修等名言，他呼之為格言書。三是楊繼盛參嚴嵩十惡五奸的奏摺，後附遺囑（是椒山赴義前夕，書以訓子的，所言皆居家處事之道）。此外還有一本三字經注解，信不常看。就是那三本大書中，還只有前二書是他手不釋卷的。臨死前數日，猶閱讀不忍放下。他常說：「書讀那麼多幹什麼。每一書中，自己覺得那一章好，即把他死死記下，照著去行；其餘不合心意的，就不必看了。」

他最愛高聲朗讀的，在《聖諭廣訓》中，有這兩句：「人不知孝父母，獨不思父母愛子之心乎？」在《劇心要覽》中，有這幾句：「貧賤生勤儉，勤儉生富貴，富貴生驕奢，驕奢生淫佚，淫佚又生貧賤。」

他讀書固然是如此之少，而平生從未寫過一個字，尤其稀奇。當宗吾七八歲時，發生一件急事，他父親叫他拿筆墨來，等他拿來了他父親又說不寫了。但是宗吾偏說：「我的奇怪思想是發源於我父，讀書的方式，也取法於我父。」這事，久後當加以證明。

宗吾的父親自大病之後，即不敢再作笨重的工作，不過偶爾扯扯甘蔗葉，或種胡豆時蓋蓋灰罷了。但有暇即看書，自然是他心愛的那幾本書，每當工人到田裏工作時，他便攜著煙竿，或火籠（一種烤火爐），挾著書，坐在田邊，時而同工人談天，時而自己看書。他對於農事，異常內行，每晨必巡視

墾一次，常說：「我睡在家中，工人在田間工作的情形，我都知道。」當家人從田間歸來，他常問：「工人到何處了？」如果因未留心，對答得不確實，他便笑著道：「不要瞎說！」

他一生注重早起，他說曾讀過三個人的治家格言，都是主張早起的。朱伯盧云：「黎明即起」；唐翼修云：「早眠早起，勤理家務」；韓魏公云：「治家早起，百務自然舒展，縱樂夜為，凡事恐有疏虞。」因此，他雖不像他父親那樣早起，但他總是雞鳴而起，無一日獨斷，就是隆冬大雪，亦無不如此。

那時還沒有火柴，他每晨起來，便用火鏈敲火石，將燈點燃，遂以木炭生著火籠，溫酒獨酌，然後口含葉煙，一直坐到天明，這時，便將工人應做的工作，及自己應辦的事，一一規劃妥當了。所以他處理家務，都是有理有條；工人作工，時間也無片刻浪費。他怕工人起晚了，耽誤工作，而每晨呼喊他們，又覺得討厭；於是他把堂門做得很緊，一見窗上發白色，即把堂門砰一聲打開，工人自然也就驚醒了。

他因為愛早起，好思考，所以生平與人交涉，無一次失敗。他常說：「凡與人交涉，必須將他如何來，我如何應，四面八方都想過，臨到交涉時，任他從哪面來，我都可以應付。」

當他病癒之後，鄰近有一宅院想賣給他，他也很想要，但是苦於索價太高，就故意對賣主說：「價錢太高，我買不起。」可是彼此勾心鬥角，牽牽連連，總不肯把事放過。鄰人怨他當買不買，聲言要到官府控告，他也不理；甚至把他家的出路掘了，他就由屋盾繞道而行，也不與人計較。結果，那庭

宅院，還是賣給與他，這時又生種種糾葛，他仍得到最後的勝利。

宗吾對我說，他的七弟世本，便是他父親與鄰人勾心鬥角時生的。果然世本為人處世，精幹機警，後來他的父母死，哥嫂死，喪事都由他一人包辦，辦得條條有理。世本還對人說：「我無事，坐起來就打瞌睡；有事辦，則精神百倍。這幾年，幸而家中死了幾個人，還算有事可辦，不然這日子就真難過！」於是宗吾又據以證明他的遺傳及胎教說，他希望科學研究一下。他的父親死時，享壽六十九歲，那時已成小康之家了。

廣東人的祖宗紀念，鄉土觀念，以及團結的精神，是很強的。李家自到蜀以來，對於原籍的先人墳墓，和同族的安全，仍是深深地紀念著的。所以他們還派人赴粵掃墓，並慰問同族的父老子弟。在四川更是設有宗祠。宗祠的設立，據說是外省人來川，常被本地人欺凌，於是他們相約，凡廣東姓李的人家，成立一會，叫做，「棒棒會」，有來欺凌的，就一齊同他們拚命。以後有人說「棒棒會」是違法的，：才改立宗祠。

廣東人入川的，嫁女娶媳，必擇廣東人，偶爾破例娶本地女子，入門也必須學說廣東話。家庭及親戚往來，更要說廣東話，否則叫賣祖宗。李家自潤唐到宗吾一輩，算來已有八世了；但他兄弟姐妹九人，都是和廣東人結親的。有這強烈的民族性格，再加以代代相傳的個性血統，假如我們相信遺傳學的話，則產生出一位賦有奇怪思想的李宗吾，這是不足為奇的事。

厚黑學全本【典藏新版】

作者：李宗吾
發行人：陳曉林
出版所：風雲時代出版股份有限公司
地址：10576台北市民生東路五段178號7樓之3
電話：(02) 2756-0949
傳真：(02) 2765-3799
執行主編：朱墨菲
美術設計：吳宗潔
業務總監：張瑋鳳

初版日期：2025年2月
ISBN ：978-626-7510-50-6
風雲書網：http://www.eastbooks.com.tw
官方部落格：http://eastbooks.pixnet.net/blog
Facebook：http://www.facebook.com/h7560949
E-mail：h7560949@ms15.hinet.net
劃撥帳號：12043291
戶名：風雲時代出版股份有限公司

風雲發行所：33373桃園市龜山區公西村2鄰復興街304巷96號
電話：(03) 318-1378
傳真：(03) 318-1378
法律顧問：永然法律事務所 李永然律師
　　　　　北辰著作權事務所 蕭雄淋律師

行政院新聞局局版台業字第3595號 營利事業統一編號22759935
©2025 by Storm & Stress Publishing Co.Printed in Taiwan
◎ 如有缺頁或裝訂錯誤，請退回本社更換

定價：320元　版權所有　翻印必究

國家圖書館出版品預行編目資料

厚黑學全本 / 李宗吾著. -- 再版. -- 臺北市：風雲時代
出版股份有限公司, 2025.01 面；公分

ISBN 978-626-7510-50-6（平裝）

1.CST: 應用心理學 2.CST: 成功法

177　　　　　　　　　　　　　　　113017595